2023年湖南省高校思想政治工作精品项目立项课题"探索构建以思
践课程为载体的民办高校育人模式及路径（编号:23JP003）"相关

高校思想政治教育的理论与实践

沈　飚　傅小珮　许选选　著

山西出版传媒集团

山西经济出版社

图书在版编目（CIP）数据

高校思想政治教育的理论与实践/沈飚,傅小珮,
许选选著.--太原:山西经济出版社,2023.12
ISBN 978-7-5577-1270-9

Ⅰ.①高… Ⅱ.①沈… ②傅… ③许… Ⅲ.①高等学
校—思想政治教育—研究—中国 Ⅳ.①G641

中国国家版本馆CIP数据核字(2024)第027688号

高校思想政治教育的理论与实践

著　　者：	沈　飚　傅小珮　许选选
责任编辑：	李慧平
装帧设计：	郭　婷
出 版 者：	山西出版传媒集团·山西经济出版社
地　　址：	太原市建设南路21号
邮　　编：	030012

E－mail：scb@ sxjjcb. com（市场部）
　　　　　 zbs@ sxjjcb. com（总编室）

网　　址：www. sxjjcb. com

经 销 者：	山西经济出版社有限责任公司
承 印 者：	山西新华印业有限公司
开　　本：	787mm×1092mm　1/16
印　　张：	11
字　　数：	260千字
版　　次：	2024年5月第1版
印　　次：	2024年5月第1次印刷
书　　号：	ISBN 978-7-5577-1270-9
定　　价：	60.00元

前　言

　　思想政治教育是一个由许多要素组成的有机系统，这一系统的创新必须是整体性的。思想政治教育只有从整个体系上综合体现改革创新的时代精神，才能真正提高其针对性和有效性。要将思想政治教育看作是一个有机的整体，实现全面的且各部分有机结合、相互影响、相互促进、共生实效的创新体系。随着我国改革开放的不断深入和互联网技术的高速发展，社会历史条件发生了巨大变化。大量的外来文化涌入我国，形成各种文化思潮，在丰富我国文化内容的同时，也对我国文化软实力的发展产生了不利影响。

　　大学生是社会主义的建设者和接班人，能否搞好大学生的思想政治教育，直接关系到中国特色社会主义的命运和前途。我们必须认清形势、更新观念，积极探索大学生思想政治教育的新途径、新方法，开创大学生思想政治教育工作的新局面，为建设中国特色社会主义提供雄厚的人才储备和不竭的精神动力。本书是高校思想政治教育方向的著作，主要研究高校思想政治教育的理论与实践。本书从高校思想政治教育概述入手，针对高校思想政治教育的价值观塑造进行了分析研究；另外，对高校思想政治教育要求与协同创新、高校思想政治教育的资源整合与创新、高校思想政治教育的现代化转型与发展做了一定的介绍；还对高校思想政治教育的立体化教育实践以及新媒体应用实践提出了一些建议；旨在摸索出一条适合高校思想政治教育工作创新的科学道路，帮助其工作者在应用中少走弯路，运用科学的方法提高效率。

　　在撰写本书的过程中参考了众多学者专家的著作、论文，借鉴了许多有益的成果，在此向他们致以最诚挚的谢意。由于作者水平有限，书中难免有不足之处，敬请各位专家、学者以及广大读者予以批评指正。

目 录

第一章 高校思想政治教育概述

第一节 高校思想政治教育的基本概念

一、高校思想政治教育的内涵

高校思想政治教育是指高校按照一定的社会要求，对大学生实施有目的、有计划、有组织的思想品德、政治素质和心理素质教育，把大学生培养成中国特色社会主义事业的合格建设者和接班人的一种实践活动。高校思想政治教育是高校意识形态工作的主渠道和主阵地。在当代中国，坚持马克思主义指导思想，关键是要坚持以马克思主义中国化最新理论成果为指导，引导青年学生不断增强道路自信、理论自信、制度自信、文化自信，把实现中华民族伟大复兴的中国梦的满腔热情转化为刻苦学习、努力工作、报效祖国的实际行动。高校思想政治教育具有鲜明的中国特色，作为我国高等教育的一个重要组成部分，其内容是系统的而不是零散的，具有严密的科学体系。它既包括思想教育、政治教育这样的主导性教育，也包括道德教育、心理教育和法纪教育等基础性教育。

高校思想政治教育是一种实践活动。在高校思想政治教育活动中，大学生作为思想政治教育的主体和客体，实现了双重身份的统一；思想政治课则成为大学生思想政治教育的工具，以将大学生培养成社会主义伟大事业的合格建设者和接班人为目标。必须坚持马克思主义在各项教学内容中的主导地位，保持思想政治教育的社会主义方向，用中国特色社会主义理论体系武装大学生的头脑，树立中国特色社会主义共同理想，树立正确的世界观、人生观和价值观，促进大学生的全面发展，着力增强大学生的社会责任感，提高其创新能力和实践能力。由此看来，高校思想政治教育既是一个思想道德问题，也是一个政治问题。

当前，虽然大学生的思想主流是积极向上的，但也应清醒地认识到，随着经济全球化进程日益加快，西方各种文化思潮和价值观念不断冲击大学生的思想，影响着大学生的价值观。现在，一些大学生在不同程度上存在着政治信仰迷茫、理想信念模糊、价值观念扭曲、诚信意识淡薄和社会责任感缺乏等问题。为完成社会主义现代化建设的目标与任务，实现中华民族伟大复兴，确保中国在激烈的国际竞争中处于不败之地，必须加强对大学生的思想政治教育，从而为社会培养出更多的高素质人才，为国家发展提供应有的智力支持。

二、高校思想政治教育的特征

研究和把握当代高校思想政治教育的特征，是对理解高校思想政治教育内涵的补充，也是做好大学生思想政治教育的关键环节。

（一）政治性——明确正确的政治方向

每一个国家、每一个社会都有自己占统治地位的思想。统治阶级总是利用各种手段来维护自己的思想统治地位。思想政治教育作为阶级统治的工具，具有鲜明的阶级性。一个阶级是社会上占统治地位的物质力量，同时也是社会上占统治地位的精神力量。

作为实行社会主义制度的国家，我国思想政治教育的政治性表现在三个方面。①维护广大工人阶级和农民阶级利益的思想政治工作的出发点和落脚点是实现好、维护好、发展好最广大人民的根本利益，尤其是广大工人阶级和农民阶级的利益。②思想政治教育是使我国改革开放和现代化建设沿着巩固社会主义制度的方向发展，防止迷失方向的保证。要使我国社会主义制度得到巩固和发展，就要深刻认识和把握中国特色社会主义制度的本质和特征，坚持党的领导、人民当家做主和依法治国的有机统一，大力促进经济、政治、文化、社会和生态等各方面制度的创新、发展和完善。③宣传党的纲领、路线、方针和政策，维护民主集中制和党的纪律，坚持思想建党和制度治党相结合，思想教育要突出重点，加强党性和道德教育，引导党员、干部坚定理想信念，坚守共产党人的精神追求。党员、干部必须认真学习马克思列宁主义、毛泽东思想特别是中国特色社会主义理论体系，自觉用贯穿其中的立场、观点和方法武装头脑、指导实践、推动工作，为实现中国特色社会主义共同理想而奋斗。

思想政治教育作为意识形态工作的一个方面，大学生作为人民群众中最具生命力和创造力的一个群体，高校要把思想政治教育工作摆在更加突出和重要的位置，始终坚持马克思主义的指导地位，夯实实现"中国梦"的思想基础。在对大学生进行思想政治教育的过程中，更应该使其明确政治性，使其坚持正确的政治方向，运用马克思主义的立场、观点及方法分析和解决问题，坚定共产主义信仰，牢固树立中国特色社会主义道路自信、理论自信、制度自信和文化自信。

（二）时代性——跟紧时代步伐

坚持思想政治教育的时代性，就是要把握时代脉搏，与时俱进，不断地推进思想政治教育理论创新。时代的不断发展，使坚持思想政治教育的时代性成为思想政治教育工作者需要一直面临的问题。时代的不同，决定了思想政治教育的目标、内容和方法也不尽相同。思想政治教育的时代性要求思想政治教育要在关注时代发展的基础上进行，并根据不同形势下的经济社会发展状况而发展变化。思想政治教育既要在理论上进行创新和发展，又要使思想政治教育实践与理论相一致。时代的发展也必将出现新的特征和发展趋势思想政治教育的时代性，要求把握时代发展潮流，体现时代特点，不断地对思想政治教育理论进行创新和发展，使思想政治教育的时代性体现在理论和实践的发展进程中。

高校思想政治教育也要紧跟时代步伐和社会发展的节奏，不允许滞后和倒退，要具有鲜明的时代特征。这一特征主要体现在对当前党的路线、方针、政策以及这些内容的理论来源和现实依据的及时更新。因此，我国的高校思想政治教育的内容必然包括马克思列宁主义、毛泽东思想和中国特色社会主义理论体系、社会主义核心价值观等内容。这些内容的学习要与当今理论发展保持一致，这对加强大学生理想信念教育、爱国主义教育、人生观教育、道德理论教育和生态文明教育具有现实意义。思想政治教育只有融入时代的理论内容，其理论教育才更具生命力，才更容易被大学生接受。高校思想政治教育的时代性特征体现在大学生思想政治教育的内容中，要做到理论联系实际，让大学生掌握先进、正确的理论知识从而更好地指导实践活动，处理好实践中的热点与难点问题，这样的思想政治教育才更具说服力。

（三）实效性——切实做到以学生为本

高校思想政治教育的实效性可以理解为，高校按照大学生思想政治教育目标和教育内容的要求，结合高校思想政治教育的特点，发挥高校思想政治教育功能，对大学生开展思想政治教育活动，强化思想政治教育结果（即大学生思想政治素质、道德品质和心理素质）与思想政治教育结合程度的实践过程，使高校思想政治教育的各项任务落到实处，真正做到以学生为本，把以学生为本的思想贯穿于高校思想政治教育工作的始终，秉承一切为了大学生全面发展和健康成长的理念，从大学生的个性成长和实际需求出发，有针对性地做好大学生思想政治教育的工作。

1. 树立以大学生为主体的教育理念

高校思想政治教育的根本目的就是促进大学生成长成才，因此必须确立以大学生为中心的思想，充分尊重大学生的主体地位和个性特征；应当摒弃过去忽视大学生个体差异而采取居高临下、空洞冗长的说教式、灌输式思想教育的方法；要在贴近大学生实际、深入了解大学生各方面情况的基础上，找准教育引导的切入点和着力点，从大学生的个性发展和实际需求出发，有针对性地做好大学生思想政治工作。

2. 调动大学生内在的积极性和主动性

高校思想政治教育工作就是将作用于大学生身上的外部压力转化为大学生的内部压力，而完成这种转化不能仅仅依靠教育者的努力，更需要依靠大学生的自我感悟和自我教育。所以按照教育与自我教育相结合的原则，高校思想政治教育工作的各项措施都要符合当代大学生的心理需要，以大学生全面发展为本，在发挥好学校教育引导作用的同时，培养大学生积极主动的人生态度，能动地实现学生自我学习、自我教育和自我提高的目的，促进学生全面发展和健康成长。

3. 帮助大学生解决实际问题

高校思想政治教育要满怀关爱与责任,坚持把解决大学生的思想问题和其他实际问题结合起来,为大学生的成长成才服务。高校思想政治教育工作者既要教育人、引导人,又要关心人、帮助人。要对大学生倾注更多的关爱和支持,多些理解和尊重,以满腔热情积极帮助学生解决他们面临的各种实际问题;要切实树立"一切为了学生、为了一切学生、为了学生的一切"的意识,做到急学生之所急、盼学生之所盼,及时为大学生排忧解难,成为春风化雨、润物无声的思想政治教育工作者。

4. 建立分层递进的思想政治教育目标

学生在面对没有层次性的、过高的目标要求时,很容易出现茫然与混乱的现象。因此高校思想政治教育需分层次、有步骤地引导学生从低级向高级,脚踏实地的从基本的道德要求向较高的道德追求迈进。在整个大学教育过程中,高校应合理规划各年级的教育重点。对刚入学的新生来说,学校教育的重点应该是遵章守纪和怎样读好大学,教育学生遵守学校的各项规章制度,并以此约束学生的思想与行为,使之在取得学习进步的同时,逐步学会做人做事,恪守德行操守;对大二学生来说,学校应重点督促学生集中精力学好每一门课程,无论是公共课、专业课还是选修课,都要求每一位学生认真学、不分心、不偏科,教育学生正确处理好读书与积极参加社会活动的关系,正确处理好学习与生活的关系,通过全身心地投入学习,力求使各门功课都学得比较扎实;对大三、大四的学生来说,学校教育的重点在于在勉励每一位学生在认真学习的同时,使其逐步接受就业教育,引导学生树立正确的就业观,处理好就业、择业和创业的关系,积极倡导学生先就业、后择业、再创业。纵观整个大学阶段,除了上述针对各学年特点开展的重点教育外,理想信念教育及世界观、人生观和价值观的教育应贯穿于高校各个阶段教育的始终。

5. 提高思想政治教育的吸引力和感染力

高校思想政治教育要贴近实际、贴近生活、贴近学生。切实提高高校思想政治教育的吸引力和感染力,不是空喊口号,而是应当进一步改进思想政治理论课的教学方法。要采取灵活多样的政治理论学习方式,更加有效地发挥思想政治理论课的主渠道作用。要将教师的言传身教与学生的能动思考有机地结合起来,贴近大学生的思想特点和思维习惯;还要积极地把思想政治教育工作理念贯穿于各项主题活动中,通过一系列创新性校园与社会实践活动,使学生在实际参与中获得自我提升;要把"以学生为本"与"以教学为中心"统一起来,把注意力放在提高教学质量上,通过真正把"以学生为本"的教育理念落实到日常教学中,加强学风建设,提高教学质量;通过真正把"以学生为本"的教育理念落实到大力加强德育工作中,推进素质教育,切实提高高校思想政治教育工作的影响力和实效性。

(四)针对性——提倡现实和个性

新时期高校思想政治教育面临的一个重要课题,就是在复杂的社会环境中,如何引导大学生学会分辨、学会选择，从而健康成长。这就要求思想政治教育要有针对性，即针对不同的学生群体倡导分类教育，绝不搞"一刀切""一勺烩"，要在教育载体、内容和层次上有所区分和侧重，开展差异化、多样化的思想政治教育。高校思想政治教育的最终目的是帮助学生掌握正确的立场、观点和方法，认清哪些是先进的、是代表社会前进方向和人民根本利益的，哪些是陈腐的、有害的、即将衰败的，是对社会主义制度和广大人民的利益以及对个人的成长成才有害的。帮助学生透过社会现象看本质，认识社会主义强大的生命力，把握社会主义核心价值观。

对于学生来讲，大学生除了学习书本知识外，还应该积极参加校内各种活动和社会实践活动。例如，通过参观革命纪念馆，增强自身对中国特色社会主义的道路自信、理论自信、制度自信、文化自信。大学生通过理论与实践的不断融合，逐渐丰富自己的知识，为走上社会打下基础。对于高校来讲，在注重课堂教学的同时，应组织好各类选修课和讲座，针对大学生身心成长的要求，邀请专家学者深入讲授广大学生普遍关心的一些问题，拓展学生的知识面；在课堂之外，则鼓励班级、学院和学校的相关部门多组织一些使学生喜闻乐见的课外活动，使学生乐于参与其中，在培养其集体意识和团队精神的同时，学生自己的兴趣爱好得到深层次的挖掘，他们的价值也得以充分彰显。对于家长和社会来说，则要支持学校的各种教育活动，把对学生的定位要求同学校的各种教育活动很好地联系起来。学校、家长、社会相互配合，通过校内外各种有针对性的思想政治教育活动，使广大大学生走好他们成长的每一步。

（五）科学性——根本方向和出路

1. 科学的指导思想

高校思想政治教育的指导思想源自党的政治路线、思想路线和组织路线。因此，高校思想政治教育坚持以马克思列宁主义、毛泽东思想、中国特色社会主义理论体系为指导，坚持全面落实党的教育方针，以理想信念教育为核心，以爱国主义教育为重点，以思想道德建设为基础，以大学生全面发展为目标，解放思想、实事求是、与时俱进、求真务实，坚持以人为本，贴近实际、贴近生活、贴近学生。

2. 科学的内容

内容的科学性体现在理论要彻底。马克思说："理论一经掌握群众，也会变成物质力量。理论只要能说服人，就能掌握群众；而理论只要彻底，就能说服人。"开展高校思想政治教育理论课教学是大学生思想政治教育的主导内容，是帮助大学生树立正确的世界观、人生观和价值观的重要途径。但在现实生活中，正确的认识过程往往是曲折的，需要在同一切谬误作斗争的过程中实现。思想政治教育既要注重引导大学生追求正确的"三观"，也要注意引导他们辨别各种错误思潮并与其划清界限。马克思主义理论体系是高校思想政治理论教育的主要内容，是被实践证明了的科学理论。这就要求，一方面，必须始终坚持马克思主义理论教育，高校思想政治教育的内容要随着当代马克思主义中国化成果的不断丰富和创新而不断完善，坚定大学生树立正确"三观"的信心；另一方面，面对国际国内各种消极因素和错误思潮，必须用马克思主义的立场、观点和方法，通过科学的研究和分析，做出正确的回答和有说服力的辩驳。同时，对那些受到不良影响的大学生，要通过摆事实、讲道理，引导他们追求真理，并使他们对真理的追求成为其内在的需求和自发的行动。

3. 科学的方法

在时代发展的前提下，要准确把握思想政治教育的规律性，增强其实效性。高校思想政治教育是在特定的环境下和特定的群体中进行的，不同学校在培养目标、专业方向设置上有很大的差异。同样，同一专业不同年级又有不同的特点，同一年级的不同对象的思想品德状况又不尽相同。因此，在思想政治教育方法的选择上这些特殊情况都要充分考虑到。当然，从一般意义上来说，不管教育方法如何千变万化，思想教育的目标无非都是通过群体教育和个体教育、直接教育和间接教育的形式去实现的。因此，不论最后采取什么方法都应该从高校及学生的实际出发，有针对性地进行取舍，只有这样，高校思想政治教育才会事半功倍。

第二节　高校思想政治教育的重要性

高校思想政治教育是我国高等教育的重要组成部分。加强高校思想政治教育，促进大学生全面和谐发展，对培养社会主义合格接班人和促进大学生健康成长具有重要意义。

一、高校思想政治教育是党和国家思想政治教育的重要组成部分

（一）党和国家领导人对思想政治教育工作的重视

中国共产党是在马克思列宁主义的指导下建立起来的。人类先进的、科学的社会主义意识是不能自发产生的，必须通过系统的学习和教育才能把握。无产阶级政党应该有计划地向人们传授社会主义知识，以革命的、科学的意识形态占领思想阵地，武装人们的头脑，使之树立正确的世界观；坚持以马克思主义为指导思想，加强思想政治教育工作，使马克思主义深入人心、代代相传。

对于中国这样一个社会主义大国来说，进行思想政治教育十分必要，也正因为中国共产党重视这一工作，才保证了中国革命和社会主义建设事业各项工作的顺利进行。在曲折的革命过程中，中国共产党不断地将马克思主义基本原理与中国革命的实际相结合，用科学的马克思列宁主义、毛泽东思想教育党员、启蒙民众，确保了革命队伍的先进性，最终赢得了革命的胜利。中国共产党成立之初就十分注重对工人和农民进行思想政治教育，更重视对党员和干部的思想教育。中华人民共和国成立后，尤其是社会主义改造完

成后，中国共产党更加重视思想政治教育工作，在全社会范围内大力开展了马克思主义理论教育。

党和国家领导人都十分重视思想政治教育工作，始终强调用马克思主义中国化的最新理论成果教育全体人民。改革实践表明，要在保持社会政治稳定的前提下深化改革、加快发展，就一刻也不能离开做人的工作，而且必须将党的思想政治工作同经济工作和其他业务工作紧密结合起来，积极主动地为中心和大局服务；只有抓住思想政治工作这条生命线，各项工作才能显出勃勃生机。

（二）党和国家领导人对高校思想政治教育工作的重视

在新世纪新阶段，党和国家领导人紧扣时代脉搏，强化思想引领，提出"两个巩固"，指出宣传思想工作就是要巩固马克思主义在意识形态领域的指导地位，巩固全党全国人民团结奋斗的共同思想基础。并强调要着力增强高校思想政治教育的针对性和实效性，把社会主义核心价值观融入高等教育全过程，培养德智体美全面发展的社会主义建设者和接班人，这是我国高校思想政治教育发展进程中的又一里程碑。教育的根本任务是立德树人，青年大学生正处于价值观形成和确立的关键时期，在这一时期抓好价值观的养成和培育十分重要。通过入脑入心的思想政治教育，将中国梦筑成青年大学生的共同时代理想，以社会主义核心价值观作为青年大学生的价值取向标准，使其从中华民族传统文化瑰宝中汲取丰富的营养。

大学生是我国教育制度下培养的高层次人才，将责无旁贷地承担起建设中国特色社会主义和全面建成小康社会的历史重任。要使大学生成长为中国特色社会主义事业的合格建设者和可靠接班人，不仅要大力提高他们的科学文化素质，更要大力提高他们的思想政治素质。只有真正把思想政治教育工作做好，才能确保党和人民的事业代代相传，国家长治久安。

二、高校思想政治教育是社会主义现代化建设的必然要求

社会主义现代化进程在很大程度上取决于国民素质的提高和人才资源的开发。加强和改进高校思想政治教育工作是实现社会主义现代化建设目标的必然要求。

（一）人才是建设中国特色社会主义事业的保障

当今时代，知识经济方兴未艾，科技竞争日趋激烈，人才在社会发展中的作用越来越重要。人才是我国经济社会发展的第一资源。在知识经济时代，知识将成为占主导地位的重要资源和生产要素，对经济的发展比以往任何时候都具有更大的推动作用。掌握知识的人才必然成为一种重要的资源。人才作为先进生产力和先进文化的重要创造者，是生产力中最活跃的因素。只有重视人才这个经济社会发展的第一资源，才能更好地推动经济社会的发展。当今世界，国家之间的竞争从根本上说是人才的竞争。立足我国的基本国情，要实现跨越式发展，必须走人才强国之路。坚持发展依靠人才，可以缓解自然资源过度消耗的压力，发挥我国人力资源丰富的优势，为中国特色社会主义事业提供

强有力的人才保证。青年人才是人才资源中的重要组成部分，代表着未来人才发展的方向。青年人才是我国人才发展的后续力量，要大力培育和开发青年人才，使其不断充实到我国人才队伍中来，为建设中国特色社会主义事业提供人才保障。

改革开放以来，党和国家领导人在高度关注经济建设的同时，更高度关注人的发展，关注人的思想道德素质、科学文化素质和心理素质的全面提升。我国正处在改革发展的关键阶段，全面建成小康社会和实现中华民族伟大复兴，需要大批高素质人才。劳动者素质对一个国家、一个民族发展至关重要。当今世界，综合国力的竞争归根到底是人才的竞争劳动者素质的竞争。人才是实现社会发展的重要动力，是提升我国核心竞争力和综合国力的关键力量。人才问题是关系党和国家事业发展的关键问题，高素质人才在党和国家工作全局中具有重要的地位。

（二）高校是培育高素质人才的重要基地

高等学校是培养高层次人才和高素质劳动者的摇篮，是科技创新的源泉。青年人才队伍的发展壮大能够为中国特色社会主义事业提供源源不断的人才动力。大学生是青年人才队伍的重要组成部分，是高素质人才的主力军。中国社会主义建设事业的合格人才应该有理想、有道德、有文化、有纪律，面向世界、面向未来、面向现代化，因而除了给学生以知识教育外，还必须对学生进行思想政治教育。在大学生的成长过程中，思想政治教育对大学生成长成才起着主导性作用。思想政治教育工作是启迪人的思想、塑造人的灵魂的重要工作，也是保证人才具有良好思想道德素质的有效途径。这对于大学生认识并深刻理解自己所肩负的历史使命，确保实现全面建成小康社会，进而实现现代化和中华民族伟大复兴的宏伟目标，具有重大而深远的战略意义。

思想政治教育能促使大学生精神需求得到满足，精神生活的质量不断提升，思想道德素质和科学文化素质不断提高，实现大学生的全面发展。高校思想政治教育工作就是用建设中国特色社会主义的理论武装大学生的头脑，用爱国主义、集体主义和社会主义的精神培养大学生，使之具有民族自豪感和时代使命感。只有切实加强和改进高校思想政治教育工作，才能培养造就千千万万具有高尚思想品质和良好道德修养、掌握现代化建设需要的丰富知识和扎实本领的优秀人才；才能使大学生认识到自己所肩负的历史使命，并将其内化为自己的信念，成为为祖国现代化事业不断奋斗的动力。

三、高校思想政治教育是大学生成长成才的内在需求

（一）高校思想政治教育是大学生健康成长的内在需要

改革开放以来，中国的社会主义现代化建设取得了举世瞩目的巨大成就，但也面临着不少发展方面的问题，这些问题正不同程度地影响着大学生的思想状况。社会主义市场经济是同社会主义基本制度结合在一起的，也是同社会主义精神文明结合在一起的，它必然要体现社会主义基本制度的要求，充分发挥社会主义的优越性。实践证明，发展社会主义市场经济有利于解放和发展社会生产力，增强社会主义国家的综合国力，提高

人民的生活水平，也有利于增强人们的自立意识、竞争意识、效率意识、民主法治意识和开拓创新意识，调动人们的积极性和创造性，推动社会道德进步。但同时，市场自身的弱点和消极方面，如：趋利性、自发性等也会反映到道德生活中，反映到人与人的关系中，容易诱发拜金主义、享乐主义和极端个人主义等消极现象，这些因素会干扰社会主义道德建设，阻碍社会主义市场经济的健康发展。

国家大力发展高等教育，全国普通高校招收大学生的数量成倍增长，数量的快速增长带来了不少问题。当前，大学生的就业问题比较突出，很多学生把专业课学习以及将来的就业看作重要的目标，对思想政治教育不够重视。学生数量的快速增加和专业设置以及教学改革不能很好地顺应时代的要求，直接影响了在校学生的思想情绪。同时，高校学生数量的增多加重了高校思想政治教育的工作任务，致使负责思想政治教育工作的人员相对减少，难以将工作做细。目前，高校思想政治教育工作中的一项重要任务，就是要通过思想政治教育工作改变大学生就业期望值过高的现状，使学生能够踏踏实实地学习，通过积极参与各种活动来提高自身的理论素养和专业能力。

（二）高校思想政治教育是大学生成才的内在需要

大学阶段是大学生获取知识、发展智力的最佳时期，也是他们思想觉悟、道德情感发展最积极的时期。在大学生成长成才的关键时期，必须有健康的思想、高尚的精神、良好的情操和在此基础上形成的克服种种困难的毅力等，这一切都有赖于高校思想政治教育。

思想政治教育能够帮助大学生形成正确的世界观、人生观和价值观。思想政治教育可以使大学生正确处理德与才的关系，自觉坚持加强思想道德素质修养与学习科学文化知识的统一，把思想道德素质修养与学习科学文化知识结合起来，进而促进综合素质的全面提高。思想政治教育能够促进大学生早日确立成才目标。个人发展应该与社会进步相一致，正确的成才目标应该符合所处时代的条件、尊重社会发展规律、顺应时代潮流。思想政治教育能够引导大学生思考大学与人生理想的关系，帮助大学生正确认识自身肩负的责任和使命，促进大学生立志成才。大学生有了目标和方向，就有了对自己的明确要求，就能集中时间和精力学习、提高和发展自己。选择正确的成才目标对大学生成才具有举足轻重的作用。因此，大学生成才目标的选择一定要坚持服务人民、奉献祖国的正确方向。识别人才要坚持德才兼备原则，而品德、知识、能力和业绩则是衡量人才的主要标准。所以，正确的成才目标应该定位在符合德才兼备的要求之上。思想政治教育能够帮助大学生用科学理论武装头脑，引导大学生树立正确的世界观、人生观、价值观、道德观及成才观，培养大学生的爱国情怀和优良品质。思想政治教育能够帮助大学生树立正确的目标，把个人的选择建立在社会需求的基础上，把个人的才智、兴趣充分发挥在远大而崇高的目标上，从而实现自己的价值，并为国家、民族创造出更多的价值。大学生的思想道德素质、科学文化素养和身心素质直接关系到人才强国战略的落实，关系到党和国家现代化建设事业的成败。

当今时代给大学生提供了一个广阔的成才空间，在成才的道路上，必须要有坚定的目标以及不畏艰苦、勇于拼搏的实践行动。崇高的目标可以鼓舞和引导大学生不断追求新知识，最大限度地开发自身的内在潜力。思想政治教育能够帮助大学生学习、掌握马克思主义的科学理论，并懂得把自身的学习同国家、民族的前途和命运紧密相连，始终以国家富强、民族振兴、人民幸福为己任，从而为大学生在成才路上不懈奋斗提供正确指导和精神动力。

第三节 高校思想政治教育模式分析

一、和谐视野下高校学生思想政治教育模式

高等学校作为培养、造就德智体美全面发展的社会主义事业建设者和接班人的摇篮，是构建社会主义和谐社会的重要阵地。因此，构建高校学生思想政治教育模式应以和谐为理念。和谐视野下的高校学生思想政治教育模式包括从教育目标到教育内容、教育主客体、教育环境、教育方法和教育管理等各方面均协调、匹配，且共同作用于高校学生的全面协调发展。

高校学生思想政治教育模式就是在一定思想政治理论的指导下，为解决高校学生思想政治教育问题而构建的教育目标、内容、方式、方法、手段和机制等方面的综合性理论模型和实践范式。可想而知，建立一个行之有效的思想政治教育模式对解决高校学生思想政治教育问题有着重要的理论和实践意义。

高校学生是党和国家的宝贵人才资源，是建设和谐社会的重要力量。加强和改进高校学生思想政治教育，促进高校学生全面和谐发展，是建设和谐社会的必然要求。将高校学生思想政治教育纳入和谐视野下，是由其本质和内涵决定的。在和谐视野下构建高校学生思想政治教育模式，既是对高校学生思想政治教育工作的正确认识，也是对以往某些思想政治教育模式的反思。在和谐视野下，高校学生思想政治教育模式将和谐思想贯穿于教育目标、教育内容、教育主客体、教育环境、教育方法和教育管理等各方面，并使之形成一个系统、有机的整体。

（一）高校学生思想政治教育目标的和谐

以往的高校学生思想政治教育在教育目标的定位上模糊不清。早期的教育目标定位为"精英"型教育，偏重对高校学生进行政治教育、理想人格教育和高尚道德情操教育，偏离了学生的学习、生活和思想，实际效果不理想。大学扩招以后，大学教育开始从精英教育走向平民教育，倡导"大众"型教育，强调德育本身是面向大众、面向生活的，培养的是社会公民，而不是社会精英或者楷模。这种以平凡性代替高尚性的教育虽然是对

过去"精英"型教育的一种反思，但却失去了思想政治教育的本质特征。

在和谐视野下，重新审视高校学生思想政治教育，其目标应该是培养和谐的人，造就和谐的人的个体，就是要使每一位学生有健全的人格和健康的心理，有正确的世界观、人生观和价值观，能合理地处理个人与自然、个人与社会错综复杂的关系，做到融入自然、融入社会，做到全面发展。这是一个大的目标体系，这个大的目标体系应该由若干个子目标构成：

第一，低层次目标——培养学生成为健全的人；

第二，中间层次目标——培养学生成为社会的人；

第三，高层次目标——培养学生成为一定阶级的人。

这些高低不等的目标构成一个完整和谐的目标体系，不可或缺也不可偏废。

（二）高校学生思想政治教育内容的和谐

在和谐视野下要求思想政治教育内容各要素间比例适当、相互协调、有机结合，构成一个整体，既要有高层次的政治教育，又要有知识教育、思想教育、道德教育、心理健康教育和法纪教育等，是一个层次不等但都不可偏废的有机系统。

此外，高校学生思想政治教育也不能缺少生活教育，毕竟教育的根本目的就是教会学生在社会生活中立身处世、学会做人。生活教育要求德育从纯粹的理性世界和理想世界中走出来，回归丰富多彩的现实生活世界。在德育目标上，实现由约束性德育向发展性德育转变，注重引导学生学会做人、学会关爱、关注生活、珍爱生命、懂得礼貌，具有良好的行为习惯等基础德行；在德育内容上，德育内容应植根于现实生活中，服务于生活，突出"生活性"，注重责任心、同情心、爱心及诚信品质的培养。

（三）高校学生思想政治教育主客体的和谐

在传统的思想政治教育理论中，主客体是不和谐的。通常把教师看作教育活动的主体，把学生看作教育活动的客体、信息接收的"靶子"。把教师对学生的教育看作是单向灌输，没有考虑学生在接受教育活动中的积极主动性，违背了思想政治教育形成的规律，也违背了教育的根本目的，实际效果很差。近几年来，"以人为本"的教育理念盛行，开始把学生也看作教育活动的主体。提倡学生自主认识、自主选择、自主思维、自主控制以及自主完善等。在教育内容的选择上，关注学生的生活世界，贴近学生、贴近实际；在德育教育方法上，倡导对话教育、体验教育、自我教育和个性化教育；在教育管理上，要求人性化管理。

提倡主体性教育无疑是教育理念上的一大进步，也是破解高校学生思想政治教育实效低下的良方。与此同时，仍应看到，思想政治教育工作的主体之———教师，一般都受过专门训练或经过较长时间的实践，掌握一定的理论，具有一定的教育经验和能力，加之他们是思想政治工作的组织者、策划者、实施者和调节者，在思想政治工作中发挥主导性作用实属必然。同时，要发挥学生的主观能动性，倡导学生自我教育，这对学生自身的要求很高，不是每个学生都能做到的，且对某些高层次教育内容的学习，确实还需要教师的引导、说明和讲解，这更需要发挥教师的主导性作用。

因此，思想政治工作是"双主体"的工作，离开任何一个主体，思想政治工作的有效性都会受到影响，只有当双方的主体性都得到充分体现，思想政治工作才能取得成效。

（四）高校学生思想政治教育方法的和谐

传统的思想政治教育方法由于存在着明显的弊端，近年来一些新的教育方法，如：生活教育、成长教育、网络教育等受到追捧。其实，各种教育方法都有其优劣，各有不同的适应对象和适应内容，应该互相补充、相互促进。

1. 显性教育法与隐性教育法相和谐

显性教育是指公开并且有组织的教育体系，比如：座谈、谈话、开会以及讨论学习等。理论教育方法、宣传教育方法、实践教育方法、疏导教育方法、榜样示范方法、批评教育方法等都属于显性教育方法。显性教育的优点非常明显：具有系统地传达社会主义主导思想理论与价值体系并促进学生主动或被动接受的功能，同时它还具有鲜明的思想导向和政治动员的造势功效。但显性教育方法的缺点也非常明显，比如说，有些道德教育内容难以通过直接的显性教育法实施，特别是这种方法容易给学生一种"强迫灌输"的感觉，从而使学生产生逆反心理，影响学生对教育内容的理解、接受和内化，从而在很大程度上削弱了思想政治教育的实际效果。

隐性教育法近年来在思想政治理论课教学和实践教学两方面都受到热捧。与显性教育法相反，它是一种不为教育对象感知自己在受教育的教育方法，它强调环境氛围的育人功能，重视良好环境氛围的营造，主张通过暗示、启迪、诱导和激励等手段，使受教育者在身边环境氛围的影响下，潜移默化地接受一定社会要求的世界观、价值观和道德文化等。隐性教育法弥补了显性教育法的缺陷，它把教育内容分散"渗透"到高校学生生活的各个方面，在不知不觉中影响高校学生思想道德价值观念。这种把抽象的理论寓于具体情境的方式，极大地减少了高校学生的逆反心理，从而对他们的思想、道德认知和行为产生一种无形的但有足够深度的影响，教育效果持久而稳定。但这种方法也有其缺点：由于缺乏系统性和规范性，使得思想政治教育处在一种松散的状态，没有明确的德育目标，极大地影响和削弱了思想道德教育的权威性和效果。

由此可以看出，显性教育法和隐性教育法可以互为补充，在思想政治教育中可以协同作战、相互渗透、相互协调。

2. 灌输法与体验教育、成长教育相和谐

一方面，灌输法仍是高校学生思想政治教育的主流方法。思想政治教育带有强烈的意识形态色彩，其规律要求思想政治教育工作者必须对高校学生进行科学理论的灌输。另一方面，体验教育、成长教育在高校学生思想道德的培养上具有突出的优势。体验教育是建立在尊重受教育者主体地位的基础上，按建构主义原理而生成的一种教育方法，主要是指品德的学习不是道德知识的简单转移和传递，而是在活动中主动建构自己德性的过程。体验教育要求学校有效地组织道德实践活动，创设富有感染力的真实的道德情境，促发学生对道德的切身体验，使其理解社会的道德要求，并将之内化为自己的思想和外化为自己的行为。这种教育方法由于尊重了受教育者的主体地位，符合受教育者的思想形成规律，故而教育效果持久而稳定。成长教育是指通过组织学生按照一定的规范要求参加各种实践活动，或是通过规范学生日常生活行为而使学生逐步形成良好的思想品德和行为习惯的一种教育方法。成长教育认为思想品德的形成是在日常生活的行为习惯中养成的，它注重对学生良好行为习惯的培养，强调通过这种良好的行为让学生逐渐形成道德意识进而内化为自己的道德思想。这种教育方法很好地弥补了传统德育只进脑不进心，学生的道德知识不能转化为道德行为的缺陷，且一旦学生形成了良好的行为习惯，就不会轻易改变。

3. 课堂教学与网络教育、心理咨询相和谐

课堂教学作为传统的高校学生思想政治教育手段和方法，有其显著的优点，但随着现代科技的发展，网络进入高校学生的生活且成为一种生活方式。学生们在网络中学习交友、娱乐，在网络中传播信息也被信息传播和影响，如果不重视网络教育，就失去了思想政治教育的一种重要载体，造成思想政治教育的盲区。此外，利用心理咨询进行人生观、价值观教育、道德教育、社会适应教育、完善人格教育等，是对课堂教学的有益补充。处于改革大潮中的高校学生，面临人生、理想、专业学习和求职就业等一系列重大问题，心理压力会越来越大。相当多的学生思想问题归根结底是心理问题，这就需要用心理咨询的方法，提高高校学生的心理素质，帮助他们形成健全的人格，进而做好高校学生思想政治教育工作。

（五）高校学生思想政治教育与管理的相互和谐

高尚品德的培养和良好社会风尚的形成，既要靠耐心细致的思想政治教育，又要靠科学规范的严格管理。因此，管理也是高校学生思想政治教育中重要的一环。管理的目的很明确，就是通过各种法律、法规及规章制度来约束人的行为，使高校学生按照公共要求和道德规范参与社会生活，正确处理人与人、人与社会、人与自然的关系，这与思想政治教育的目的是一致的。教育通过内在的思想来管理人，管理通过外在的约束来教育人，教育与管理是相互和谐的。

在管理工作中要注意科学管理与人本管理的相互和谐。科学管理强调目标管理、严格的规章制度和计划、明确的职责和任务；人本管理指基于学生的独立人格、自由个性和情感需要，灵活艺术地开展学生管理活动，强调以"学生"为中心，把发展学生、解放学生作为管理的目的。这两种管理模式应相互匹配，既要有严格的规章制度，加强学生的日常管理，又要施以人性化的管理，发展高校学生的智慧和能力，尊重他们的需求，同时在管理手段上采用说服教育、感情投入、关心体贴、形象影响、心理沟通和激励尊重等柔性管理方式，把组织者的意愿和管理者的目标变为高校学生自发或自觉的行动。

在和谐理念下构建一个和谐的高校学生思想政治教育模式，使思想政治教育的各方面、各环节都相互协调、相互匹配，才能最大限度地发挥思想政治教育工作的合力，使思

想政治教育工作落到实处。加强和改进高校学生思想政治教育工作，是培养全面发展的高校学生，实现高校学生与社会和谐、与人和谐、与自身和谐、与自然和谐的重要途径。和谐视野下的高校思想政治教育工作对高校学生的成长具有潜移默化的影响，对高校学生学习如何做人、做事、做学问起着自然的引导作用。和谐视野是以校园为纽带的各种教育要素全面、协调、整体优化发展的育人氛围；是学校教育各子系统及各要素间的协调运转、相互依存、相互协调、相互促进的状态；是以人为本、民主法制、公平公正、充满活力、诚信友爱、安定有序和文明整洁的根本要求；是学校与社会互动、教与学相长、自然与人文共融以及学校各项事业协调发展的效益保证。在和谐视野下，高校应该创新学生思想政治教育工作的模式和方法，切实加强和改进高校学生思想政治教育工作模式，促进高校学生全面和谐发展。

如何把握高校学生的现实思想特征，赋予高校学生思想政治教育的时代内涵，是值得永远探讨的话题。构建社会主义和谐社会理论是加强和改进当前高校学生思想政治教育的理论先导。在和谐视野中审视和提升高校学生思想政治教育，契合了高校学生的成长实际，适应了和谐社会人才培养要求，这对于开创高校学生思想政治教育的新局面，为社会主义和谐社会的构建输送高素质的建设者和接班人具有十分重要的意义。

二、高校学生公寓思想政治教育生态模式

环境因素是思想政治教育诸多因素中的重要内容。思想政治教育的环境因素包含诸多方面，既包含了经济、政治和文化等因素，也囊括了学校、家庭等因素，可以说思想政治教育处于一个复杂的社会环境之中。这一系列因素不是孤立的，而是相互促进、协同作用，构成了思想政治教育环境互动的生态链条。环境因素、教育者和受教育者三部分共同构成了完整的生态环境。大学生公寓是学生日常生活与学习的重要场所，是课堂之外对学生进行思想教育和素质教育的重要基地，具有显著的第二课堂教育功能。思想政治教育进公寓是当前高校思想政治教育的新话题和新方向，受学生价值观的多元性利益诉求的多样性和个性特点的多变性等因素的影响，如何发挥公寓思想政治教育的育人作用，形成公寓思想政治教育生态的良性互动成为公寓思想政治教育的新话题。

（一）公寓思想政治教育生态系统的构成

公寓思想政治教育的生态环境包含主体（教育者）、客体（受教育者）、介体（教育的方式和方法）和环体（教育的环境条件），四个因素相辅相成，达到动态平衡。在这个生态系统中，教育的主体是入住公寓的思想政治辅导员，客体为学生，环体主要是指公寓的住宿环境和公寓的文化制度信息等，介体则是教育主体利用公寓环境对教育客体进行教育的方式方法，这几个因素在不断适应和能动地影响环境的过程中使思想政治教育系统达到动态平衡。

在该生态系统中，教育的环境条件（环体）与教育的主体（辅导员）和客体（学生）相互影响，教育主体通过教育的手段和途径（介体），充分利用环境的正影响力来对客体进

行思想政治教育。教育环境具有丰富的影响因素，既有住宿环境等硬件因素，也有教育制度、管理规范和公寓文化等软件因素。

（二）公寓思想政治教育生态系统的运行模式

公寓思想政治教育生态系统是一个相对复杂的系统，各组成要素间相互联系和作用，在系统内外互动以达到动态平衡。公寓思想政治教育的生态循环主要依托两个循环链条，一个是教育者与受教育者之间的主客体生态循环，另一个是教育环境与人之间的生态循环。

1. 公寓思想政治教育主客体之间的生态循环

教育者与受教育者是思想政治教育活动的最基本的因素，二者的关系也是思想政治教育活动中最核心的关系。在公寓思想政治教育生态系统中，教育者与受教育者是对立统一的，一方的存在必须以另一方的存在为基础。在实践中，公寓辅导员依据公寓学生具体的生活需求和思想动态，针对性地开展相应的思想政治工作，把社会、学校认可的行为规范和价值观，通过显性和隐性的教育手段和方式"灌输"给学生，使学生形成科学、向上的价值取向。随着时间的推移，公寓辅导员和学生所具有的不同年龄段的性格和行为特点将日益凸显，这就要求教育者（公寓辅导员）要不断调试自身状态，不断加强自身的教育水平来应对不同的形势，这是主客体循环的一个方面。"教学相长"是教育的基本规律，也是主客体循环的另一个方面，公寓辅导员在解决学生的生活问题，做好思想引导等工作外，还要加强与学生之间的情感交流，充分发挥情绪价值在工作中的应用。如此，通过多方面工作的磨炼间接地提高公寓辅导员的思想政治教育能力和水平，进而形成教育主体和客体间的生态循环。

2. 公寓思想政治教育环境与人之间的生态循环

一定的思想政治教育总是与一定的环境联系在一起并形成互动，观念的形成与现实环境密切相关。在公寓思想政治教育环境与人之间的循环当中，公寓的软件、硬件环境对教育主体和客体都会产生深刻影响。公寓辅导员通过评价公寓环境形成公寓思想政治教育的基本判断和教育理念，将公寓所具有的文化内涵融入当前的教育手段当中，进而为思想政治教育工作服务。公寓的制度规范、文化内涵也会引导学生形成符合学校期待的行为规范，如：公寓楼内张贴的"不准吸烟""不准随意丢垃圾"等标语会间接地、潜移默化地规范和约束学生的行为举止，这种之于行为方式的影响会逐渐扩大进而带动和影响整幢公寓楼内学生的行为。除了约束规范作用，公寓环境也会带动和促进学生的发展，在公寓楼内开展各种学风和党建活动，会使优秀学生汇聚在一起，在优良风气和榜样示范作用带动下，其他学生也会受到正面的影响。

（三）公寓思想政治教育生态系统的模式建构

高校公寓思想政治教育生态系统的良性运转取决于上述两个循环的和谐互动和相互协调，要使这个系统当中的能量和信息之间达成动态平衡，就必须遵循思想政治教育的发展规律，形成可持续性的生态模式。

1. 以学生为本，建构和谐的教育主客体关系

大学生思想政治教育本质上应当是个体人格和思想政治品德的建构过程，是受教育者个体与社会规范要求之间的互动过程。在现实的公寓思想政治教育过程中，高校公寓思想政治教育在一定程度上演变为教育者对受教育者人格和行为规范的单向作用，只注重一味地"灌输"价值观和要求，从教育者自己的立场出发，为学生搭建所谓的教育平台或者教育途径，缺乏对大学生实际需求的关注。公寓辅导员在公寓思想政治教育中要承担诸如生活、党建、心理和就业等多方面的指导，但限于自身的理论素养和专业，公寓辅导员在为学生解决问题时显得"力不从心"，从而降低了工作效率及学生对公寓辅导员的信任与认可程度。

倡导以学生为本的公寓思想政治教育理念，就要求公寓辅导员提高自身的理论素养及自身调用各方资源的能力，为学生的个体人格发展做好指引和服务。此外，要遵循双向互动的思想政治教育规律，增强学生的主体意识，调动学生参与公寓实践的积极性，让学生在自我管理、自我服务的理念中锻炼自己的能力，建构自身良好的思想政治品德。

2. 以人为本，建构环境与人的良性互动关系

"人类中心主义"生态伦理学强调人类对环境的绝对占有和支配，认为环境只是人类的附庸；而以人为本则强调人与环境的和谐互动，认为人与环境是相互依存的。在公寓思想政治教育过程中，环境因素发挥了重要作用，它是受教育者参与思想政治教育实践的重要平台，也是思想政治教育发挥作用的重要载体。从这个意义上讲，教育环境和受教育者是统一的，教育环境的建设与受教育者主体素质的提升是相互依赖的，要倡导以人为本的环境建构理念，就要在公寓育人环境的创设中，注重学生的具体需求，发挥学生的能动性，让学生参与到环境建构的活动当中，提高学生在思想政治教育环境中自我建构的意识。

3. 以文化为本，建构可持续性的思想政治教育生态模式

从"育人"的角度看，文化与思想政治教育有着密不可分的内在联系。公寓思想政治教育并不是将公寓与思想政治教育整个大环境独立开来，而是将其作为高校思想政治教育的重要组成部分，构筑高校精神和文化理念的衔接，将学校的育人理念和文化内涵等引入到公寓这个重要的思想政治教育基地上来。文化作为公寓开展思想政治教育的精神指导，在育人方面发挥着提高思想政治教育针对性、吸引力和感染力的重要作用。

构建稳定的公寓教育内部文化理念，是学生价值观教育的核心内容，也是推进公寓思想政治教育的重要方面。如同家风、家训等对家庭价值观的影响，公寓教育内部的文化理念是营造公寓思想政治教育生态氛围的重要因素，在对学生人格塑造和价值观引导上具有潜移默化的作用。只有充分发挥具有延续性和传承性的公寓生态文化理念的作用，公寓思想政治教育的生态循环才具有可持续性。

三、大数据时代高校思想政治教育模式

大数据时代的到来，在使得数据信息传播得更快、覆盖面更广、影响更大的同时，也

给高校思想政治教育工作带来了新的挑战。一方面，学生可以自由地接触到这些信息，开阔了学生的视野，拓展了学生的知识面，但同时也使得学生面对海量的信息无法作出正确的判断，容易迷失自我；另一方面，对于高校思想政治教育工作者来说，大数据能够帮助他们收集、整理信息，分析学生的思想动态，摆脱传统思想政治教育中不利因素的影响，但同时开放的信息使得学生可以脱离教师进行自主学习，导致思想政治教育主导有效性的降低。下面围绕大数据时代给高校思想政治教育带来的挑战，探讨大数据时代高校思想政治教育模式创新途径。

（一）大数据时代给高校思想政治教育带来的挑战

大数据时代的到来对高校学生来说就好比打开了新世界的大门，海量的信息充斥在学生周围，学生的视野一下子变得开阔起来。大数据能够满足学生的好奇心，拓展学生的思维，激发学生的求知欲，提升学生的创造力，帮助学生展示自我价值。大数据时代的到来也预示着信息全球化，高校学生能够在第一时间接触到来自全球不同国家、不同地区的数据信息，并在此基础上，经过判断取舍，从中获取自己想要的信息。大数据可以帮助学生理解和掌握最专业的知识，强化其主体意识，提升学生对课本知识的理解能力，补充课堂上讲不到的知识点，开拓学生的视野。但是大数据时代的到来，也会给高校学生带来一些不良影响，如：面对海量的、良莠不齐的信息时，很多学生会感到迷茫、不知所措，一些不良信息甚至还会使一些道德观薄弱的学生丧失正确的判断，从而迷失自我、放纵自我，使其道德观念日渐淡薄，责任感弱化，最终导致价值观缺失。

大数据时代的到来，使高校教师也受到了一定的挑战。开展高校思想政治教育工作最重要的是师生之间有效的沟通和交流，传统的思想政治教育方式基本上是教师找个别学生谈话，或举行主题班会等，但是这种方式因为受到教学能力和心理因素等的影响，常常使教师无法及时准确地掌握学生的思想变化，并最终导致思想政治教育工作的结果很不理想。大数据时代的到来，使学生能够自由地发表自己的看法与意见，通过收集、汇总和分析这些数据教师可以获取学生的思想动态，打破了传统的思想政治教育环境的束缚，摆脱了传统思想政治教育中的不利因素。教育工作者利用大数据及时掌握学生的思想变化，可以更好地引导学生树立正确的人生观、价值观与世界观，因此大数据为思想政治教育工作搭建了新的教育平台。但与此同时，进入大数据信息时代，学生能够根据自身需求去挖掘、分析数据，形成自我认知，这也容易造成师生对思想政治理解程度不一样的情况；因为大数据使得人人都能在第一时间获取信息，学生获取信息的时间可能会比教师更早，获取的信息也可能比教师更全面；在获取信息的时候，学生倾向于收集有利于自己判断的信息，这些信息可能会影响其正确价值观念的形成，这也会导致高校教师在进行思想政治教育工作的时候受到更多挑战；大数据具有开放、多元、便捷的特点，学生可以利用课余时间脱离教师自主学习，这也会大大降低思想政治教育的主导性，进而影响高校思想政治教育的有效性。

（二）大数据时代高校思想政治教育模式创新途径

1. 树立大数据意识，提高思想政治教育新的有效性

大数据时代的到来，让信息传播更加快速，信息覆盖面也越来越广，同时信息管控难度也越来越大，高校思想政治教育应该树立大数据意识，才能够提高其有效性。在大数据环境下，高校思想政治教育工作者应该具备对数据信息的敏感度，对于能够提升高校学生价值取向与精神风貌的内容要多收集，并注意寻找出这些信息的规律，切实地加以利用，以提升高校思想政治教育的有效性。在进行思想政治教育工作时，要不断改进和创新传统教学方法，擅于从众多数据中发现关联性，从宏观上进行整体把控，及时掌握学生的思想动态变化，根据学生的实际情况与思想政治需求进行针对性教育，从而提高思想政治教育的有效性，培养学生正确的思想政治观念。

2. 依据大数据分析，开拓思想政治教育途径

思想政治教育是社会或社会群体用一定的思想观念、政治观点、道德规范，对其成员施加有目的、有计划、有组织的影响，使他们形成符合一定社会所要求的思想品德的社会实践活动。在大数据时代下，教师可以收集学生查阅、分享和制作的数据，科学地分析这些数据，借此初步掌握学生的思想变化，为思想政治教育工作提供一定的参考依据。学生的思想变化是复杂的，所以高校思想政治教育工作者要借助大数据开放、便捷、共享的特点，多渠道地收集不同学科、不同学习资源的信息，多角度地对数据进行分析，以便更加全面地掌握学生的思想动态。大数据时代的到来，使得思想政治教育工作者可以在不同空间、随时随地地对学生进行思想政治教育，教师可以根据不同的场合采用不同的教育方法，让学生接受思想政治教育。比如：可以利用微信、QQ等网络沟通工具与学生进行交流，与学生做朋友，再根据情况有针对性地、隐蔽地开展教育工作。高校思想政治教育还要做好预防工作，教师可以根据大数据传播速度快、信息覆盖面广等特点，主动创作一些有益信息，让更多的学生能够接受思想政治教育。

3. 结合大数据特点，创新思想政治教育有效机制

大数据是开放的，信息可以共享，所以要做好信息保密工作，减少个人信息的泄露。思想政治教育工作者在对学生的思想动态进行收集、分析时，也要解决信息安全问题，保护好学生的个人隐私。大数据时代对思想政治教育专业人才要求越来越高，因此高校还应该做好专业人才的培养工作，提升其思想政治教育工作效率。一方面可以对现有的教师队伍进行培训，使其树立大数据意识，运用大数据技术提升思想政治教育效果；另一方面也可以引进专业人才，提高思想政治教育队伍的总体水平。

4. 创建大数据队伍，构建高校思想政治教学辅助系统

要想实现大数据的导入、分析以及实际运用，关键是要靠专业队伍。传统的课堂是教师进行知识传授，以考试成绩作为学生的评价标准；而大数据是结合动态性与过程性的综合评价指标，通过学生综合素质能力测评、社会热点评述和网络小论文等方式来综合评判，更加全面地体现了高校思想政治教育的教学目标。所以，高校创建思想政治教育大数据收集、分析、教育队伍尤为重要。大数据收集队伍主要负责数据平台的建设以

及动态搜集工作，让数据平台通过数据来挖掘学生关注的热点，自动生成大数据结果表；大数据分析队伍主要是由有计算机经验的教师组成，能够根据需求运用计算机算法及公式来分析不同大数据信息的相互关联性；大数据教育队伍则由思想政治教育教师组成，通过大数据的分析结果，及时地进行问题跟踪与处理。针对大数据分析出来的问题，教师可以通过开放式的互联网资源寻找相关资料来分析、解决。而且思想政治教育具有前瞻性，要求教师能够分析当前学生思想上存在的问题，有针对性地进行课堂教学。这不仅能够提升学生的思想政治综合素质，也能够提升教师自身的思想政治教育理论，使其可以及时地针对学生关注的问题进行指导与解答，从而构建起集"技术——分析——教育"于一体的高校思想政治教育辅助系统。

大数据时代给高校思想政治教育带来了新的挑战，但这也是一个机遇。只要掌握大数据的特点、树立大数据意识、结合大数据特点来创新高校思想政治教育方式，就能提高思想政治教学的有效性。当然，大数据时代下开展高校思想政治教育不是一个人的事，全面提高高校思想政治教育水平需要依靠具有不同专长的教师的共同努力。

四、学习共同体视域下高校思想政治教育模式

随着社会的不断进步，我国不仅需要创新能力和实践能力较强的人才，还需要思想政治素质高的人才。高校教育顺应社会经济的发展，也在不断改革和创新，其中高校的思想政治教育是高校教育模式改革的重要内容，是教育界很多专家重点研究的课题之一。很多高校都对思想政治教育进行了积极的探索，将学习共同体应用在高校思想政治教育中，这是一项创新的教育方式，有着传统教育模式所不能比拟的优势。

(一)学习共同体的内涵

学习共同体来源于"共同体"和"实践共同体"，是二者紧密连接的产物。学习共同体是指学生和教师连接在一起，二者在共同的学习活动中围绕一个主题，在同样的学习氛围下，通过"活动—参与—反思—对话—合作解决问题"来构建的一个相互影响、相互促进的基层学习集体。在学习共同体中，教师和学生能够在共同的学习活动中展开充分的交流与沟通，相互分享彼此的学习资源，继而促使彼此的知识、情感和思想等的相互融合、创新。在共同学习的过程中，教师和学生之间的关系会变得更加和谐，二者在学习和沟通中不仅获得了知识，还收获了快乐。可以这样说，学习共同体不仅是一种学习的组织方式还是一种促进和谐人际交往的重要途径，同时又是一种科学育人的重要形式。在学习共同体视域下，教师和学生以一种对等的关系进行学习，不但促进了信息之间的相互流通，而且实现了师生之间情感的交流。

(二)学习共同体的基本特征

1. 具有共同的学习目标

学习共同体是以具有共同学习目标为根本的学习组织形式，它是可以通过班级、小组等形式进行的也可以分层次进行，且这个层次是可以深入扩展的。在以学习共同体为

基础所开展的班级或者是小组的学习活动中，学生和教师都有着一个共同的学习目标，都是针对同一个问题或者是围绕同一个话题展开讨论和行动的。在实现这个共同的学习目标的过程中，教师和学生彼此之间的影响是多样性的，并且可以使各自的长处和优势得到最大限度的发挥，小组成员之间是相互依存、相互作用的，他们共同构成了一个完整的整体。学习共同体其相同的学习目标对个体或者组织都是有利的。其一，这个相同的学习目标能够给每一个个体以强烈的归属感和动力，促进组织和个体不断地进步和发展；其二，共同的学习目标为组织中的个体提供了一同发挥力量的平台，使每一个成员都可以参与其中，共同促使学习目标的实现。

2. 强调对等关系结构

学习共同体以班级为形式展开，在这个过程中，教师和学生彼此之间进行交流与沟通并且在一定的学习氛围中进行思考与评判，进而实现对知识的理解和掌握。在学习共同体的课堂学习中，两个交往的主体分别是教师和学生，教师和学生之间强调的是一种对等的关系。学习共同体的主体不是以教育对方或改变对方为目的，而是成为在一个共同的话题中相互合作和沟通的"你"和"我"，教师和学生变成了合作的参与者。在这样一个新型的关系结构中，学生不再只是被动地接受教师所传授的知识，而是一个积极参与知识学习和探索的主体；教师也不再是传统的知识教授者，而是作为另一个参与主体，对学生进行思想和学习上的引导。

3. 促进师生共同成长

上文已经说到，以学习共同体为学习组织形式的课程教学，教师和学生是彼此对等的动态关系。首先，教学不再只是重视对知识的传授，更强调引导学生自主地学习，教师从中起到引导的作用；其次，在教学中教师也不再只是知识的传授者，也可以是学习交流中的参与者，有时候甚至可以是被教育者；另外，学生在接受教师教育的时候，也可以成为教育者。借助于学习共同体的组织教学模式，学生和教师成为学习双主体，对学习有着同等的责任，二者相互合作、彼此交流，通过一系列的共同活动实现知识的交互、情感的交流，从而最大限度地发挥彼此的优势和作用，并且使自己和对方的知识变得更加丰富，达到更好的学习效果。

（三）学习共同体的作用

学习共同体的组织教学形式对高校思想政治教育有着重要的作用和影响，其价值和作用主要可以通过以下几个方面体现出来：

1. 提升教学效果

学习共同体和高校思想政治教育是相互协调的。学习共同体是完全符合高校思想政治教育目标的学习组织形式，将其应用在高校思想政治教育课程中，是一种提升教学效果的最佳方式。思想政治教育是高校教学的重要组成部分，与其他教育课程相比，高校思想政治教育课程显得比较特殊，其不仅重视对学生知识的传授，更加重视引导学生树立正确的人生观、世界观和价值观。高校思想政治教育旨在帮助学生学习马克思主义理论、社会主义核心价值观以及培养学生发现问题、分析问题、解决问题的能力，这些内容只依靠教师的课程教学是不能完全实现的。学生形成正确的价值观需要养成理性思维的习惯，需要一定的情感共鸣；同时，学生思维方式的培养也需要他们自主的探索和学习。在学习共同体的教学模式中，高校思想政治教育课堂将会以小组的组织形式开展，在共同的学习目标下，学生能够更加积极和主动地参与学习和讨论，并且通过积极主动的学习、思考和探索提升思维能力；学生和学生之间能够在相互的交流和沟通中，彼此相互作用和影响，进而加深对知识的理解和掌握，并且对思想政治教育中科学的价值观有所认同。

2. 提升教学针对性和实效性

学习共同体给予了教师和学生一个可以自由沟通的场所，在这个学习空间里，教师和学生的地位是平等的，这是思想政治教育中教师了解学生、学生认同教师的重要前提。在此前提下，教师才能有计划地设置教学形式和课堂情景，进而提升思想政治教育的针对性和实效性。在高校思想政治教育课程中，教师所承担的任务比较重，不仅需要对教学的用书有着深入的了解，明确地知道教学的目标、内容和任务，即思想政治教育到底需要教给学生什么内容；还需要对学生的真实想法有深刻的了解，了解学生所关注的问题、了解学生所掌握的知识、了解学生的内心世界，只有这样教师才能做到与学生相互了解。这样，教师在课堂教学中就能设计出适合学生或者是学生感兴趣的内容，激发学生的学习兴趣和学习动机，引导学生参与课程学习。教师需要根据学生现有的知识基础，为学生构建出新旧知识的关系，并且以此为切入点引导学生参与讨论，以启发式的方式引导学生养成思考的好习惯，使学生自主掌握知识的规律，自觉改正思想上的不足，引导学生的学习朝着有意义的方向前进。

3. 弥补应试教育不足

在传统的教育模式下，教师更重视学生的成绩与分数，其教学过程也是采取灌输式的教学方式。这种教育模式有着很多不足，它不仅限制了学生的天性，也限制了学生多样化的发展。学习共同体是对传统教育模式的一种颠覆，它否定了将学生作为知识容器的教学方式，反对灌输式的教学；提倡交互式的教学方式，认为教学过程是一种对话的过程，是教师和学生之间互相学习、交流、理解的过程。通过教师和学生之间的对话，使学生对自己有更深刻的认识，学会理解他人，学会与别人交往；激发学生理性的思维；促使学生形成批判、反思和创新的思维方式。因此，将学习共同体应用在高校思想政治教育中，能更好地培养学生的学习能力、沟通能力、实践能力和创新能力，对培养社会主义合格建设者和可靠接班人起着重要作用。

（四）学习共同体视域下高校思想政治教育模式的运行策略

1. 构建学习共同体和谐的人际关系

采用学习共同体模式的高校思想政治教育需要以构建和谐的人际关系为前提。学习共同体模式下的高校思想政治教育是一个教师和学生交互的过程。在这样的教学课堂中，教师和学生对彼此完全地信任，这里是学习双主体互相学习的家园。教师和学生之间的关系只有保持和谐，学生才能更加放心地学习，才能获得精神上的归属，进而也对思想政治教育的目标有所认同，主动地参与学习，与教师共同努力，致力于完成学习目标，最终在学习的过程中取得进步。高校思想政治教育要想构建和谐的师生关系，首先，需要对现有的师生关系进行反思，教师应该本着"以人为本"的教学思想进行教学，重视学生学习的主体地位，在教学中关心学生、爱护学生、尊重学生，善于发现学生的潜能以及学生身上的优点，并且适时地激发和鼓励学生表现自己，包容学生的缺点，不对学生提出过高的要求；其次，教师应该重新审视学生之间的关系，引导学生树立正确的竞争意识，杜绝学生之间的不良竞争，让学生深刻地认识到掌握知识还需要交流和沟通，使学生明白只有主动与别人分享自己学习中的发现，才能实现与同学之间的情感共鸣和知识的交互。

2. 构建学习共同体互动平台

每个学生都认真地学习并不是学习共同体，学习不能孤军奋战，它需要学生之间的相互配合和共同努力。学习共同体是相互合作、交流、沟通情感和知识共享的一个过程。教师要善于调动学生参与学习、沟通的主动性，为学生构建一个互动的平台。首先，教师需要以思想政治课教学内容为基础，设计出学生感兴趣的话题或者问题，使学生更加愿意参与教学讨论活动，培养学生之间的默契，将学习信息最大范围地扩展，提升学生学习的成效；其次，教师作为教学的组织者，需要对学生的心理特点和学习基础有深刻的了解，以提出合适的问题，并且对不同的学生采取针对性的引导，这也是对教师教学能力的一个重要考验。

3. 营造学习共同体良好的学习氛围

高校思想政治教育通过创设问题，促使学生在相互合作的基础上对知识进行分析和讨论，分享自己的意见和观点，旨在使学生都能够深刻地认识到学习是一件快乐的事情。首先，学习共同体模式下的高校思想政治教育重在培养学生之间相互合作、彼此欣赏的意识。因此，教师需要为学生营造一个良好的学习氛围，鼓励学生相互学习、相互欣赏，并通过分享获得快乐。其次，学习共同体模式下的高校思想政治教育重在培养学生的合作意识。教师需要通过小组学习的形式，让每一个学生都能感受到集体的归属感和荣誉感。最后，学习共同体模式下的高校思想政治教育重在培养学生的宽容意识。在学习共同体中，学生的思想和知识水平都是不一样的，不同的知识有着不同的来源和背景，教师不能对知识进行等级的划分，而应该鼓励学生在对问题的讨论中各抒己见。

综上所述，经过对学习共同体的不断研究可以发现，学习共同体能够让学生通过实践体会到自身的积极价值，并且也能够激发大学生参加思想政治学习的兴趣，促使学生主动学习、不断成长，使其真正体会到思想政治教育的意义，从而寻找出自己人生的方向和价值。

五、高校共青团思想政治教育工作模式

高校团组织是党委、行政联系广大青年学生的桥梁和纽带，在思想政治教育中担当着独特的角色，发挥着积极的作用。团干部要深刻领会关于进一步加强和改进大学生思想政治教育的精神，努力探索共青团新的工作模式，促进大学生思想政治教育的创新与发展。

（一）高校共青团思想政治教育工作的新挑战

1. 当代大学生的新特点

从总体来看，当代大学生普遍认同中国特色社会主义共同理想，拥护中国共产党领导，拥护国家的大政方针，关心改革开放的各项举措，对于中国梦的实现充满信心。他们思想活跃、兴趣广泛、积极参加各种实践活动；重视自我的专业发展及自身价值的实现；关心时事政策，关注社会发展。但是，还应看到，一些大学生不同程度地存在着政治信仰迷茫、理想信念模糊、价值取向扭曲、诚信意识淡薄、社会责任感缺乏、艰苦奋斗精神淡化、团结协作观念较差和心理素质欠佳等问题。

与其他社会群体相比较，当代大学生群体具有鲜明的特点：一是群体规模大、数量多。二是以"00后"为主体，独生子女占大多数。他们出生于改革开放年代，伴随着社会主义市场经济建设而成长，经历了社会经济的快速发展和思想观念的加速变迁。三是接受了规范化的正统教育，价值取向积极、健康。

2. 国内外形势变化所带来的新挑战

改革开放以来，解放思想、与时俱进、敢于创新的局面已经形成，人们思想活动的独立性、活跃性、选择性和多维化程度增强。社会环境潜移默化的作用，虽然有利于大学生独立意识、成才意识和创新精神的培养，但也容易产生负面影响。随着现代科技迅速发展，各种便捷的高新科技工具得到广泛应用，人们通过互联网、微博、微信和QQ等通信工具实现了即时的信息传送和沟通交流，大学生的人生观、世界观和价值观随之呈现出多元化态势。处于社会转型期的今天，各种新的文化思潮和价值观念冲击着大学生的思想。"00后"的大学生大多是独生子女，独特的生活环境使他们普遍存在着以自我为中心、生活自理能力较差、抗挫折能力较弱、自我期望值过高和学习生活条件要求过高等问题。一些学生还不同程度地存在着思想迷茫、精神懈怠、理想缺失、集体观念淡薄和责任意识不强等问题。

3. 共青团组织自身工作的局限性所带来的新挑战

随着现代社会高速发展，广大青年的需求日渐丰富，然而有些团组织的工作方式和方法还没有走出计划经济体制的束缚。比如，习惯于根据表面情况制定规划，较少实质性地解决问题；习惯于自上而下的指令性工作部署，较少深入基层进行分类指导服务；习惯于"号召型""活动型"的群众工作方式，较少深入细致地开展针对性工作。面对新形势，部分高校团组织仍沿用以往旧的活动方式，脱离了时代现实，具体表现在：网络思想政治教育工作未适应网络的快速发展；思想政治教育措施缺乏系统性、连贯性和针

对性；理论研究水平偏低、研究深度不够、研究成果偏少等。

4. 思想政治理论课教学内容与经济社会发展相脱节所带来的新挑战

高校思想政治教育以"思想政治理论课"为主渠道、主阵地，而理论联系实际又是其最重要的教学原则，思想政治课教学倘若违背了这一原则，势必会成为无源之水、无本之木。然而在实际的教学中，许多高校不同程度地存在着理论脱离实际的情况，把思想政治课讲成纯理论课，把其变成了空洞的说教。从教学内容来看也存在着一些问题：一是部分内容与中学课程存在着重复，高校思想政治课在学生眼里无疑是"炒冷饭"，缺乏应有的吸引力；二是各门课程之间许多内容交叉重叠，学生认为虽然学习了几门课，但都是在重复，调动不了学生学习的热情；三是教学内容更新速度较慢，总是滞后于实践，缺乏时代感、超前性，致使学生学习兴趣盎然；四是由于学科的不断整合，导致新教材内容多，受课时数限制，有些内容很难展开讲，以致教学与现实社会、市场经济脱节，学生很难理解和接受，无法达到预期效果。

（二）高校共青团思想政治教育工作的新模式

1. 深化理论学习活动，以科学理论武装人

（1）坚持系统理论学习，加强团的思想建设

在理论学习活动中，要把提高理论水平与强化素质教育结合起来，丰富主题实践的载体形式。要坚持团员意识教育与大学生思想政治教育相结合，进一步加强和改进大学生思想政治教育的方式方法，深入开展爱国主义、集体主义和社会主义教育，主动践行社会主义核心价值观，切实提高教育活动的思想性和针对性。

（2）坚持党建带团建，加强团的组织建设

首先，要切实加强对团工作的领导。高校各级党组织要提高认识，定期召开会议，研究和解决团工作方面的重要问题。其次，高校各级党组织要从制度上规范团的工作，使之沿着正确的方向健康发展。最后，将团建工作融入党建制度体系。党组织把团的建设作为党建工作的重要内容纳入党的建设总体规划，加强团组织基本制度建设，促使形成目标共定、内容衔接、机制配套、相互促进的基层党建带团建目标管理机制，深化党建带团建工作。

（3）尊重团组织的创造性，重视团员的主体作用

人民群众是人类历史的创造者。在各项工作中，不仅要充分发挥基层团组织的创造性，放手让他们开展工作，采用开拓创新、探索行之有效的工作方式及途径；还要高度重视团员的主体作用，充分发挥团员的主动性。

2. 拓展学生社会实践活动，以深入实践锻造人

当前高校思想政治教育较为重视传授基本知识、基本理论，但在开展实践教学、让学生亲身体验方面还做得不够。高校要广泛开展专业实践、课程实践，广泛开展生产实践、社会实践，广泛开展社团活动、青年志愿者活动，从而使学生通过实践了解国情、社情、民情，感受改革开放成就，培养自身实践能力，锻炼专业技能，坚定"四个自信"。青

年志愿者活动是当代大学生传承中华优秀传统文化，弘扬民族精神、时代精神和革命精神的行动体现。对于大学生的成长来说，青年志愿者活动有助于其内化道德要求、培养良好品行、养成道德习惯。

3. 建设积极健康的校园文化，以先进文化塑造人

积极建设健康向上的校园文化，优化育人环境，是培养社会主义"四有"新人的客观要求。高校团组织可通过开展学生喜爱的，富有格调、特色突出的校园文化活动，来进一步弘扬和培育社会主义核心价值观，形成健康、文明、向上的校园文化氛围，活跃校园学术氛围。例如：重视营造温馨的、充满人文关怀的氛围，每年举办体育文化节，帮助学生树立健康第一的理念，组织"走下网络、走出宿舍、走向操场"的群众性课外体育锻炼系列活动等，为促进学生全面成才创造良好的外部条件。

4. 积极促进大学生就业创业，以优质就业激励人

近年来，高校毕业生就业难的问题逐年加重。共青团组织参与解决就业难的问题，就要结合实际，发挥自身优势，在组织勤工俭学活动，开展就业演练，更新就业理念等方面主动作为。共青团组织可以通过开展多种形式的教育实践活动，促使大学生树立正确的就业观和择业观；通过各类学生社团，如：大学生职业发展协会、农工教育发展协会，举办诸如大学生职业生涯规划大赛、大学生学业规划大赛等各类竞赛活动，营造优良的"规划大学四年学习，规划自身职业生涯"的氛围；积极建设各类"就业见习基地"，让大学生在校期间有机会到基地见习，提高其就业创业的本领。

5. 强化网络思想教育功能，以网络文化熏陶人

在我国网民数量超过10亿人的今天，共青团组织作为党的助手和后备军，一是要加强管理制度建设，构建网络监督和引导机制，抓好基层团组织、社团组织、专业班级网页内容审核工作，抓好校园网络进出内容审核工作；二是要利用网站、微博和微信等平台创建"红色"主题栏目，唱响网上主旋律，凝聚网络正能量；三是要提高共青团网络的吸引力，通过主题网站、微信公众号和官方微博发布教学活动、校园生活的动态信息，以平等交流的方式进行热点事件的正面引导，提供兼具知识性、思想性和趣味性的服务，充分发挥网站、微博和微信潜移默化的熏陶作用。

6. 主动帮扶"弱势群体"学生，以贴心服务暖化人

在朝着"全面建成小康社会""奋力实现中华民族伟大复兴中国梦"的目标迈进的时候团组织应当对"弱势群体"学生，即存在经济贫困、学习困难、心理问题、情感困惑、身体缺陷或家庭变故等问题的学生，给予无微不至的关怀和帮助。当前，在党和政府、社会各界人士热心关爱、大力资助之下，贫困生的困难状况得到了一定程度的缓解。同时，他们还可通过勤工俭学的方式，依靠自身的努力克服困难。共青团组织应当关注、关爱他们，一方面要与他们交朋友，既从物质上给予资助，又从精神上给予鼓励，使他们坚定"克服困难"的信心；另一方面，还要构建长效帮扶机制，实行跟踪管理制度，确保"弱势群体"学生能够完成学业。

（三）高校共青团思想政治教育工作的新收获

1. 提高了思想政治教育的实效性

团组织坚持解决思想问题与解决实际问题相结合的原则，重视拓展社会实践，使学生在锻炼中成长。团干部在实践活动中，与学生平等交流，更易于掌握学生心理活动，摸准学生思想动态，从而有针对性地开展教育活动；大学生在深入实践活动中，将会更为积极、主动，从而使得思想政治教育的实效性也更强。

2. 赢得了广大青年学生的信任

组织青年、引导青年、服务青年、维护青少年权益是共青团的基本职能。团干部只有脚踏实地干一番事业，才能赢得学生的信任，提高自己的威信，增强团组织的吸引力。受社会经济发展的影响，当代大学生的学风更为务实，他们注重真才实学、注重实践锻炼、注重学习实效；他们更乐于参加社会实践，在实践活动中证明真理、得到真理。共青团组织坚持创新工作模式，发挥自身专长，开展丰富多彩的实践活动，组织学生学习理论，这必将有利于引导大学生践行社会主义核心价值观，服务学生成长成才，也一定会赢得广泛信任。

3. 增强了共青团组织的凝聚力

共青团组织要健全和完善共青团工作规范，加强信息交流、促进沟通，听取团员的意见和建议，让广大团员参与工作决策与管理；要注意了解每一位青年团员的个性、特长，做到"知人善任""人尽其才"，使"英雄"有"用武之地"；要注重引导学生正确认识个人与集体、个人与社会的关系，正确处理个人利益与集体利益、个人利益与社会利益的关系，使广大团员树立正确的集体主义价值观，这也增强了共青团组织的凝聚力和向心力。实践证明，不断创新思想政治教育工作模式，能够使共青团组织的工作变得更为有效。

4. 扩大了高校共青团的影响力

高校共青团组织在履行职能的过程中，要广泛接触社会各界、广泛动员团员，通过"社会化"工作方式扩大自身的影响力。在帮扶"弱势群体"学生时，向社会各界募捐善款，为学生寻找、提供勤工助学岗位；在服务学生就业创业时与产业单位联系，共建"就业创业见习基地"，并组织学生赴各地实践；在开展网络思想教育时，通过自身主题网站、官方微博和微信公众号，对学生进行思想教育引导；在进行团组织民主管理时，建立民主管理、民主监督制度，让广大团员参与团的事务，充分发扬他们的民主意识，提高其参政、议政的能力。所有这些履职行为都在无形中扩大了共青团组织的影响力。

第二章　高校思想政治教育的价值观塑造

第一节　高校思想政治教育观及其时代价值

　　高校大学生的发展对中华民族的伟大复兴有着非常重要的作用，因而这也对高校学生的培养工作提出了新要求。高校思想政治教育就对如何为国家培养适合发展国家事业的人才做出了重要研究。随着我国国际地位不断的提升以及网络技术的发展，各大高校要不断加强当代大学生的国家意识和民族观念，因为只有这样，才能够维护国家安全与国家统一，所以高校要深入开展思想教育工作，不断深化高校大学生的民族观念。随着我国对于高校教育不断的革新，新时期的高等教育任务比过去的任何时候都要重要，要把高校教育工作放在一个重要的位置上。而各大高校要根据时代要求，构建一个适合新时期发展的人才培养体系。社会各界特别是高等学校要积极学习习近平总书记的高校思想政治教育观，这对高校日后的思想教育工作的顺利开展起着至关重要的作用。

一、高校思想政治教育观的形成和发展的时代背景

（一）经济全球化背景下习近平总书记的高校思想教育观形成

　　随着经济全球化的不断发展，各个国家之间的政治以及利益都出现了分化。在变化多端的国际环境里，很多具有竞争关系的国家经常会出现抵触和冲突的现象。目前国际上各国之间的关系虽然显得极为融洽，但是实际上还有很多国家用不同的政治手段抵触中国，甚至限制中国的发展。这些国家是担心害怕中国的发展壮大会影响其自身的发展，从而影响这些国家在国际上的地位。在这个网络发达的时代，各国之间的文化相互交融、相互影响，各国都积极引进其他国家的优秀文化，以促进本国的发展。但是也有极少数的国家会通过一些网络低俗文化来侵害我国青少年的思想，特别是对当代大学生，他们正处在世界观、人生观、价值观形成的关键时期，这会对他们的心理健康发展造成影响，从而达到他们文化侵略以及抵制中国发展的企图。

　　因为目前互联网技术比较的发达，人们通过手机、电脑等电子设备进行上网，能够

助推文化的传播速率。这就会使一些外来的电影、游戏、不良网站等通过这些电子设备在网络上快速传播，当代大学生在日常生活中已经习惯通过手机上网这种方式，导致大学生在无形之中受到了这些外来文化的影响。在日常生活中，大学生应该摒弃这些低俗的文化，应该积极汲取那些有益于自身发展的优秀文化，面对这些外来文化，提高辨别能力，要取其精华去其糟粕，辩证的对待外来文化。并且高校教育者要时刻关注学生的思想变化，及时了解他们所触及的文化内容。在面对外来优秀文化时，高校应该教育学生将这些文化与我国的优秀文化相结合，并且坚决抵制那些腐朽、落后的低俗文化。

（二）我国社会发展背景下习近平总书记的高校思想教育观形成

我国当前正处于中国特色社会主义发展的新阶段，随着我国社会体制地不断改革，同时迎来了多方面的发展挑战，也对当代大学生的学习与教育提出了新的要求。我国设立高校是为了给我国培养优秀人才，为我国特色社会主义的发展多做贡献。但是部分高校在培育人才方面还存在一些问题，需要高校加以完善。在社会主义发展的新时代，为了使高校的思想教育能够更好的顺应时代的发展，国家对于高校的思想政治教育也提出了新要求。这也就需要高校在这一阶段要把教育的重心投入到思想政治教育中，使其发挥出重要作用。

虽然当代大学生已经成年，但是他们的社会阅历都不太丰富，以至于他们的思想并不成熟。当前高校内存在一些网络诈骗行为，这些犯罪分子正是利用在校大学生缺乏安全防范意识的这一弱点，对在校大学生实施诈骗。而在校大学生并不知道这样做的后果的严重性，将自己的大学时光都浪费在了吃喝玩乐上。这会使在校大学生不能树立一个良好的价值观念，认为大学时光就是用来贪图享乐的。所以高校在对学生的教育过程中，要帮助其树立良好的价值观念，发挥出思想政治教育的作用，培养学生养成吃苦耐劳的自律精神，让大学生在走出校门之后，能够在社会上发挥出自己的作用，为国家的发展做出自己的贡献，不能白白浪费掉自己的大学时光。

（三）大学生抗挫能力背景下习近平总书记的高校思想教育观形成

在社会生活中，大学生一定要具备抗挫能力，只有这样，才能够健康的成长。不管是个人还是国家，在成长发展的过程中都会遇到各种各样的挫折，习近平总书记就经常鼓励当代大学生应该勇于面对挫折。只有把这些挫折克服掉之后，才能形成一个刚毅的抗挫能力。这对当代大学生今后的人生道路有着十分重要的意义。当代大学生作为新时代的接班人应该具备这种毅力，这样才能为我国社会主义事业的发展献出一份力量。

二、高校思想政治教育观的主要内容

（一）高校思想政治教育目标

随着我国特色社会主义的不断革新，高校为顺应时代发展不断改善思想政治教育目标是必然的。高校开展思想政治教育工作关乎如何实现中华民族的伟大复兴这一重要战略目标。各大高校要坚持"立德树人"这一目标，为我国不断培育时代新人。

(二)高校思想政治教育内容

高校开展思想政治教育的主要目的就是培养学生的综合素养以及社会实践能力，让当代大学生成为一个道德高尚、社会实践能力卓越的新时期人才。而当代大学生应该自觉形成一个正确的道德观念，使其能够养成一个良好的品德，自觉践行社会主义核心价值观，不管是在国家、社会还是个人层面都要把社会主义核心价值观二十四字的内涵发挥出来。但这也需要高校应该起带头作用，为当代大学生树立榜样，在校内大力开展思想道德社会实践活动，有效加强学生的品德教育。

另外，高校还应该不断加强在校大学生的传统文化教育工作，使大学生能够继承并发扬优秀的传统文化，不断提高我国的文化自信。我国的优秀传统文化是我国劳动人民的智慧结晶，更是我们宝贵的精神财富，只有不断增强当代大学生的文化认同感，才能充分做好传统文化的继承者与推崇者。除此之外，还可以通过互联网技术有效传播优秀传统文化，让当代大学生能够在接触网络的过程中，能够把优秀传统文化做到知行合一，真正领悟优秀传统文化的价值内涵。

(三)高校思想政治教育途径

在高校思想政治教育过程中还应该鼓励学生多读书，因为多读书能够有效提高大学生的文化修养和综合素质，读书有益于人的身心发展，能够不断启迪人的智慧。随着互联网技术的发展，很多大学生已经不习惯用纸质的书本进行阅读，很多都是通过手机上的文章公众号以及阅读 App 等进行书籍阅读，这种阅读方式能够让学生掌握大量的信息。但是由于这种不完整的阅读方式不能使学生很好地树立正确的价值观念，很多书籍内容可能会不利于大学生的发展。大学生应该多读一些马克思主义著作以及中国传统文化经典著作，从古人身上学习他们的智慧，发扬我国的优秀传统文化，为当代大学生营造一个良好的学习氛围。

三、高校思想政治教育观的时代价值

(一)完善和丰富了新时代高校思想政治教育理论

习近平高校思想政治教育观能够为高校的教育指明方向，高校应坚持教书育人的教学理念，要充分发挥思想政治教育的作用。在教学过程中不仅要教授学生思想政治知识，还要让学生树立一个正确的价值观念，让学生的思想观念逐渐成熟，在社会实践过程中丰富他们的社会阅历。并且高校的教育工作要紧跟党的领导，顺应时代的发展，走中国特色思想政治教育道路，不断深化习近平总书记的高校教育理念。

(二)推进新时代高校思想政治教育工作体系建设

高校的思想政治工作是把人才培养、文化构建等多方面课程的建设进行一个系统化的保障工作，要贯彻落实习近平总书记的高校思想政治教育观，高校应与其他科学学科进行结合，充分发挥思想政治教育的导向作用。另外，高校应该根据党和国家的方针政策，然后根据自身的发展情况制定一个切合实际发展的思想政治教育体系，在最大限度上推进高校的教育工作。

（三）加快新时代高校思想政治教育方法论的创新

由于我国互联网技术的不断发展，一些新媒体也相继出现，这给各大高校的教育方式带来了新机遇。高校应该与时俱进紧跟时代的发展步伐，根据思想政治教育所处的环境不断创新教育方法。对于高校学生进行互联网教学是目前教学的主要途径，因为这种教学途径不仅更具便利性，还能让学生直观的进行思想政治理论知识的学习，利用互联网技术的优势促进高校思想政治教育工作的发展。而且还能网络对一些实际案例进行分析，能够让学生更好的接受理论知识，还能不断提高自身的文化知识学习的责任感。

总而言之，习近平总书记的高校思想政治教育观是一个思维、逻辑都很完善的思想体系。在新的社会的发展背景下，习近平总书记的教育观是高校培养学生指路灯，并且在培育过程中要贯彻落实习近平总书记的高校思想政治教育观把其作用完全发挥出来。在高校的教育要与时俱进，紧跟党和国家前进的步伐，在中国特色社会主义发展新阶段培育出品质优良、社会实践丰富的时代新人。让广大青年大学生不断接受思想政治理论知识的熏陶，能够使广大青年大学生有推进社会主义事业发展的责任感。让我国的后备人才为我国的社会主义建设发展而不懈奋斗。

第二节 高校思想政治教育对学生社会认同价值观的培养

一、高校思想政治教育工作的意义及价值

为了更好地推动素质教育的全面发展，积极适应新时代的教育要求，高效完成各项教育教学工作，高校逐渐开始重视思想政治教育，开展相关系列活动，发挥出思政对于高校乃至社会的作用。高校思政教育工作的意义主要体现在以下几个方面：

（一）思政教育是素质教育中必不可少的构成要素

思想政治教育作为素质教育中的一种，应该被放在重要的位置之上。大学生是国家未来的希望，是社会人才的储备军。在此阶段的学生，世界观、人生观、价值观已形成，在思政教育及品质方面也有着很强的可塑性。正确地对待思想政治教育能够让学生终身受益。就本质而言，思政教育在一定程度上反映了社会的观点和立场，这种意识形态、

行为规范、道德观念都应该被弘扬和传承下去。与此同时，思政教育的效果也关系到素质教育的程度，当代大学生正一脚踏在校园，一脚迈向社会，与社会联系较为密切，言谈举止都会上升到社会层面。所以说，在大学校园开展思政教育势在必行。

（二）开展思政教育有助于帮助学生塑造健全的人格

思想政治教育是精神文明建设的重要组成部分，其贯穿培养学生德智体美劳等各项品质的始终。大学生只有真正掌握到德育教育的精髓，才能明确学习目标和动力，遇到困难寻找到最合适的方法解决问题。思政教育在"科教兴国""人才强国"战略上占据了重要的地位，对大学生来说是一种养料，有助于帮助学生塑造健全的人格。总而言之，新时期下，思想政治教育工作的创新与发展是十分有必要的。

二、影响大学生树立正确价值观念的因素

（一）外部因素

1. 社会环境影响。

改革开放的不断深化，使更多的西方文化进入了大学生群体的认知。受到社会大环境的感染和熏陶，学生的个性化特征越来越明显，在价值追求方面也不再拘于传统，并且思想也更加丰富和多元。如今的生活水平越来越高，大学生的价值观念也发生着相应的变化。社会利益的复杂性导致部分学生缺乏责任感以及诚信意识。尤其是在接触外界信息的时候，并没有经过深思熟虑地考量，导致很多不良、不健康的信息也随即进入到了大学生的生活之中，产生诸多负面影响。

2. 高校教育理念影响。

高校的大规模扩张加剧了学生数量与就业之间的矛盾。因此，高校将教学的重点放在了如何提高学生就业率上，而忽视了开展德育教育、思想政治教育的重要性。更多使以学生就业需求为核心和主导，忽略了大学生的基本社会需求。导致很多学生即便拥有过硬的文化知识底蕴，却难以适应激烈竞争的市场环境。一些大学生的社会认同感仅仅停留在了认知层面，而从学校的角度来看，对思政教育的重视力度不足，相应的教学基础设施不够完善，教学工作与学生核心价值观念的培养存在着脱节的现象，与大学生的价值认同相违背。

3. 家庭教育观念的影响。

原生家庭环境以及教育方式决定着学生的思想道德修养。家庭成员的行为习惯、言谈举止、性格特征都在潜移默化地影响着学生。良好的家庭环境会治愈学生的一生，反之，缺乏爱与包容的家庭环境会影响学生的价值取向，根深蒂固的家庭环境与氛围会让学生耳濡目染，家庭思想和理念也会深深地植入进学生的日常生活之中。除此以外，现在的大学生对家庭的依赖性过强，这些因素都会影响到学生对社会的认同感。

(二)内部因素

大学生自身所处环境以及个人的适应能力、品格特征等都会影响到自身的社会价值认同感。当代的大学生多在温室的环境下成长，缺乏社会经验和阅历，很容易陷入迷茫。没有受到太多社会的磨砺，很多学生多是以自我为中心，在价值认同方面也存在着一定的误区。抗挫能力在逐渐退减，过分地遵循"成绩论"，独立性和实践能力都相对不强，面对困难和挫折也是常有的事。所以高校在培养大学生良好品性的同时，还要做好挫折教育工作，培养大学生独立、坚强的品性。

三、高校思政教育与大学生社会认同价值的关联

(一)学生价值观和道德理念日趋多样化，需要思政教育引导

世界经济一体化和全球化步伐正在加快，推动了多种文化的融合发展，同时也导致了多种社会问题的出现，对高校学生产生了深刻的影响。网络传播打破了时间和空间的限制，信息来源渠道广泛，加之一些大学生缺乏辨别是非的能力，不可避免地受到外界诸多的诱惑，影响价值观和认知。因此，需要高校加大思想政治教育的投入力度，引导大学生树立正确的思想，培养他们共情的能力。同样，思政教育也是强化大学生认同感最有效的途径之一，也可以将一些可能出现在校园的问题防患于未然。

(二)思政教育，有助于引导大学生树立正确的人生目标

大学生是社会人才的重要构成部分，思政教育起到一定的引导作用。对大学生的价值观产生潜移默化的影响，有助于引领大学生更清晰地树立好个人目标。与此同时，大学时期也是学生形成正确价值观的关键时期，思政教育的作用体现在给予学生方向感与价值认同。对大学生的行动力有一定的规范作用。思政教育在大学生思维方式、行为习惯以及价值取向等方面都扮演着重要的角色。据相关调查表明，一个接受过良好思政教育的人，更具备一种积极的处事态度，有明确的职业道路规划，能将个人价值与社会价值关联起来，并时时刻刻关注社会的发展和国家国情的变化。

四、优化大学生思想政治教育的有效路径

(一)创新教育形式，开拓大学生视野

高校思想政治教育需要兼顾素质教育和创新思维教育，将思想政治教育工作的理论与实践结合起来，注重将德育与美育结合起来，将思政教育与大学生的实际情况联系在一起，做到有效融合。首先，要优化和创新教育的形式，以培养大学生良好的创新思维和意识，帮助他们树立正确的全局观和就业观。根据学生的实际情况及反馈，层层筛选出精品课程，并提高课程的吸引力和感染力，借鉴科学实用的方法，实现从单向灌输向双向交流的转变。此外，思政课程也要与时事政治以及市场形势相结合，开展就业指导课、心理辅导课、职业生涯规划课等等，让学生有机会深入接触。

（二）强化师资队伍建设，优化教师资源体系

师资力量是保障思政教育顺利开展的大前提条件，高校应构建一批素质队伍过硬、经验丰富的教师队伍，并明确梯次结构，进行考核和筛选。要对高校思政教师队伍开启"加速度"的模式。长期以来，思想政治方面的师资力量一直都是高校的短板和弱项，对教学效果和育人质量产生直接性的影响。因此，高校若想在思政教育方面取得实质性的成效，就必须加快思政工作的推进与师资引进培训工作，不断对现有资源进行补强。一方面，教师只有重视思政教育，才能影响到学生，使他们更努力地学习思政知识，投入精力。对一些先进的思政理论展开深入化的探究，并梳理教学方法。教师本身要具备较强的将理论与实践结合的能力，并将技巧传授给学生；另一方面，要对教师的职业成长展开针对性地测评，结合其他先进高校的优秀经验，开展系列交流活动，定期组织优秀的教师去其他高校学习，实时优化教师内部资源体系。

（三）结合时代需求，围绕大学生社会认同价值加大思政建设

思政教育工作效果如何与是否契合时代发展需求有着密不可分的关联。对此，高校要构建大思政教育的格局。将思想政治教育与就业融合起来，构建多元化的课程内容，以达到1+1＞2的作用和效果。首先，高校应注重深化两种教育体制改革，在课程设置上相互融合、互相促进，推动校内融合思政教育活动的开展，探索新型的教育模式，构建一体化的新型课堂教育，在全校范围内的多个学科中进行推广式教育；其次，在学科交叉、融合中更好地优化思政教育，调动学生的积极性并提升其参与度。另外，高校也可以建立就业、创业孵化基地，推动思政教育与创业之间的互动，并不断调整思政课堂的时间和比重，在学生群体中形成积极的影响。

（四）创新思政教育宣传模式，强化大学生社会认同价值观

思政教育工作要始终遵循着与时俱进的原则，结合时代发展，做好思政教育宣传工作，进一步强化大学生的社会认同价值观。教师要及时了解大学生的思想以及梦想，为他们提供实现梦想的平台，为高校注入青春活力以及正能量磁场。高校在做好思想政治工作的同时，也需要兼顾大学生社会认同价值的培养，要让马列主义、毛邓思想走进教材、课堂以及学生的头脑之中，使学生正确地认识到人生的目标和方向。高校作为学生思想意识形态形成的重要基地，需要充分重视社会主义核心价值教育，在全校范围内形成一个良好的氛围，让社会主义核心价值观在校园里落地生根，强化学生的责任感和使命感。除此之外，在发挥学校教育作用的同时，各高校也要格外重视社会教育和家庭教育，获得社会以及家长的高度支持，发挥多方力量的协同作用，为学生创造一个良好的学习环境。培养大学生的社会认同价值，是对个体核心价值观以及社会主义核心价值观的双重诠释，也是在遵循科学性、合理性基础之上的价值回归，以社会认同价值为主线和出发点，从文化认同和社会认同的角度，关注以社会主义核心价值观为核心的理论，深入研究培养当代大学生核心价值观的路径，是确立社会主义核心价值观、实现中国梦、

加强高校思想政治宣传工作的核心力量。

第三节 高校思想政治教育与社会主义核心价值观的融合

　　高校思想政治教育活动中有效的渗透社会主义价值观的教育，能够对学生的价值观念进行正确的引导，让学生在学习过程中及时发现个人思想上的短板，从而对个人加以约束，真正实现教学育人的价值。另外，高校教师要对社会主义核心价值观的内涵进行深入挖掘，根据时代需求的不同对教育形式和内容进行不断的改进和创新，构建完善的知识体系，在理论教学的基础上进一步丰富学生的社会实践活动，同时借助身边一切有价值的教学资源，为学生全面打造积极向上的学习氛围，推动思想政治教育工作的进一步开展。此外，面对社会中利己主义思想的影响，教师要帮助学生养成明辨是非的能力，在面对诱惑时能够始终保持自我，以集体利益为重，切实的将所学的社会主义核心价值观应用到实际的生活和学习过程中，从而不断进行自我价值观念的完善，更好的为社会的发展服务。

一、社会主义核心价值观教育的重要性

　　社会主义核心价值观教育在高校思想政治教学活动中发挥着不可替代的作用，高校教师通过对社会主义核心价值观念进行深入的研究，把握住机会关键理念，同时结合学生个人实际发展特点，有效的将社会主义核心价值观教学活动中与思想政治教学观念相一致的部分进行结合，从而有效的弥补学生个人思想观念存在的不足，推动学生个人思想境界面迈向新高度。同时，社会主义核心价值观念内涵丰富，学生在学习和了解过程中能够不断增强个人的社会责任感，从而积极承担社会责任，为国家的发展作出贡献。

二、社会主义核心价值观教育方法分析

　　社会主义核心价值观教学方法，包括理论教学法、典型教学法以及实践教学法等，接下来将对以上三种教学方法进行重点分析。

（一）理论教学方法

　　社会主义核心价值观教育方法中，理论教学法是指将社会主义核心价值观的内涵进行深入挖掘，并将其以学生所能接受的方式展现出来，加深学生个人对社会主义核心价值观念的理解，主要侧重的是理论方面的传授。

（二）典型教学方法

典型教学法主要侧重的是社会主义核心价值观念当中的重点价值观念分析，与理论教学方法相比，典型教学法的主要侧重点比较突出，主要发挥榜样模范带头作用，并围绕典型真实的案例进行教学活动的开展。让学生能够被案例中主人公身上所具备的优良品质所感染，提高学生个人的创造性。

（三）实践教学方法

实践教学法主要是采用实践活动教学方式来引导学生更加全面的去看待这个世界，并在实践过程中帮助学生树立正确的世界观、人生观和价值观。同时提高学生个人的思想境界，在面对社会当中不良风气侵扰时，能够始终的保持自我不受负面文化的影响。

三、社会主义核心价值观教育融入高校思想政治教育的策略

在高校思想政治教育活动开展过程中，有效的将社会主义核心价值观教育融入其中。这在一定程度上给高校教师带来新的教学挑战，为了能够尽可能的帮助学生树立正确的价值观念，认真学习社会主义核心价值理念，需要教师能够根据当前学生发展的实际情况，完善教学体系，同时加强教师队伍内部建设，提高教师综合素养，这样才能更好的为学生提供服务。此外，教师还应该注重对学生社会主义实践活动的搭建，让学生有更多的机会去了解社会主义价值观念。另外，在教学方式方面，教师应该发挥现代教学技术的作用，在现有教学资源的基础上，不断拓展学生的眼界，让学生能够不断朝着积极向上的方向发展。

（一）构建完善的教学体系

社会主义核心价值观内涵丰富，而且在理解过程中学生还存在着明显的不足，为了能够更好的将其应用到高校思想政治教学活动当中，需要教师能够对社会主义核心价值观进行深入的研究，同时对于思想政治教材内容进行归纳和整理。把握住社会主义核心价值观与教材内容相契合的部分，并对整个知识框架进行整理，从而构建完善的教学体系，让学生不再对社会主义核心价值观念感到陌生，同时能够更加积极的配合教师教学工作的开展，用正确的价值观念来影响个人的学习和生活。另外，教师在教学过程中必须要对学生个人的实际情况进行有效的把握，这样才可以方便教师对教学体系进行实时的调整，并根据学生理解和接收能力的不同对教学体系进行有效的分层，让各个阶段的学生都能够及时的接收正确价值观念的引导，进而在今后的学习和生活当中能够始终保持优良品质。

（二）加强教师团队建设

在教学活动开展过程中，教师个人综合素养能力直接影响着整个教学工作开展的节奏以及教学质量。由此可见，教师对于学生发展而言起着至关重要的引导作用。但是在高校思想道德品质教学过程中，由于部分教师个人并未对社会主义核心价值观教育进行

深入的研究,导致社会主义核心价值观教育在高校思想政治教学活动中并未真正发挥作用,甚至部分学生对于老师的教学活动产生抵触心理,进而影响到整个教学质量。为此高校管理人员必须要加强教师团队建设工作,在招聘时必须要按照严格的标准进行筛选,要求竞聘教师除了具备过硬的专业技能之外,思想政治方面也必须能够经得住考验,在教学活动中能够为学生树立良好的形象。另外,高校管理人员也可以安排政府相关人员来为学生进行授课,让学生能够进一步认识到党的价值观念,积极响应党和国家的号召,并在今后进行职业规划时能够多一条出路,这也是高校思想政治教学工作的重要价值之一。

(三)丰富社会主义实践活动

为了能够进一步发挥社会主义核心价值观教育在高校思想政治教学活动中的作用,单凭课堂上理论知识的传授,学生很容易对所学内容产生枯燥甚至抵触心理,为了能够有效的扭转这一现象,教师在开展教育教学工作时,应该进一步将社会主义实践活动融入教学环节当中。这就需要教师能够与其他相关组织进行联系,并能够建立起良好的合作关系,为学生们提供社会实践活动的机会。例如,教师可以将教学场所转移到校外活动场地,安排学生利用休息时间到敬老院担任义工,并要求学生能够对个人所得感悟进行分享,让学生能够体会到不同的人生发展历程,以及不同的价值观对人生发展的影响。同时通过课外活动来进一步培养学生乐于助人的良好习惯,让学生能够始终保持正确的发展观念,在个人发展过程中能够尊重自己和他人,并能够善于聆听他人的意见从而进行自我的不断完善。这也是社会主义实践活动的重要价值之一,这也是社会主义核心价值观念融入思想政治教学活动中的重要体现。

(四)发挥现代教学技术的作用

现代教学技术在教学活动发展过程中发挥着重要的作用,能够有效的弥补先前传统教学存在的时间和空间上的不足,进一步拓展学生的视野,让学生能够有更多的机会去接受课堂以外的知识,从而更好地加深对所学知识的理解和掌握。在社会主义核心价值观教育融入高校思想政治教学活动中时,一方面要注重对学生理论知识的传授,另一方面也应该加强对学生课外知识的拓展,让学生对社会主义核心价值观理念深入了解,例如,在涉及爱国精神时,教师可以利用现代教学技术,让学生在课堂上观看相关的爱国视频,并在观看结束之后由学生自主进行发言,将个人的观看感受进行分享,最后由教师进行课堂内容的总结,指出我们当前的幸福生活是由先辈们流血和牺牲换来的,他们身上所具备的爱国精神值得我们每一个人学习。同时鼓励学生积极向先辈学习,不断进行自我提升,在今后发展过程中能够更好的为国家服务。

(五)展现校园文化的教学价值

在教育教学活动开展过程中,为了能够切实的让学生了解到社会主义核心价值观教育的重要性,教师需要借助现有的教学资源来帮助学生树立正确的观念。教师可以对当前校园文化进行了解,筛选出其中符合思想政治教学观念的部分,并将其融入实际教学活动当中。例如,校园文化当中学校更加注重学生个性化发展,尊重并理解差异。这也是高校思想政治教学活动可借鉴的部分,教师应该帮助学生调整好个人心态,正确的对待生活中的差异性,既要做到自我尊重,同时也要尊重他人,这样既可以将校园文化价值凸显出来,同时也能够为高校思想政治教学工作服务,实现社会主义核心价值观的教学意义。

综上所述,在高校思想政治教育工作开展过程中,有效的融入社会主义核心价值观的教育,能够帮助学生树立正确的观念,积极的去面对今后学习和工作中的各种挑战。但是随着社会的飞速发展,各种文化的侵蚀,导致学生个人的身心健康、价值观念以及社交能力受到不同程度上的影响。为此,高校教师必须把握对学生个人观念的引导,结合学生的实际发展需求,对当前思想政治教育工作不断进行改进,帮助学生构建完善的学习内容。不再将思想政治教育工作流于形式,切实认识到社会主义核心价值观对学生个人发展的重要性,采用正确的教学手段为学生的综合发展奠定基础,也为社会的发展创造出更多优质性的人才。

第三章 高校思想政治教育要求与协同创新

第一节 高校思想政治教育的要求

思想政治教育亲和力是思想政治教育对教育对象所具有的亲近、吸引、融合的倾向或特征，表现在思想政治教育上，就是指既遵循思想政治教育的科学原则，又重视精神的交流与心灵的融合，实现共鸣与共情，采取多种方法，让学生便于掌握、易于理解、乐于接受。要因事而化、因时而进、因势而新，坚持贴近学生、贴近生活、贴近实际，让思想政治教育切实落地生根。要换位思考，从学生的角度去引导，让学生感受到被尊重、被关怀，从内心主动接受思想政治教育的内容，实现理性与情感的双重认同。为了使思想政治教育的亲和力和针对性得以提升，需要创新高校思想政治教育的方法、健全其机制。

一、创新高校思想政治教育方法

（一）高校思想政治教育方法的重要作用

1. 教育方法是组成高校思想政治教育要素的重要部分

对当代大学生进行思想政治教育的具体过程，就是在一定的社会环境中，教育者依据党和国家提出的具体教育内容，根据当代大学生的身心特点，通过专门的安排组织规划和特定的方式方法，培育当代大学生形成合乎社会要求的良好价值观念的过程。

由此可见，高校思想政治教育过程中包含了几个核心要素，主要包括教育者和教育对象（主体要素）、培育内容和要求（内容要素）、教育方法（方法要素）、一定社会环境和条件（环境要素）。

其中，教育方法就是一个重要的构成要素。进行高校思想政治教育，方法十分重要，方法对了，事半功倍；方法失当，事倍功半。

2. 教育方法是实现高校思想政治教育目标的必要条件

高校思想政治教育的实施具体包括以下三个阶段：

第一，首先要把党和国家所明确要求的高校思想政治教育相关内容传达给学生，学生在各种因素的综合作用下，有选择地接受这些理论并转化为个体的思想观念，这一阶段被称为"内化"阶段。

第二，在各方面因素的综合推动下，进一步促使大学生将这种个体的思想观念转化为良好的行动，逐渐形成良好的习惯，这一阶段即"外化"阶段。

第三，对大学生个体行为所产生的社会效应进行详细的观察分析评价，通过各种反馈，对方案进行适当的调整，使之符合社会要求。这一阶段的实现也是通过重复第一、第二两个阶段的"两个转化"行为来实现的，调整后的符合社会要求的观念和行为不断强化，最终形成稳定的品质。

简单来看，这三个阶段就是一个"内化——外化——内化——外化"不断螺旋式上升的过程。而要促成这一过程的实现，必须要靠各种具体方法的实施。教育方法是为教育目标的实现而服务的，是教育者完成教育任务、实现教育目标的工具和手段。

3. 教育方法是提高高校思想政治教育效果的重要因素

教育方法是一个能够在很大程度上对高校思想政治教育效果形成深远影响的重要因素，具体体现在如下两个方面：

第一，对于高校思想政治教育而言，其受到多方面因素的影响，教育内容便是教育目标能否实现的决定性因素。教育内容能否实现、能在多大程度上实现，还要取决于教育方法的选用。当然，方法选择环节本身也是不能缺少的，否则教育内容就无法落到实处，教育目标的实现更无从谈起了。

第二，使教育效果得以实现不仅仅需要教育方法的保证，更需要教育者能够巧妙掌握并合理运用恰当的教育方法。在具体的思想政治教育工作中不难发现，即便是教育内容、教育环境和教育对象相似，教育方法的选择也可能是不一样的，这就会使教育效果存在很大的差别。

因此，长期以来，人们从未停止过对思想政治教育方法创新和改进的探索，以更好地实现思想政治教育效果。

（二）当前高校思想政治教育的常见方法

1. 理论宣教法

理论宣教法又称"理论灌输法"或"理论宣传学习法"，即强调理论及宣传教育的作用，通过有目的的、有计划地向大学生讲解有关教育理论及思想政治教育的内容，使大学生形成正确的世界观、历史观、人生观，成为新时代要求的四有新人。理论宣教法在高校思想政治教育中最为流行。高校思想政治教育的根本任务是改造大学生的思想观念，要使他们形成正确的观念，首要的就是使他们明白哪些是正确的思想，哪些是错误的观念。运用理论说服的方法更能够深入学生内心，强迫命令的方法反而适得其反。外部思想观念的输入是大学生形成新的正确思想的强大动力。马克思主义理论作为科学的理论，指导中国革命和建设取得成功，这一理论不会自动在人们的头脑中扎根，必须通过理论的宣传灌输，才能得到人们的认同和信服。

理论宣教法涵盖课堂讲授法、会议学习法、媒体宣传法等形式。课堂讲授法是高校进行理论宣教的最主要方法。在课堂上进行系统的理论学习是一种普遍有效的方法，为此国家不断对公共课理论体系进行修改和完善。新行的思想政治教育理论体系的内容涵盖马克思主义基本理论、中国化的马克思主义最新成果、中国近现代历史、思想道德和法制知识四大板块。为加强马克思主义理论发展及提升宣传效果，国家采取了一系列措施，包括采用全国通用教材，增设硕士、博士点，加强人才的培育，加强学术研究及宣传工作、改进教育教学方法等。媒体宣传法也是今天高校普遍采用的理论宣教方法。随着高等学校办公条件的改善，教室、餐厅多安装有闭路电视，校园网络建设不断得到巩固和加强。这些构成了理论宣讲的重要平台和渠道，有力地促进了正确的思想观念入脑入心，为大学生以马克思主义的基本理论、方法和立场观察世界、分析社会奠定了坚实的基础。

2. 实践塑造法

实践塑造法即实践锻炼法，是指通过实践的方式提升思想观念及知识、技能的一种方法。这种方法是知与行的统一、是理论与实践的结合。正确思想观念的树立单靠理论的说教难以达到理想的效果，所以还要在社会实践中强化认识、深入学习。

实践塑造法主要包括劳动教育法、服务体验法、社会考察法等。劳动教育法就是让大学生深入劳动实践，使之在劳动中受到启发和感悟，树立起良好的劳动观念，培养其热爱劳动的习惯和意识，进而形成亲近劳动人民的感情。高校都设有专门的劳动课，培养大学生的思想品德。服务体验法也叫"社会服务法"，即通过为社会提供服务，帮助人们解决具体的生活问题，在奉献自身力量的同时，获得自身品质提升的方法。高校都设有种类繁多的社会服务组织，大学生利用自己所学知识技能，力所能及地为社会服务，同时在服务过程中，使自己的政治思想和品德修养得到升华。社会考察法就是要求学生深入社会实践，真正深入实际问题，对特定的社会现象进行分析和挖掘，最后形成一种深入的、正确的认识，形成分析问题、解决问题的能力。大学生参加社会考察与调查的方式比较多。每个学年大学生都会集体组织各种社会调查活动，大学生要积极参与到这些活动中，真正了解国情、了解社会。

3. 榜样示范法

榜样示范法又称为"典型教育法"，就是通过树立典型人物和事例，对大学生进行价值引导和塑造。这种方法也依赖于大学生的自觉学习与模仿，并且在日常生活和工作中按照正确的要求规范自己的行为。

4. 激励教育法

激励教育法是指运用各种物质的或精神的手段来激发人们的主观动机，鼓励人们朝着正确的方向前进、努力的教育方法。

激励教育法也可说是鼓励法，主要包含三层含义，即以人们的客观需要和主观动机为根据，以实现一定的期望为目的，以物质激励和精神激励为主要手段。具体还可分为目标激励、奖惩激励和竞争激励。

（三）高校思想政治教育的方法创新

1. 以主体间性理论为核心，发展高校思想政治教育的同构式方法

主体间性的前提是人成为人，人成为主体，这样主体之间才能相互作用，形成联系。若人不具有主体性，就谈不上主体间性。而"同构"是数学上的一个概念，指数学对象之间的一种映射，是这些对象之间存在的关系。

发展以主体间性理论为核心的高校思想政治教育同构式方法就是以"以人为本"为理念，将大学生的主体地位放在首位，将其与思想政治教育的关系通过映射理论进行分析。

把握高校思想政治教育同构方法，就是秉持"以人为本"的理念，将大学生放在思想政治教育因素的首位，并且以此为出发点，构建思想政治教育系统发展。

加强大学生同构式发展的同时，要将高校思想政治教育目标和个体发展目标相融合，确保二者的一致性。此外，要不断创新思想政治教育内容，不断扩展思想政治教育的领域，保持其新颖性。

在主体间性理论中，高校思想政治教育基地模式也很重要。在国际化视野下，要搭建跨文化平台，融合多种文化特色和视角，使大学生能够接触更多的文化元素；要构建新的主客体互动模式，充分发挥大学生的主体性，开启师生之间的互动模式，引导大学生积极参与学习过程；还要积极引导教育者加强学习，紧跟时代发展，不断优化、创新自身"语言库"及"思维系统"，保持自身的发展，缩小与学生语言上的差距，使双方交流更加流畅。

此外，随着信息技术的发展及高校网络平台的构建，通过网络进行思想政治教育已经成为一项重要方法。为更好地利用这一渠道，师生都要提高自身的信息素养，加强技术学习，充分利用网络平台进行沟通交流。

2. 以社会服务思想为引领，发展高校思想政治教育社会工作方法

学校社会工作以家庭教师访问形式为开端，经历了个案工作之后逐渐制度化，最后形成了一种模式。这种模式具有学校课堂教学所难以取得的优势和效果，其突出作用主要表现在对特殊学生进行教育、对学生的深入了解上等。我国部分高校也开始尝试运用这种模式进行思想政治教育。

提供服务，以实际的参与与实践来解决问题是这种模式的特征。这种模式与思想政治教育存在一致性，因为社会实践一直是思想政治教育倡导的途径与方法，并且思想政治教育以服务学生为主要宗旨，这一点与社会工作的服务特性也存在一致性。运用社会工作模式，加强思想政治教育的育人功能，是一种新的探索与尝试。

首先，将社会工作的服务理念引入高校思想政治教育中，以近距离、更贴心的服务，加强高校思想政治教育的服务意识。

其次，树立个体服务意识，将大学生群体教育与个体教育结合起来，并且专门针对

大学生个体开展工作。这就要求，一方面，思想政治教育工作者要充分分析大学生的个体差异，找出具体的教育方法，使每个人的个性得到尊重；另一方面，可借鉴社会工作中小组工作方法，成立小组，以加强大学生之间亲密关系的构建，通过小组的力量和团队的合作，共同解决难题，共同成长进步。常见的方法就是通过问题讨论、校外服务活动等方式，使大家在活动中加深对彼此的了解，通过相互学习和借鉴，学会彼此接纳和尊重，最终使大学生形成良好的个性特征。这一方法比较典型的例子就是华中师范大学的样代英党校培训班，培训班以刚进入大学的新生党员对培训对象，之后将不同专业的学生编排进同一学习小组。这种突破专业界限进行小组学习的编排方式，就是为了使不同专业的学生能够看到彼此知识、能力、见识上的不同，进而更好地相互交流、相互学习。培训班除了进行日常课堂学习外，还进行各种活动使学员之间加深了解。这些活动包括小组游戏、小组党员成长计划等。上述方法也在其他高校中得到了运用，并且受到学生的广泛欢迎。在高校思想政治教育中，学校社团是运用小组活动方式较多的地方，所以我们要积极重视学校社团的作用，鼓励学生积极参与社团活动。

最后，要借鉴社会工作的个案工作方法，解决大学生遇到的实际问题。例如，通过访谈、网络交流、记录等方式缓解大学生考前压力、交往困难等问题，同时社会工作中的一些心理治疗模式也可被引入思想政治教育中，如：行为治疗模式、人本治疗模式等。

3. 以协同理论为借鉴，发展高校思想政治教育的协同式方法

协同理论主要强调系统的观点，强调系统要素之间彼此影响、相互作用的原理。而且各要素之间保持一种平衡、有序的关系，大系统的正常运转才能得到保障。当前，大数据的运用使得各要素之间的作用更加复杂，各要素的协同性和协调性也就显得更为必要。鉴于此，协同式方法也是高校思想政治教育创新的必然选择之一。

首先，思想政治教育要与其他学科充分融合，通过吸收其他学科有益的方法，突破自身方法的封闭性，使各学科方法不断渗透、彼此融合，使思想政治教育方法更加有创新性和发展性。

其次，思想政治教育方法要向立体化、全方位发展。在我国，思想政治教育存在着"5+2=0"的效应，即学校5天的正面教育会被学生2天的社会负面教育抵消。所以高校思想政治教育要形成合力，除了要进行学校思想政治教育外，还要加强家庭、社会教育，最终形成以学校教育为主导，以家庭教育为主托，以社会教育为主线的格局。在学校思想政治教育中，还要形成"大学工"的工作理念，将相关学科的专家，如：心理学、社会学等方面的专家、学者纳入思想政治教育的队伍中，以提高思想政治教育的实效性。

二、健全高校思想政治教育机制

（一）高校思想政治教育管理机制优化

1. 高校思想政治教育管理模式的转变

（1）经验型管理逐渐转向规范型管理

其主要体现在以下两个方面：

①增强制度意识，树立制度观念

一方面要正确引导大学生积极主动地参与管理制度的制定和完善，另一方面要引导大学生自觉主动地遵守各项管理制度，只有这样才能促使管理制度的不断完善并在管理实践中落实。随着制度权威的形成，以及各项相关机制的不断建立和完善，群众必然会更加关心教育，并且会更加积极主动地参与教育，会更自觉主动地进行自我教育、自我约束、自我管理；全员、全程思想政治教育意识增强；教育者和大学生之间的互动性也会有所增强。在这样的发展趋势下，高校思想政治教育将会出现巨大转变，大学生不再是单调地接受知识灌输，他们将从被动逐渐转向主动。管理制度对所有人树立一致的标准和要求，个体在制度面前都是平等的，制度的权威性正是其民主性、平等性、规范性所赋予的。

②保证思想政治教育管理制度得到群众认可

推行高校思想政治教育管理规范化，实际上就是要按照一定规章制度设置并实行教育的目标要求、内容以及队伍建设，相关方面必须按照一定规范进行，而不是随意变动。规范型管理的实施不会一蹴而就，被管理者制度意识的增强，制度观念的确立也是需要时间的。要实现思想政治教育运行的制度化，思想政治教育就必须依据现代社会的需求，构建内容全面、功能齐全、配套完善的制度体系，它包含咨询、决策制度，实施、协调制度，反馈、评估制度。管理规范化可以一步步推进，从试行开始逐渐推广为目标管理，在逐步推进下实现高校思想政治教育管理的科学化和规范化。

（2）粗放型管理逐渐转向精致化管理

其具体体现在以下两个方面：

①确定人在管理中的核心地位

随着时代的发展，我们所处的社会环境不断变化，信息化、市场化、现代化是当前时代发展的主要趋势和特征，而在这样的背景下，我国的高校思想政治教育管理也从"粗放型"逐渐转向"精致化"。当前的管理是适应科学精神与人文精神的统一思想，实现了"人本管理"与"科学管理"的有机融合。一方面，高校思想政治教育管理涉及领域很广，这不仅是资源统筹规划的工作，同时还需要对人力、物力和财力进行科学合理的资源配置；另一方面，思想政治教育管理工作对象是人，而管理的本质对象是人的思想，因此必须在管理中贯彻"人本管理"和"人文精神"的管理理念。在传统思想政治教育管理工作中，更重视的是这项工作是"做什么"，但是现代思想政治教育管理工作更重视的则是这项工作应该"怎么做"以及这项工作"如何做好"。可以看出，对于当前的"精致化"管理来说，更重视一些思想政治教育的细节，重视从细处着手的微观操作过程。因此，必须有针对性地进行内容管理，科学地进行管理安排，同时要选择艺术性的管理方法，进行最优化的管理设计，因为只有这样才能实现真正意义上的科学优质管理。现代思想政治教育管理更重视人的主体性，强调依靠人、尊重人，充分发挥人在思想政治教育中的主观能动性，坚持将主体人作为思想政治教育精致化管理的核心。

②在管理中促进人的全面、自由发展

随着时代的进步，高校思想政治教育管理逐渐从"粗放型"转向"精致化"，这个过程实际上体现了一种价值追求，是对管理工作的一种精细化，对传统管理模式的优化和完善，体现了追求卓越、至善至美的工作境界。思想政治教育的重点实际上体现在其过程上，因为思想政治教育是一项长期、复杂的活动，所以教育效果通常具有一定滞后性，这就要求思想政治教育管理者要保持良好的心态，要正确地认识思想政治教育过程和结果之间的关系，要在教育教学实践中持续投入工作热情，要保持自己对教育的热情。思想政治教育理念和方法的转变，要求思想政治教育管理者运用创新思维改进和优化工作体系和作业流程，促使他们积极主动地运用各种现代化管理手段，促使他们不断凝聚教育管理的组织力，不断追求主体人的全面、自由发展。

2. 建立并完善高校思想政治教育管理体制

（1）建立健全沟通回应体制

在进行高校思想政治教育时，应该建立沟通回应体制，这样可以更有效地进行观点和看法的交流、沟通，可以通过及时有效的回应解决实际问题。通过沟通回应机制，可以充分发挥教育者的主导作用，同时可以发挥大学生的主体作用。但传统思想政治教育在沟通上存在着平台不多、渠道不畅、手段落后以及沟通多回应少等不足，在回应时间上随意性大，在回应方式上简单模糊，因此必须创新思想政治教育的沟通回应体制。

在建立思想政治教育的沟通回应体制时，应该坚持以人为中心，强调人的主体性，充分发挥大学生的能动作用，与大学生建立平等的交流互动关系，实现双方的和谐交往、交流，从而使思想政治教育工作更有针对性，使交流渠道更加畅通，使教育者回应力更加强烈，最终做到化解矛盾、理顺情绪、引导有力、未雨绸缪。

建立高校思想政治教育的沟通回应体制，应坚持平等原则，营造平等交往的氛围；坚持沟通方式的多样性原则，确保上下级和师生沟通渠道畅通；坚持以鼓励为主，引导大学生克服心理障碍，帮助其解决实际问题；充分利用信息网络技术，牢牢把握网络思想政治教育的主动权。在建立高校思想政治教育沟通回应体制时，应该注意以下三方面的工作：

第一，从制度角度来看，首先应该建立校领导联系院系、院系领导联系教研室、党员教师联系学生班级的制度，这样可以更深入地了解和掌握学生和老师的思想状况，收集更全面的信息，及时掌握情况，采取措施，对症下药。其次，要建立值班领导"接待日"制度，尤其是校院两级领导要通过"接待日"了解师生个体需要或困惑，帮助他们疏导情绪，解决困难。再次，要建立学生信息员制度，以班干部、入党积极分子为主体的信息员队伍，能够把一切情况通过正常的途径及时传送到思想政治教育工作部门。最后，要建立信息反馈制度，通过联系制度和值班接待制度以及其他渠道收集到的问题，一定要按规定程序在最短的时间内及时处理，做到件件有着落，事事有回应，以取信于师生。

第二，从沟通渠道的角度来看，应该加强对网络的应用。随着网络的发展和普及应用，它对人们的思想政治生活产生了一定影响，人们的政治思想、政治情感、政治价值取向等都受到了网络的影响，应提倡通过网络正面地交流思想、交换看法、传递信息、谋面对话，倡导在网络中相互学习、相互借鉴。要开通并维护好校园网BBS论坛，把BBS论坛作为师生思想政治状况的风向标，定期研究论坛中反映集中、带倾向性的问题，判断思想政治工作形势；要利用好校长信箱、学生工作信箱等载体，确定专人负责来信的处理，每天根据师生提出的问题提交相关部门处理后，将处理意见及时在网上反馈给师生，并且给予一定的教育引导；要建立网上交流视频，邀请校领导和职能部门相关领导定期或不定期地通过视频与师生面对面交流，讨论问题，提出解决方案或达成谅解等。

第三，从教育团队的角度来看，应该关注新职工、高学历职工、离异职工和离退休职工等群体的心理情况，要给予他们恰当的心理救助。通过开设心理课程、讲座等形式对教职工进行心理健康教育，帮助他们掌握基本的心理知识；通过心理咨询、开设心理热线等形式解决他们的心理问题，还可以通过建立心理宣泄室，让他们发泄心中的情绪，促进心理健康。

（2）建立健全工作保障体制

我国社会主义市场经济的不断发展，对我国高校思想政治教育的管理制度建设提出了新要求，必须保证一定的物质条件和制度条件，这样才能保证管理制度的正常运作。但近年来，随着思想政治工作地位的逐渐弱化，专职思想政治工作队伍数量不足成为不争的事实，在经费投入方面相应地呈减少的趋势。与此相反，思想政治工作却面临更加复杂和繁重的任务，这与人、财、物保障逐渐减少的现状是严重背离的，因此必须建立健全思想政治教育人、财、物保障体制。

建立高校思想政治教育的保障体制，可以更好地联系思想政治教育的各个保障要素，管理制度实际上就是这些要素相互作用、相互影响、相互制约的关联方式，是保障要素构成的复杂系统，包括专门的组织机构、专门的队伍机构、相关的规章与制度、必要的资金和装备以及相关的外部环境等方面的内容。建立思想政治教育的保障体制，是指通过提高思想政治教育的工作水平和整体素质，增加必要的经费投入，改善设施环境，从而更好地发挥思想政治教育的服务保证作用。

①建立健全高校思想政治教育的管理制度体系

为了开展更有效的高校思想政治教育，必须建立科学的管理制度体系，保证该制度体系与我国现行的法律法规相协调、与高等教育的发展方向一致、与大学生培养目标相适应。中央明确规定，党委一把手要负起思想政治工作第一责任人的职责，进一步明确了党委书记是思想政治工作的主管领导和第一责任人，各级党委是思想政治工作的主管部门，负有直接的领导责任。要探索和建立强化领导和管理的具体制度，如：党政联席会议制度、党群工作协调会制度、干部思想动态分析制度、领导干部联系点制度等，都是有益的探索。要充分调动各方面的积极性，齐抓共管，形成合力。要逐步制定与新时期思想政治工作相适应的法律和规章制度，使思想政治工作能依法、有序地进行，实现由人治型向法治型、由经验型向科学化的转变。加强思想政治工作的法制建设，使思想政治工作做到规范化、制度化，保证工作体系各责任单元都能各司其职，协调配合。同时要使思想政治工作依法行事，靠制度运作，真正做到不为个人的主观意志所左右。

②建立人才培养提高体制

首先，应该加强对高校思想政治教育工作者的管理，要建立健全高校思想政治教育者任职资格准入制度。建立任职资格的准入制度是实现高校思想政治教育工作专业化发展的基本条件。其次，科学设置思想政治教育工作岗位，并且保障较高素质人员的加入，以免造成人多效率低的现象。再次，提高思想政治工作队伍的整体素质。对于政工干部，当务之急是要加强理论武装，使其逐渐朝专业化、专家化方向发展。就当前的思想政治教育工作者的整体状况来说，其中很大一部分专职人员并不是思想政治教育专业出身，所以他们主要靠教育经验开展教育活动，对于不断变化、日益复杂的思想政治教育工作越来越不适应。因此，很有必要对政工干部进行定期培训，为他们提高专业知识创造条件。对于思想政治理论课教师，要通过实践研讨、理论学习、鼓励考研攻博等形式加强理论研究和理论提升，同时要把理论武装和实践工作有机结合起来，安排思想政治理论课教师担任兼职辅导员或其他思想政治工作。最后，要努力创造良好的政策环境、工作环境和生活环境，使思想政治教育者工作有条件、干事有平台、发展有空间，真正做到政策留人、事业留人、感情留人。

③建立经费投入保障体制

首先，应该建立符合实际情况的资金投入机制，只有保证资金基础，才能开展高校思想政治教育基础设施的建设，才能有力推进思想政治教育工作的发展。思想政治教育不是营利的事业，不可能也不能搞创收。但是在市场经济条件下，它的运作程序也必须在市场经济的规则下进行。教育行政部门要明确设立高校思想政治教育工作方面的投入科目，确定合理的投入额度，列入预算，按时调拨。在高校，如何保证高校思想政治教育活动的正常经费，如何保证社会实践的必要经费，如何保证聘请专家学者参与教育活动的经费，如何确保从事思想政治教育专职人员待遇不低于专业教师待遇的经费等，都是思想政治教育必不可少的、应该确保的经费。从实践经验来看，一般在思想政治教育工作上获得良好效果的单位都有雄厚的资金支持；反之，缺乏经费支持的单位，即使在思想政治教育工作上付出努力，其效果往往也比较一般。其次，要对思想政治教育工作进行经费独立预算。目前的经费预算以人事结合为基础，以切块包干使用为原则，由于思想政治工作难以量化，因此相应的经费也难以得到有效保障，有时甚至出现无经费的现象。再次，要建立单独的账户保障经费投入和运转。由于现行的思想政治教育工作条块分割，经费投入也是首先拨付给各相关职能部门，再拨付到各院系，最后落实到师生。这种层层拨付，中间环节较多，难免有拖欠或者克扣现象，从而影响工作的顺利或者有效开展。高校应该针对思想政治教育设立专门的专项资金账户，这样可以减少经费支出时的中间环节，做到及时拨付，正常运转。最后，针对思想政治教育经费的使用建立科学有效的监督机制，保证做到专款专用。

④优化和改善高校思想政治教育工作的物质条件

高校开展思想政治教育工作必须为其提供相应的物质条件，如：场地和设备等，只有不断优化和改善物质条件，为思想政治教育工作创造更好的环境，才能提高教育效果。思想政治教育工作部门的活动场所、大学生心理咨询的场所、学生群体活动的场所、必要的计算机和多媒体设备；必要的专题图书、交通工具，都需要不断得到改善和优化，才能取得更好的工作效果。

（3）建立健全风险预警机制

随着全球化进程的推进和改革开放程度的不断加深，我国已经进入关键的社会转型阶段。在这个关键的历史时期，人们的思想观念、精神追求、价值取向等多方面也发生了一定转变，社会进入问题的多发期、矛盾的凸显期，面临着各种各样的风险和考验。一个高度传统化的社会和一个已经实现了现代化的社会，其社会运行是稳定而有序的，而一个处在社会急剧变动、社会体制转轨过程之中的社会，往往充满着各种社会冲突和动荡。根据中国学者的研究讨论，在中国体制转型和现代化过程中，中国社会所面临的风险是叠加的。

高校是高级知识分子的集聚地，在这里，不论是教育者还是受教育者都对社会风险具有较高的敏感度，并且他们会通过自己的思想和行为表现出他们对社会风险的判断。高校思想政治工作者无疑是中国社会风险最敏感的一个群体，思想政治工作无疑是防范社会风险的前沿。建立预警体制是学校思想政治工作的重要组成部分，是维系学校正常教学秩序、促进校园和谐的重要防线。

高校建立风险预警机制可以及时对各种突发事件做出及时反应。在广大师生的工作、学习和生活中可能会出现一些影响校园稳定和安全的事件，通过风险预警机制可以对这类事件保持警觉，加以防范，使事情发生前就拉响警报，并及时应对。

建立反应灵敏的思想政治教育预警体制，需要做到以下几个方面：一是对社会问题和社会矛盾要充分了解，认真研究，及时沟通。一旦发生导致社会风险的重大事件，应立即组织专家分析事件对师生员工可能产生的影响，通过党政工团组织及时向广大师生沟通事件真相，传达相关部门的应对措施，努力在第一时间让师生释放情绪，统一思想，回归理性，有效避免社会事件影响学校的稳定和谐。二是重点防控。应该针对不同群体确定与之相应的重点防控领域。针对学生，就应该将因恋爱、心理问题产生的极端事件，因学习、竞争等方面引发的矛盾而出现的报复行为等，作为重点防控的领域。针对教职工，重点防控的主要是关系到切身利益的领域，如：岗位设置、工资改革、住房调整、工作调动、政策落实等，重点人群主要是家庭经济困难职工、离退休职工和校内农民工等。不同群体的矛盾和问题的表现方式不同，因此要提出有针对性的预案，把防与控紧密结合起来。三是建立反应灵敏的应对突发性矛盾和事件的信息情报网络。学校各部门、各级领导和教师都要有高度的责任感和协作精神，要细心观察，发现有可能引起纠纷和突发性事件的苗头要及时通报给有关部门和相关人员，切忌掉以轻心。要做到信息畅通，一旦得到信息，相关部门要及时采取有效措施加以疏导、沟通，及时处理问题和矛盾，将它们解决在萌芽状态。

（二）高校思想政治教育的评估机制创新

1. 基本的高校思想政治教育工作评估机制建设

（1）建立健全政策导向机制

政策导向对于大学生的全面自由发展具有重要作用，建立健全科学、正确的政策导向机制是提高大学生思想政治效果的重要保障。一般情况下，高校思想政治教育政策主要是指教育评估中的奖惩政策制定，指各种引导性政策。需要注意的是，进行思想政治教育评估并不仅仅是为了评估教育对象的思想政治素质，更重要的是以此为根据优化思想政治教育，有效提升教育的质量和效果。评估的终点不是评估报告的提出，而是评估在评估报告提出后的指导作用。因此，必须在评估中制定一系列与评估对象切身利益、发展前途等相关的政策，以此让教育教学评估具有重要的导向作用。政策导向与评估对象的切身利益以及社会发展有密切联系，因此应该按照一定步骤和阶段来落实。

（2）建立健全技术支撑机制

高校思想政治教育评估应该充分利用先进的科学技术，提升思想政治教育评估的科学性、准确性，以此推进高校思想政治教育的科学性、有效性。

第一，组织专家进行技术指导。高校思想政治教育评估和其他专业学科的评估存在显著区别，它具有自身独特的理论体系和技术要求。因此，为了提高教育评估的准确性应该组织专门从事评价研究的专家、教授进行技术指导，让他们作为评委或顾问提高评价的科学性、准确性。

第二，组织评价人员进行技术培训。要想提高高校思想政治教育评价的科学性、准确性，必须先提高评价人员的专业能力，保证评价人员熟练掌握相应的评价技术。因此，有必要组织评价人员参与技术培训，提升他们的专业水平，以此让他们在教育评价中充分发挥作用。

第三，建构科学准确的数学模型。数学模型的运用是大学生思想政治评价具有科学性、准确性的重要技术支撑。一般情况下，将数学模型运用于教育评价要构建三类模型，即检验类数学模型、信息处理类数学模型、评价定义类数学模型。数学模型的构建是提高评价可靠性、准确性的重要因素。

第四，运用高新科技成果。科学技术的运用提升了高校思想政治教育评价的科学性、准确性，促进了教育评价的科学化发展，加强高科技程度在教育评价中的应用具有重要的意义和作用。例如，可以将现代技术设备与思想政治教育评价有机结合起来，实现教育评价的数字化，以保证思想政治教育评价的理论、实践与技术都能实现符合时代特色的科学化发展。

　　选择合适的评估手段是保证评估结果科学、准确的重要因素。高校思想政治教育评估手段是大学生思想教育评估的一个重要方面和重点内容，创新高校思想政治教育评估手段，对于揭示高校思想政治教育的客观规律，促进教育活动的深入开展，提高思想政治教育的针对性和有效性具有重要意义。

　　（1）积极运用网络平台

　　随着现代数学的不断发展和进步以及计算机的广泛应用，高校思想政治教育评估有了新的平台和手段。利用现代数学和计算机可以实现教育评估的科学量化。传统的思想教育评估很难量化，是因为在思想现象中除了有确定性现象外，还存在不确定性现象，如：随机性现象与模糊性现象。对于确定性现象可以采用严密而精确的传统数学方法进行分析和处理；而对于不确定性思想现象，就难以用传统的数学方法了。21世纪以来，相继建立起来的数理统计、模糊数学，为解决高校思想政治教育评估这个难题提供了有效的工具和手段。现代电子计算机的广泛运用，无疑为定量评估提供了良好的物质基础与技术保证，为高校思想政治教育评估的科学化开辟了广阔的前景。相较于传统评估，网络评估具有显著的优势，最明显的就是"时间无屏障""信息无屏障"等优势。因此，在坚持传统手法中有利方面的同时，要运用好网络这个新兴先进评估工具。网上满意度测评操作简单、点击方便，而且其匿名性使评估者敢于自由表达。网上系统评估不仅使评估成为一种常态的思想政治教育质量监控和信息服务手段，而且可以实现过程和结果的"阳光评估"，并且能降低现场评估中评估主体和迎评单位的时间成本与经济成本。

　　（2）贴近学生，重视热点性和创新性评估

　　在当前复杂多变的国内外形势下，我国的高校思想政治教育工作任务艰巨、责任重大。在传统的思想政治教育评估中，通常不会与学生群体有过多联系，没有充分发挥大学生群体对于增强高校思想政治教育实效性的重要作用，这样就难以解决好难点和热点问题。比如，认真学习宣传贯彻社会主义核心价值体系，深入开展中国特色社会主义理想信念教育，既是当前高校思想政治教育的首要任务和重中之重，又是学生思想道德素质发展的必然要求，必须采取有效措施抓紧抓实。同时，与大学生切身利益密切相关的生活服务保障、贫困生资助、评优评奖、就业指导以及权益维护等，都是当前高校思想政治教育的热点，必须从育人的高度抓实抓好。随着网络逐渐成为人们生活中的一部分，以及不断开放的社会环境，大学生的学习、生活环境也日益复杂，高校思想政治教育面临着全新的问题和挑战，尤其是在理想信念教育、心理健康教育、网络思想政治教育等领域的问题给高校思想政治教育提出了新的挑战，对此高校必须加强调查、深入研究，在理论和实践形式上积极创新。要注意在创新实践的基础上坚持以学生为本，贴近学生，总结升华理论性的成果，并且将其应用到新的工作实践中，从而实现高校思想政治教育评估手段的创新。

　　（3）注重差异，进行分类指导

　　从高校思想政治教育活动实现的宏观层面来说，分类指导是指按照大学生的实际情况因材施教，选择最合适的教育方法和手段。而对于高校思想政治教育评估来说，分类指导主要是在了解和掌握各校特色和亮点的基础上，指导学校之间的互相借鉴和学习，用适合本校的方法来对本校的高校思想政治教育进行评估。由于各校基础不同、底子不同，高校思想政治教育的评估模式是不能依葫芦画瓢的，更不能照抄照搬。可采取鼓励同类学校之间互相学习和借鉴的方法，找出差距，改进工作，从而达到拓宽眼界，开阔视野，进一步加强和做好大学生思想政治工作的目的。

特色是实现发展的关键，高校发展、高校思想政治教育发展都要重视特色。高校应该找准自己的核心竞争力，要突出自身的特色，走特色发展之路。不同类型的学校应该有不同的特色和亮点。特色和亮点需要发掘，更要加以培育。比如，通过思想政治教育，从司法类院校的大学生身上反映出"公开、人人平等"的理念；从师范类院校的大学生身上反映出"学高为师、身正为范"的理念；从医学类院校的大学生身上反映出"生命为天、人命关天"的理念。当然，即便是同一类院校在教育教学中也应该有不同的特色。

3. 高校思想政治教育的评估内容创新

（1）加强对思想政治教育师资队伍的评估

在全新的教育模式下，教育者和受教育之间的关系发生了改变，从传统的单向灌输变为师生间的双向交流互动，实现了"主体客体化"和"客体主体化"，通过教师的外化与学生的内化来实现思想道德素质教育的目的。开展高校思想政治教育必须有良好的师资队伍作保障，队伍中的教职员工必须具备良好的政治素养、道德素养，还要有较高的智力水平和良好的身体素质；要对思想政治教育事业充满热情和追求，具备扎实的思想政治教育理论功底，要对这项工作充满责任感和事业感；必须保证为人正派，言行一致，可以在大学生面前发挥良好的榜样作用。高校在构建自身的思想政治教育师资队伍时，应该充分考虑自身的实际情况，保证队伍结构的合理性，保证队伍中有经验丰富的思想政治教育教授和专家，同时有年轻、有活力的中青年骨干，还需要有精力旺盛、思维敏捷的后备军；既要保证队伍中有专职人员，又要保证有一定比例的兼职人员，要让思想政治教育师资队伍形成一张广阔的教育网，扎根于大学生群体中。在开展高校思想政治教育工作时，必须给予辅导员和班主任充分的重视，发挥他们的力量，要重点考察他们是否切实履行了自己的工作职责。具体来说，辅导员和班主任的工作职责包括：深入了解大学生的实际情况、制订班级工作计划并按时召开主题班会、指导班级开展丰富多彩的活动等。

（2）加强对思想政治教育受教者的评估

高校思想政治教育的对象是当代大学生，检验教育效果应该通过观察大学生得出结果，大学生的思想观念和行为习惯等可以反映思想政治教育的实际效果。因此，对高校思想政治教育效果进行评估时必须对大学生综合素质进行评估，要将其作为高校思想政治教育评估指标的核心。评估大学生的思想道德水平，首先应该考查大学生对思想政治理论知识的理解和掌握程度，也就是要考查当代大学生对世界观、人生观、价值观以及社会主义、集体主义、爱国主义等思想观念的认识、领会和掌握；其次要考查大学生的行为习惯，这主要是指他们在学习和生活中表现出来的道德行为，学习态度、爱国热情、做人准则、文明礼貌等都可以反映大学生的道德水平。具体来说，可以将大学生的道德表现分为其参与各种集体活动的态度和表现、思想政治理论课及其他专业课程的出勤情况、课外科技活动参与情况、课外文艺体育活动参与情况等。大学生之间应该进行道德行为和道德观念的互评，按照自己观察的结果给予对应的评估。学生之间的相处时间较长，了解程度较深，因此可以对彼此做出比较全面、德育评估。同时，学生参与教育评估还可以有效地提升思想政治教育评估工作的参与性、民主性、公平性。

（3）加强对思想政治教育实施过程的评估

对高校思想政治教育进行评估，就必须对其过程进行评估。一般来说，该过程可以分为以下几个方面：第一，对院系思想政治教育工作规划、计划的评估。从院系的层面进行考查，检查院系的思想政治教育规划、计划是否符合系统工程的指导思想，是否与上级制定的规划、计划保持总体一致；检查院系制订的规划、计划是否具有可实施性，是否可以将责任具体落实到人。第二，对教育活动的评估。对教育活动的考查主要是指对社会实践活动的考查，如：社会调查、志愿活动和生产劳动等。要考查思想政治教育的社会实践活动的内容是否积极向上、形式是否丰富多彩，保证社会实践活动涉及学术、科技、体育、艺术和娱乐等各个领域。第三，对实施细节的评估。思想政治教育活动的重点在于其过程，因此必须加强对教育过程的评估。具体来说，需要对教育模式创新性、依法治校及违纪教育等情况进行科学全面的评估，对学生各级组织开展教育的指导水平、管理水平和运用现代教育技术水平的考查，对教职员工在教书育人、管理育人、服务育人方面参与度及表率作用的考查等。此外，高校思想政治教育活动是由多个环节组成的，因此要考查这些步骤和环节的连接情况，检查这一连接是否科学合理；还要考查思想政治教育活动的进程是否符合大学生的思想变化规律和教育发展规律等。

（4）加强对大学生网络虚拟群体整体状况的评估

网络具有开放性，任何人都可以在网络平台上发表和传播自己的观点，但是这种自由性为一些图谋不轨的人提供了可乘之机。这些人在网络上散布一些不正确的思想观念，但这其中一些思想观念因为迎合大学生网络虚拟群体中部分青年的偏激心理而得到认同，直接对大学生产生不利影响，让他们产生背离社会主流价值观的错误思想观念，甚至做出一些破坏校园和谐甚至是社会和谐的不良行为，这就造成了大学生政治思想社会化的偏离。因此，必须加强大学生网络虚拟群体思想政治教育评估，并且应该将理想信念教育作为网络思想政治教育的核心内容，要不断提升大学生对各种网络信息的判断鉴别能力以及对不良网络信息的抵御能力。要引导大学生树立正确的世界观、人生观和价值观，要坚持不懈地用马克思列宁主义、毛泽东思想、邓小平理论和"三个代表"重要思想、科学发展观、习近平新时代中国特色社会主义思想武装大学生，开展中国革命、建设和改革开放的历史教育，开展基本国情和形势政策教育，开展科学发展观教育，让大学生可以正确地认识社会发展规律，正确地看待国家发展过程中出现的各种问题，清晰地意识到自身担负的社会责任，确立在中国共产党领导下走中国特色社会主义道路，实现中华民族伟大复兴的共同理想，在适应社会过程中不断发展、创新和坚定信念。

第二节 高校思想政治理论课程教学方法与发展

一、高校思想政治理论课程教学方法的内涵

从一定意义上说，教学方法与高校思想政治理论课程教学方法的关系是共性与个性、一般与个别的关系。明确教学方法的内涵是全面、深入、细致阐述高校思想政治理论课程教学方法内涵的必要前提条件，而全面、深入、细致阐述高校思想政治理论课程教学方法的内涵是对教学方法认识的丰富和深化，二者所追求的目标是一致的，即它们都是为高校思想政治教育课堂教学服务的。

教学方法是构成教学论的主要内容之一，它是作为外化形式并在实践中发挥作用的。迄今为止，学术界对教学方法的定义仍未达成共识。我们把现有的关于教学方法的定义进行归纳总结，可以归纳为如下几类：

方法说。该说法认为，教学方法是教师为达到教学目的而组织和使用教学技术、教材、教具和教学辅助材料以促成学生按要求进行学习的方法。

方式说。该说法认为，教学方法是为了解决教养、教育和发展学生的一定任务，教师和学生相互联系活动的种种方式。

活动说。该说法认为，教学方法是为达到教学目的，实现教学内容，运用教学手段而进行的，由教学原则指导的、一整套方式组成的、师生相互作用的活动。

手段说。该说法认为，教学方法是教师为完成教学任务而采用的手段。

上述四类说法是依据对教学方法的着眼点、侧重点、角度的不同看法而提出的。虽然这些说法存在分歧，但不影响我们概括、归纳教学方法的本质属性。教学方法的本质属性主要表现在以下三个方面：首先，教学方法与教学手段密不可分。任何教学方法的使用都要借助一定的教学手段，没有教学手段的教学方法只能是一个空壳。在传统教学方法中，如果没有黑板、粉笔、挂图、语言、表情、手势等教学手段，再好的教学方法也无从施展。在现代教学方法中，如果没有计算机、多媒体等教学设备，再好的教学方法也是无源之水、无本之木，无法实施。其次，教学方法与教学目的紧密相连。教学方法是为教学目的服务的。教学目的不同，所选择的教学方法也不同，教学目的对教学方法起导向作用。最后，教学方法与教学观念密切相关。任何一种教学方法都是在一定的教学观念指导下进行的。例如，传统教学观念的核心是把学生视为客体，视为知识的"容器"，在这种教学观念的指导下，其教学关系是我问你答、我讲你听、我写你抄，此时教学方法的选择和使用是为了传授知识，而对学生其他方面的发展不给予关注。在这样的

课堂上,教学"双边活动"变成了"单边活动",教代替了学。现代教学观念的核心是"以人为本",关注的是学生的全面发展,在这种教学观念的指导下,其教学关系是师生互动,此时教学方法的选择和使用是为了学生全面发展而服务的。在这样的课堂上,教学由"单边活动"变成了"双边活动",教是为了学、教是为了不教,其最终的目的是"达成共识、共享、共进,实现教学相长和共同发展"。

综上所述,教学方法主要是指在一定的教学观念的指导下,为了在教学过程中达到教学目的,完成教学任务而采取的一整套操作策略。高校思想政治理论课程教学方法除了要具备上述教学方法的基本内涵外,还要考虑到高校思想政治理论课程性质、课程内容等特点,这是全面阐述高校思想政治理论课程教学方法的首要条件。

高校思想政治理论课程教学方法是指在教学过程中,教师和学生为实现高校思想政治理论课程教学目的,完成高校思想政治理论课程教学任务,所采用的教和学的方式或手段的总称。这一定义下的高校思想政治理论课程教学方法具备以下几个特点:首先,高校思想政治理论课程教学方法强调知行统一、强调践履,这是由高校思想政治理论课程特点决定的。其次,高校思想政治理论课程教学方法所追求的最终目标是使受教育者成为德、智、体、美等方面全面发展的社会主义事业的建设者和接班人,为社会主义现代化建设输送合格人才。最后,高校思想政治理论课程教学方法,既包括教师的教法,也包括学生在教师指导下的学法,是教授方法与学习方法的有效组合。同时,这一定义也表明了高校思想政治理论课程教学方法是联结高校思想政治理论课程教与学的主要形式,是反映高校思想政治理论课程教与学关系最为明显的因素。

二、高校思想政治理论课程教学方法的特点

高校思想政治理论课程教学方法的特点是由高校思想政治理论课程的内容、性质和目标决定的。其特点主要表现在以下三个方面:

(一)课程内容决定了教学方法具有培养学生认知能力与非认知能力的特点

高校思想政治理论课程是对青年学生进行系统的思想政治教育的主渠道、主阵地和基本环节。高校思想政治理论课程内容主要对学生进行世界观、人生观、价值观教育,进行爱国主义、社会主义、共产主义教育,进行社会公德、职业道德、家庭美德教育,进行坚持集体主义价值导向,反对个人主义、享乐主义、拜金主义教育等。这一课程内容不仅重视和强调教学方法在传授知识、培养认知能力过程中的作用,而且注重教学方法在培养学生非认知能力过程中的作用。这是因为当今时代日趋网络化、科学技术化、知识经济化,这一时代背景要求学生不仅要具备完整的知识体系、牢固的知识基础,而且要求学生具有良好的非认知能力。因为非认知能力不仅对学生的学习过程起维持、调节的作用,而且决定着学生的学习积极性、主动性,促进知识的掌握和智能的发展,同时还对学生形成良好的道德观念和积极的态度、树立远大的理想和坚定的信念有巨大的推动作用。因此,高校把思想政治理论课程教学作为培养学生全面发展的一个主渠道。那么,

在高校思想政治理论课程教学过程中，如何把知识、智力、非认知能力统一在教学和学习过程中，又如何在这个过程中更好地培养学生非认知能力，也就成为高校思想政治理论课程教学方法所要研究的一个重要内容。最关键的是高校思想政治理论课程教学方法要具有情趣性，即在高校思想政治理论课程教学过程中，主张教师使用能使学生积极主动参与、产生学习兴趣的教学方法，重视学生积极的情感体验，让学生在学习过程中有一种生机勃勃的精神状态，从而通过掌握基础知识、技能和技巧，促进学生情感、意志、性格等内部心理特性全面和谐的发展。例如，高校思想政治理论课程中的暗示教学法，就是让学生愉快而轻松地学习，强调情感、情绪的教育作用，让学生在轻松愉快中学习，激发其学习兴趣，强化学习动机，提高学习效率，使其成为一名德才兼备、品学兼优的好学生。

（二）课程性质决定了教学方法具有多样性和多边性

高校思想政治理论课程的课程性质主要体现在三个方面。其一，高校思想政治理论课程是一门综合课程。从课程目标来看，高校思想政治理论课程的目标既有思想道德目标，也有科学文化目标，还有生活教育目标。它是在对教育学、心理学、政治学、伦理学等学科进行高度整合的基础上建立的一门课程，具有高度的综合性，涉及多个学科、多个领域的知识，兼具思想教育、政治教育、品德教育、社会教育以及生活教育等多重价值。其二，高校思想政治理论课程是一门活动型课程。从课程呈现的形态来看，该课程主要是以与学生身心健康发展相适应的、学生能积极参与的主体性活动为主要形式，如：讨论、欣赏、参观访问、调查研究等，课程目标主要通过教师指导下的各种教学活动来实现。其三，思想政治理论课是集中体现统治阶级意志的课程，体现了社会主义大学的本质特征。因此，思想政治理论课程的开设和课程内容带有某种强制性。课程内容必须反映马克思主义意识形态要求，以马克思主义意识形态作为标尺。

明确高校思想政治理论课程性质对教师教学和教师对教学方法的思考有着重要意义。它使教师在进行备课时能够准确地使用教学方法，在组织教学活动时能够从单纯讲解中走出来，使高校思想政治理论课程教学方法具有多样性和多边性的特点。多样性是指高校思想政治理论课程教学方法的种类多。高校思想政治理论课程教学方法受高校思想政治理论课程教学原则的制约，服务于高校思想政治理论课程教学目的、教学内容和教学对象，诸多因素的有机结合，构成不同功能、不同层面、适合各种场合的多种多样的教学方法。种类繁多的高校思想政治理论课程教学方法形成了全方位、多功能的方法体系。多边性是指高校思想政治理论课程教学方法不再囿于以往高校思想政治理论课程教学方法的单向活动和双向活动，更为重视开发师生之间、生生之间的多边关系，进而产生多边互动型的教学方法。多边互动型的教学方法是教师和学生之间双向交流的模式，这种模式是高校思想政治理论课程教学方法发展的一大趋势。

但是，在当代倡导主体性教学的背景下，高校思想政治理论课程教学方法仍然停留在教师活动与学生活动相互联系的认识层面上，不够全面和科学。高校思想政治理论课程教学关注的目光应从教师与学生的联系移向师师之间和生生之间的联系。高校思想政治理论课程教学方法更应聚焦于师生以外的互动上，由双向交流变成多向交流，由双边互动变成多边互动，这是高校思想政治理论课程教学方法改革的一个新趋势。

（三）课程目标决定了教学方法具有继承性和发展性

高校思想政治理论课程教学方法作为实现教学目标的手段，具有继承性和发展性。继承性是指现代的教学方法是在原有教学方法基础上的充实与更新。发展性是指教学方法在教学发展的历史长河中不是永恒不变的，而是随着生产力和科学技术的发展、变化而发展和完善的。同时，新的教学方法的产生并不是对以往教学方法的否定和抛弃，而是对以往教学方法的发展与超越。高校思想政治理论课程教学方法的继承性和发展性是一个事物的两个方面。我们对以往的高校思想政治理论课程教学方法既不能全盘肯定也不能全盘否定，正确的态度是批判地继承、合理地利用、科学地加以发展。因为高校思想政治理论课程教学方法一方面受制于社会的物质生产条件以及相应科学技术的发展水平，另一方面受高校思想政治理论课程目标的影响。高校思想政治理论课程目标的实现，在很大程度上受制于教学方法的使用。单靠"一言堂""满堂灌"、照本宣科和枯燥僵化的教学方法是不能实现高校思想政治理论课程目标的，必须要在教学方法上下功夫，既要继承以往教学方法的优势，又要改革教学方法，使教学方法具有针对性、实效性和主动性。所以，高校思想政治理论课程教学方法是动态的、发展的，它随着课程目标、教学任务、教学内容、时代要求和生产力的发展变化而变化，使新的教学方法得以产生，旧的教学方法得以完善。

三、高校思想政治理论课程教学方法的分类

高校思想政治理论课程教学方法的分类是把众多的思想政治理论课程教学方法按照一定的标准归属到一起，又按照某些不同的特点把它们区分开，从而建立起高校思想政治理论课程教学方法的次序和系统。

（一）高校思想政治理论课程教学方法分类的必要性

对高校思想政治理论课程教学方法进行分类研究，具有非常重要的现实意义，这是因为分类的目的是设计、选择更有效的教学方法。

首先，对高校思想政治理论课程教学方法进行分类，有助于高校思想政治理论课程教学方法科学体系的建立。高校思想政治理论课程教学方法的分类，是以对每种具体的高校思想政治理论课程教学方法进行详细分析为前提的。具体来讲，就是将若干相同或相近的高校思想政治理论课程教学方法归为一类，而把各种不同的高校思想政治理论课程教学方法彼此区分开，从而明确高校思想政治理论课程教学方法之间的关联和层次。由此，可以把原来繁杂散乱的高校思想政治理论课程教学方法置于一个井然有序的体系中，形成一个有机体系，从而使高校思想政治理论课程教学方法条理化、系统化。

其次，对高校思想政治理论课程教学方法进行分类，有助于教师准确有效地选择和

运用思想政治理论课程教学方法，从而提高教学实效性。理论研究的最终目的是为实践服务，高校思想政治理论课程教学方法的类型研究自然也不例外。高校思想政治理论课程教学方法一经分类就建立了一定的体系，使各种具体教学方法的特点、功能及其在整个思想政治理论课程教学方法体系中的地位一目了然。不仅有利于教师从整体上把握各类思想政治理论课程教学方法，而且有利于教师根据教学目标的需要以及自身的实际情况，选择能够有效提高思想政治理论课程教学质量的教学方法。

最后，对高校思想政治理论课程教学方法进行分类，有助于完善高校思想政治理论课程教学论体系。高校思想政治理论课程教学方法是高校思想政治理论课程教学论的重要组成部分。高校思想政治理论课程教学论涉及高校思想政治理论课程教学过程、教学原则、教学手段、教学组织形式、教学效果、教学评价、教学主体、教学客体、课程理论、教学方法等。对高校思想政治理论课程教学方法进行分类研究，有助于高校思想政治理论课程教学论更好地去关注教学生活，深入到教学生活中感悟、反思，使高校思想政治理论课程教学论走出纯主观的思辨状态。

(二)高校思想政治理论课程教学方法的分类方式

高校思想政治理论课程教学方法的分类必须具有一定的标准，即必须根据思想政治理论课程教学方法的某些属性、某些特点进行分类。同时，由于教学方法分类的最大困难是弄清分类的理论基础。所以，虽然许多人都主张对教学方法进行分类，但由于思想政治理论课程教学方法本身的复杂性和多样性，不同的思想政治理论课程教学方法之间也存在着千丝万缕的联系，并且分类者提出的分类标准、依据也不尽相同，致使思想政治理论课程教学方法的分类难以趋于统一。

就目前高校思想政治理论课程教学方法分类研究的情况来看，主要分为以下几类：

第一种，即根据高校思想政治理论课程教学方法的适用范围进行分类，可以分为一般教学方法和具体教学方法(又称为个别教学方法)。一般教学方法是指适用于高校思想政治理论课程教学活动的教学方法主要包括理论联系实际教学法、讲授启发教学法、寓情于理教学法等。所谓具体教学方法是指在高校思想政治理论课程教学活动中，针对具体的教学环节所采取的方式、方法和手段，其优点在于它的个性和特殊性，它能够做到具体问题具体分析，有的放矢，"对症下药"这有助于最大限度地实现教学目标，有助于完成教学任务，有助于增强教学实效性。但是具体教学方法也存在着不足，它适用范围窄，使用有限。将高校思想政治理论课程教学方法分为一般教学方法和具体教学方法，有利于我们从整体上把握思想政治理论课程教学方法的功能和作用。但是要使教师能更好地选择和运用它们，还需要结合具体的教学内容对其做详细阐述。

第二种，即根据高校思想政治理论课程教学方法的外部形态，以及在这种形态下学生认识教学活动的特点，可以分为如下几类：

①以传递和感知知识信息的来源分类。可分为口述法、讲述法、谈话法、讲演法、直观法、实践法、图示法。

②以传递和感知知识信息的逻辑分类。可分为归纳法、演绎法。

③以学生掌握知识时思维的独立性程度分类。可分为复现法、问题探索法。

④以对教学活动的控制程度分类。可分为在教师指导下的学习、学生独立学习、阅读书籍、书面作业等方法。

⑤以激发学生学习兴趣分类。可分为学习辩论、创造道德情绪、情境等方法。

⑥以激发学生学习义务感和责任心分类。可分为说明学习的意义、提出要求、履行要求的练习、表扬和批评等方法。

⑦以口头检查和自我检查分类。可分为个别提问、全班提问、口头考查、口头考试等方法。

⑧以书面检查和自我检查分类。可分为考查性书面作业、书面考查、书面考试等方法。

第三种，即根据学生获得思想政治理论课程知识的途径，大体上可以分为语言的方法和实践的方法。

语言的方法主要是指教师口头语言和书面语言的运用。教师口头语言的运用，主要包括讲述法、讲解法、谈话法、朗读法等；教师书面语言的运用，主要包括板书、笔记的运用，教材、教学参考书的运用等。

实践的方法主要是指课外实践。例如：参观访问、调查研究等。

综上所述，对高校思想政治理论课程教学方法进行分类的目的不仅仅在于明确教学方法这一概念的外延，还在于根据高校思想政治理论课程教学方法的类型，为不同的教学内容、不同的学习阶段选择合理有效的教学方法组合，从而更好地提高高校思想政治理论课程的教学实效性。但是要将理论运用到实践，更好地指导实践，必须运用系统的整体观点，综合考虑诸多的影响因素，否则就很难达到理想的效果。

（三）高校思想政治理论课程教学方法分类的科学性

高校思想政治理论课程教学方法分类的科学性需要注意以下几个问题：

其一，科学的高校思想政治理论课程教学方法的分类是相对的，不是绝对的；是发展的，而不是静止的。因为高校思想政治理论课程教学方法是在特定的历史条件下产生的，具有很强的时代性。对高校思想政治理论课程教学方法的研究是一个历史过程，永无止境，人们只能保持在一定历史条件下相对的完整。也就是说，超越历史条件的、绝对完整的高校思想政治理论课程教学方法分类是不存在的。另外，在社会不断进步的影响下，随着网络、计算机、多媒体等的不断完善，高校思想政治理论课程教学方法也将不断充实、完善。

其二，高校思想政治理论课程教学方法的分类是多元并存的，不是唯一的。在不同教学理念指导下的教学实践是不同的，因此使用的教学方法也不同。但这些教学方法类型均有存在的理由，它们可以相互补充，在实际的教学过程中，只要行之有效，就不能人为地独尊一家。一般来讲，科学的高校思想政治理论课程教学方法类型应当具备以下几个特征：首先，高校思想政治理论课程教学方法类型的相容性，即在这一类型中的任何一种教学方法都不得与其他教学方法在内容上互相抵触、彼此矛盾。其次，高校思想政治理论课程教学方法类型的独立性，即各个教学方法的内涵应是彼此独立的，不能彼此包含、互相重叠。例如，讲授法、讲解法、讲演法等教学方法在内涵上彼此并不独立。再次，高校思想政治理论课程教学方法类型的层次性，即每一种教学方法在整个教学方法类型中的地位与作用是处在不同层次上的。最后，高校思想政治理论课程教学方法类型的实践性，即高校思想政治理论课程教学方法都是对实践教学经验的概括与总结，具有很强的操作性，这主要是由以下三点原因决定的：高校思想政治理论课程教学方法来源于教学实践，是对成功的教学经验的概括，它来源于教学实践又回到教学实践中去指导教学实践的实施；高校思想政治理论课程教学方法使用的最终目的是为了达到预期的教学目标，取得更好的教学效果；高校思想政治理论课程教学方法不仅仅是应用的理论，更是理论的应用。

其三，在对高校思想政治理论课程教学方法进行分类的过程中，要处理好继承与革新的关系。高校思想政治理论课程教学方法的类型并不是凭空产生的，而是在继承已有的研究成果的基础上得来的，是对已有教学方法类型的充实和完善。同时，高校思想政治理论课程教学理论的发展、社会环境和教学对象的变化，要求高校思想政治理论课程教学方法必须随之进行革新。

四、高校思想政治理论课程教学方法的选择

高校思想政治理论课程教学方法的选择直接关系到教学效果与质量。教学方法的选择不是随意进行的，它是依据一定的教学目标和教学内容的，不仅要遵循一定的原则，还要考虑影响教学方法选择的因素。

（一）高校思想政治理论课程教学方法选择的原则

根据高校思想政治理论课程教学方法的特点及其在实践中的运用情况，我们提出了高校思想政治理论课程教学方法的选择要遵循的主要原则：

第一，"民主化"原则。高校思想政治理论课程教学更应讲"民主"，这是由高校思想政治理论课程具有情境性、审美性这一特点和"人文性"这一本质所决定的。高校思想政治理论课程教学的目的在于培养德、智、体、美等方面全面发展的人。因此，教师选择和应用教学方法时，要遵循"民主化"原则，树立"民主化"的教学思想，要把自己视为学生学习的"引导者""伙伴""朋友"，与学生"平等"相处，尊重学生的个性，发展他们的个性。在教学过程中，教师应"与学生真诚地沟通，尊重学生的人格，营造民主、平等、开放的氛围，即使有的学生讲'怪话'，唱'反调'，说一些过激的言论，也不要指责，这正是他们自我意识的反映、思想困惑的折射，对此只能采取疏导的方式"，而不应该成为课堂教学的主宰，这会使学生学习时失去积极性、主动性、创造性。

高校思想政治理论课程教学讲究"入情""入境"，追求"美感""愉悦"，最终达到"内化为知，外化为行"。因此，它要求教育者与受教育者平等相处，形成和谐、宽松、活泼

的课堂气氛。只有这样，高校思想政治理论课程教学才能真正做到潜移默化。"民主化"原则，要求教师具有尊重学生独立人格，树立为学生服务的思想。"没有独立的人格，也就失去了作为人的根本特性，更谈不上自由的创造性和德性"。学生是学习的主人，他们享有学习的主动权利，教师在选择和运用教学方法时只有遵循"民主化"原则，才能调动学生的积极性，使他们由被动学习转化为主动学习，只有这样才能真正学好高校思想政治理论课程。因此，在选择和应用教学方法时，我们提倡师生"协商""共同参与""平等相处"，反对"师道尊严"。课堂上要求教师态度温和、语言幽默，授课方法灵活、多样，提倡使用富有现代化民主思想的"问题教学法""谈话法""讨论法""辩论法"等教学方法。遵循"民主化"原则，为高校思想政治理论课程教学方法指明了方向，成为高校思想政治理论课程教学的指南。

第二，耦合原则。在高校思想政治理论课程教学的过程中，教学方法的选择与运用能否做到教师与学生、教与学、教法与学法辩证统一、有机结合，是高校思想政治理论课程教学成功与否的关键。耦合就是有机结合、辩证统一，相互支持、相互促进。凡是耦合状态下的教学，教得得心应手，学得生动活泼；教师传知、导思、授法三管齐下，学生手脑并用，学思结合；教学气氛活泼热烈，教学过程严谨有序。耦合原则是高校思想政治理论课程教学方法所应追求的最高境界。高校思想政治理论课程教学方法遵循耦合原则是高校思想政治理论课程教学现状的需要。因为高校思想政治理论课程教学方法过多地强调了教师的作用，过分地重视了教的过程，而且教学方法也是根据教师如何教得方便来设计选择和运用的；学生的作用和地位，学的过程的重要性，学生如何学、如何才能学好等问题则较少受到关注。这样一来，学生就只能消极地跟着教师使用的教学方法学习，很难在思想、情感、教与学的活动等方面相互统一配合，这是造成教学效果不好的重要原因之一，要想改变这种状况，提出高校思想政治理论课程教学方法的选择要遵循耦合原则是必须的，也是必要的。

第三，启发性原则。遵循启发性原则，其最终目的是培养学生高尚的思想道德品质和良好的行为习惯。高校思想政治理论课程教学方法之所以要坚持启发性原则，主要是由于在教学过程中，启发性原则体现了以学生为主体、教师为主导的指导思想。只有充分意识到这一点，才能充分调动学生学习的主动性、积极性和自觉性，发展学生的思维能力。如果忽视这一原则，学生则处于被动机械的记忆状态，培养出来的学生只会死记硬背，不会融会贯通。

高校思想政治理论课程教学的对象是在校本科学生，这些学生已具有一定的知识储备，再结合教师已讲解的知识，他们能够分析社会上的某些现象。所以教师在选择教学方法的过程中，要采用启发性原则，在课堂上要留给学生施展自己才华的空间，让教学方法具有"不愤不启，不悱不发"的作用，激发学生的求知欲，使学生对已学过的课程产生成就感，从而增强其学习兴趣，养成勤于思考和善于思考的习惯。

第四，直观性原则。教师在教学活动过程要结合教材内容，充分运用图标、图画、实物等直观教学手段，以及运用幻灯机、投影仪、电视机、电脑等教学工具，变平面式教学为立体式、现代化教学，这样才有利于充分调动学生的学习兴趣，提高课堂教学效率，增强课堂教学效果。高校思想政治理论课程教学方法的选择之所以遵循直观性原则，是由教学方法自身属性决定的。在日常教学活动过程中，最实用的直观教学方法就是讲授教学法，而讲授教学法依据的主要教学手段则是板书和语言。布局合理、字迹规范的板书和准确、流利、生动的语言，在强化学生记忆的同时，可以使学生获得美的享受。直观性的教学方法还有助于调动学生的多种感官和已有的经验，使学生在获得生动的表象的基础上进行抽象思维，从而掌握理性知识。

第五，整体性原则。整体性原则反映的是方法的存在、运动和发展的客观规律，揭示了方法存在的普遍形式和一般特点。它要求我们从联系实际的角度考察高校思想政治理论课程教学方法，用整体的观点来对待高校思想政治理论课程教学方法的选择问题。高校思想政治理论课程教学方法有很多种，虽然每种教学方法具有不同的功能和作用，但是它们的目标是一致的，即达到预期的教学效果。从这层意义来看，高校思想政治理论课程教学方法的选择应遵循整体性原则。

（二）影响高校思想政治理论课程教学方法选择的因素

高校思想政治理论课程教学方法的理论，"既要研究教学方法的本质和结构，研究它的分类，还要研究教学方法的选择问题。换句话说，要帮助教师在思想上明确：在什么情况下选择什么样的教学方法以及怎样进行选择"。而巴班斯基则认为，影响教学方法选择的因素是教学规律以及由此引申出的教学原则、教学目的和教学任务、该门学科的内容及方法、学生学习的可能性、外部条件的特征、教师本身的可能性。结合高校思想政治理论课程自身的特点，从具体的课堂教学实践出发，可以认为影响高校思想政治理论课程教学方法选择的因素主要有以下几个方面：

第一，教师因素。教师是高校思想政治理论课程教学方法主要的、具体的实施者。高校思想政治理论课程教师的教学态度、教学能力、知识结构对高校思想政治理论课程教学方法的选择是一个不可忽视的影响因素。在选择教学方法时，教师对自己要有充分的估计，分析自己在教学上的优势，充分发挥和利用教学方法。例如，有的教师语言表达能力较强，则应多采用言语呈现法；有的教师擅长采用图示呈现教学内容，则应多采用直观呈现法；有的教师逻辑思维能力较强，则应多采用归纳法、演绎法等。教师在分析自身优势的同时，也必须看到自己的不足，并努力克服它，使自己薄弱的地方尽快得到完善。此外，教师在选择教学方法时，也要考虑到运用教学方法所需要的时间，有些方法（如：问题教学、归纳法）比其他方法（如：再现法、演绎法等）多耗费时间。因此，教师有时不得不采取妥协的方式放弃当初选择的方法，以求在限定时间内如期完成任务。

第二，学生因素。高校思想政治理论课程课堂教学方法最终是在学生身上得到具体实施的。衡量高校思想政治理论课程教学方法优劣的主要标准是看高校思想政治理论课程教学方法是否符合学生的年龄特征，是否适应学生的智力水平，是否能调动学生学习的情趣，是否能充分利用学生学习的潜能等。从这一角度上看，学生是影响高校思想政治理论课程教学方法选择的又一个重要因素。但是学生对高校思想政治理论课程教学方法选择的影响，不仅表现在学生的学习态度、学习准备、智力水平、年龄特征等方面，更主要的是表现在学生学习高校思想政治理论课程的学习特点方面。

众所周知，高校思想政治理论课程集科学认识功能和价值导向功能于一体，它是科学理论与意识形态的辩证统一，是知识教育与素质教育的辩证统一。因此，其内容必然带有明显的教育性、理论性、抽象性等特征。高校思想政治理论课程自身的这种特点给学生学习高校思想政治理论课程内容带来了很大困难，他们无法亲身体会、感受，也不能直接观察和实验（如：马克思主义哲学、政治经济学等），所以只能借助事实来推想书本上的理论，这是高校思想政治理论课程的学习特点。因此，教师选择教学方法时，一定要考虑到这一特点，争取做到理论联系实际，恰当地运用分析与综合的思维方法。

第三，教学目标因素。高校思想政治理论课程教学目标是高校思想政治理论课程课堂教学的指南针，它明确指出了某一节课、某一学期、某一学年应该完成的教学指标，所以教师在选择高校思想政治理论课程教学方法时，必须考虑哪些教学方法更适合达到教学目标，必须考虑不同的教学目标应该与不同的教学方法相匹配。例如，教学目标中要求学生达到"知识"水平，教师一般可选择"言语呈现法"或"直观呈现法"；教学目标中要求学生达到"理解"水平，教师可选择"直观呈现法"或"以教师指导为主的教学方法"；教学目标中要求学生"独立思考"，教师则可以选择"教师指导下的学习""学生独立学习""阅读书籍""书面作业"等教学方法。

可见，不同的教学目标不仅要求学生有不同的思维方式与之相适应，而且要求学生用不同的行为活动来实现。同时，学生不同的思维方式又影响教师必须运用不同的引导方式帮助学生达成目标。因此，教学目标是高校思想政治理论课程教学方法选择的重要影响因素之一。

第四，教学环境因素。高校思想政治理论课程教学环境是一个由多种要素构成的复杂系统，它对学生学习过程中的认知、情感和行为产生潜在的影响，对教学活动的进程和效果施加系统地干预。可以说，高校思想政治理论课程教学环境的优劣在某种程度上不仅决定了教学活动的成效，而且还影响了教学方法的选择。例如：教学环境中的课桌椅、电化教学设备、人际关系、课堂心理气氛等，一方面能影响教学活动参与者的心理和行为，另一方面能改变教学的方式和方法。

高校思想政治理论课程教学环境主要是指课堂教学环境，因为教学方法的主要实施是在课堂教学过程中得到实现的。课堂教学是教师、学生和教学情境三者之间相互作用的活动过程。课堂教学环境主要是由教师的教风、学生的学风、教室中的物质和物理环境等因素构成的。其中，教师教风有教学思想、教学态度、教学能力、教学风格、治学精神、管理方式、道德品质，学生学风有学习态度、道德品质和行为、组织纪律性、团结协作尊敬师长、关心同学、热爱集体、自学互学、勤学乐学，教室中的物质和物理环境等因素是影响教学方法选择的主要因素之一。在通常情况下，如果选择的教学方法能够较好地考虑到上述因素，就会使课堂教学气氛融洽，师生配合默契，生生关系融洽，教学效果显著。

可见，教学环境是影响高校思想政治理论课程教学方法选择的又一重要因素。

第五，教学手段因素。高校思想政治理论课程教学手段是高校思想政治理论课程教学的媒介，是联结教材、教师、学生的纽带，尤其是其中的直观教学手段，它的完备性、清晰性、新颖性、智力性、教育性等都影响着高校思想政治理论课程教学方法的选择。教师可以根据需要，充分利用电脑、投影仪、多媒体、互联网、数字音像等现代化教学手段进行直观教学。有效运用教学手段不仅能提高课堂教学效果，而且还能使课堂教学延伸到课外，这为高校思想政治理论课程教学创造了良好的外部环境。例如，可以积极利用校园网络，在校园网上建立高校思想政治理论课程教学的学习园地，将课前预习要求、预习过程中所应注意的问题、教学大纲和电子教案等在网络上发布，供学生参考；可以利用校园网和学生进行交流，教师和学生通过电子邮件交流学习、生活中的想法和感受，可以拉近师生间的距离。可见，正确运用教学手段，不仅能激发学生的学习热情，引导学生积极主动地学习，而且还能培养学生的自学能力。这种做法彻底改变了传统课堂教学活动中教师主动、学生被动的局面，使之成为教师、学生互动的重要媒介和纽带。

五、高校思想政治理论课程教学方法创新与发展的必要性

在新的形势下，对高校思想政治理论课程教学方法进行创新与发展，是由提高高校思想政治理论课程教学水平和教学实效性这一要求决定的。

(一)回应时代挑战的需要

中共中央、国务院颁布的《关于进一步加强和改进大学生思想政治教育的意见》(以下简称《意见》)明确要求，大学生思想政治教育要努力"体现时代性，把握规律性，富于创造性，增强实效性"。这不仅是对大学生思想政治教育的要求，也是对高校思想政治理论课程教学的要求。"体现时代性"，就是要求高校思想政治理论课程教师要从时代的高度来审视自己的教育理念和教学方法，尤其是在"网络时代""信息技术时代"的今天，如何把这些高科技手段与教学方法有机地结合起来，使之更好地为我们思想政治理论课程教学服务，应是每位教师都该思考的问题。这一时代特点要求教师要善于把计算机和网络引入到教学中，要求教师要善于把传统的以语言文字为主的教学方法与生动直观的多媒体教学手段相结合，创造出更多"情景交融、声情并茂"的教学方法。

(二)回应教学改革的需要

素质教育是对传统教育的扬弃和继承。要落实素质教育，就必须对传统教育尤其是传统教学进行改革，要革新教学内容、教学方法、教学手段、教学理念、教学组织形式等。而教学方法的创新与发展正是对教学改革的一个有力回应。高校思想政治理论课程教学是实施素质教育的主要渠道之一，它在素质教育中担负着十分重要的作用。长期以来形成的"以教师为中心、以课堂为中心、以教材为中心"的传统教学方法，注重对学生基础知识和基本技能的培养和训练，过分强调基础教育，"这种机械刻板式的教学方法显然无法培养人的全面素质，更不利于开发学生的创造潜能"。因此，传统的教学方法在顺应时

代和社会发展要求的前提下，要不断地创新和发展，这不仅是实施素质教育所要求的，也是增强思想政治理论课程教学实效性的必要前提。

（三）回应以学生为主体的需要

在思想政治理论课程教学过程中，怎么看待学生，把学生看成什么样的人，对学生采取什么态度，一直是高校思想政治教育课程教师所关注的重要问题之一。思想政治理论课程教学方法的不断创新与发展体现了以学生为主体的教学理念。任何教学方法的使用和创新，归根结底都是为了一切学生和为了学生的一切。基于这样的教学理念，教学方法更要凸显出学生的主体地位，更要关注师生交往、积极互动和共同发展，更要侧重学生智力的提升、能力的培养、品德的陶冶。这不仅改变了以往"我讲，你听；我问，你答；我写，你抄"的"单边教学活动"，而且也改变了"先教后学，教了再学，教多少、学多少，怎么教怎么学，不教不学"的被动教学局面。

六、高校思想政治理论课程教学方法创新与发展的要求

高校思想政治理论课程教学方法，是对高校思想政治理论课程教学实践经验的总结和概括，它对提高教学效果、完成教学任务具有重要意义。在信息化、网络化、科技化、市场化和多元化的今天，要想真正发挥思想政治理论课程教学在培养社会主义的建设者和接班人，使学生树立正确的世界观、人生观和价值观方面的作用，就必须转变教学理念，就必须使教学方式方法"贴近大学生的思想实际，更加贴近大学生的思维方式"，就必须研究和创造出新的教学方法。但教学方式方法的创新关键在于，一要把握好教材内容的教学要点的精神实质；二要真正了解和理解当代大学生。

随着高校思想政治理论课程的教学实践活动的深入发展和教师认识的提高和教学经验的积累，高校思想政治理论课程教学方法的创新与发展也将不断得到充实和完善。具体来讲，在高校思想政治理论课程教学方法的创新与发展的实践活动过程中，应注意以下几点要求：

（一）坚持方向性

这里的方向性主要是指正确的政治方向。高校思想政治理论课程具有很强的政治性，这是马克思主义理论阶级实质的鲜明体现和内在要求。在高校思想政治理论课程教学方法的创新与发展中，必须坚持正确的政治方向性原则，突出课程的政治性，把政治性放在教学的首位。

突出政治性，就是要求教育者要具有敏锐的政治鉴别力，善于运用辩证的观点、历史的观点和阶级的观点来分析社会现象，善于从政治的高度、大局的高度认识高校思想政治理论课程的重大使命，及时从政治的高度分析学生思想意识领域的发展趋势及所提出的重大现实问题，正确认识学生思想意识领域中一些具体矛盾的性质。坚持正确的政治方向，这是由高校思想政治理论课程的教学内容所决定的，因为高校思想政治理论课程教学方法的创新与发展，是为高校思想政治理论课程的教学内容服务的。如果高校思

想政治理论课程教学方法的创新与发展不突出政治性，就会使教学方法的创新与发展偏离正确的轨道，高校思想政治理论课程教学也将会失去实效。

（二）坚持主体性

坚持主体性是指在高校思想政治理论课程教学方法创新与发展的活动过程中，在坚持以学生为主体，考虑到学生主体的需要和特点的前提下，所有教学方法的创新与发展，都应围绕学生"学"的活动来安排和设计。坚持主体性不仅能使学生个人价值与尊严得到充分体现，主体地位得到充分确立，而且有助于学生的全面发展，有助于学生的自主性、能动性、主动性、创造性得到充分发挥。

在高校思想政治理论课程教学活动中，教师和学生的关系是双向互动的，学生不仅仅是接受教育、接受知识的客体，同时也是自我认识和自我教育的主体。因此，高校思想政治理论课程教学要达到预期的教学目标，就必须在教学实践过程中充分发扬民主，营造师生之间的民主、平等、友善、合作的课堂氛围，营造有利于学生积极主动参与的、主动学习的、和谐宽松的教学环境。

在教学活动过程中，只有充分发挥教师和学生各自的主体精神和主体作用，才能使教师乐教，学生乐学，使教、学的主体共同参与到整个教学过程中。教学是师生双方的共同活动，从教师的知识储备情况、教师对学生心理特点的掌握、教学规律的运用来说，教师是教的主体；从教学是为了实现学生知识、能力、思想品德素质的转化来说，学生是学的主体。在教学过程中学生如果没有主动地去感知、思考，单凭教师的灌输，学生的认识无法实现；如果只有学生主动地感知、思考，而没有教师引导，学生的认识同样无法实现。因此，在高校思想政治理论课程教学方法创新与发展的实践活动过程中，必须坚持主体性，因为它是促进学生学习发展的外部条件。坚持学生主体性的教学方法，有助于使教师做到以下几点：教师能尽量地控制自己的教学活动，能尽可能多地为学生提供独立思考的机会、时间和空间；教师能鼓励学生积极参与，能激发学生学习的主动性和积极性；教师能更加尊重学生的人格，唤起学生的主体意识，强化学生的自主精神；教师能充分发挥学生自身的主体意识，让学生在德育教学活动中成为主角，这不但能满足学生自我实现的心理需要，还能增强学生的价值感和成就感。

（三）坚持实践性

坚持实践性是指在高校思想政治理论课程教学方法创新与发展的过程中，要重视理论联系实际，要结合实例进行教学，鼓励学生动手、动脑，让学生积极参与到教学过程中来。在教学过程中，教师要组织学生进行有效地练习，引导学生运用所学知识去解决实际问题，这不仅能使学生获得运用知识的能力，而且还有助于培养学生将所学知识"内化为知，外化为行"。高校思想政治理论课程的教学实践经验证明，教学目的决定了教学方法创新与发展必须要坚持实践性。高校思想政治理论课程的教学目的是帮助学生树立正确的人生观、价值观、世界观，培养学生在德、智、体、美等方面全面发展。而这一教学目的的实现与实践活动密不可分，教学目的在实践活动中得以深化、发展。高校思想政治理论课程教学方法的创新与发展，只有坚持实践性，让学生积极参与实践，才能提高学生学习的积极性、主动性。此时的教学方法有助于使教师做到以下三点：有助于教师在教学中把所讲授的内容同学生的生活和社会实际结合起来，引导学生联系实际去理解和掌握教学内容，引导学生运用所学知识去解决实际问题；有助于教师在教学过程中，想方设法地给学生提供实践的机会，鼓励学生观察、思考、质疑；有助于教师摒弃"注入式"教学方法，培养学生发现问题、提出问题及解决问题的能力。

（四）坚持理论联系实际

"现代教育观告诉我们：教学局限于课堂、内容局限于理论、方法局限于灌输的方式已为时代所弃"，在当今时代，新问题、新现象不断涌现并且不断渗透冲击高校思想政治理论课程教学，这一客观环境要求把"书本知识和社会实践结合起来，提高学生用马列主义基本理论、观点正确地、客观地分析问题、解决问题的能力"。而且，思想政治理论课程的特殊性恰恰又在于其教学活动不能仅仅停留在理论教学本身，而必须把理论转化为学生的思想政治素质，以学生思想政治素质的提升为核心目标，要想使一个人超越个人自身体验的局限性，形成更为宏观的思想政治观念，最好的方法是参加社会实践，在实践中增长知识才干。

坚持理论联系实际，主要是指教师在教学过程中不仅要重视基本理论知识的教学，而且还要引导学生运用所学知识解决实际问题，这是由高校思想政治理论课程教学内容、教学任务、教学目标决定的。此时的教学方法有助于使教师做到以下三点：有助于教师培养学生观察问题、分析问题的能力；有助于培养学生言行一致、知行统一的品质；有助于培养学生把坚定的信念付诸实践的习惯。在高校思想政治理论课程教学方法创新和发展的过程中，要坚持理论联系实际这一要求，教师就必须做到：既要联系社会、生活实际，又要联系学生的思想实际。在理论联系实际的过程中，既要注意把握理论与实际范围的"相宜性"，又要注意理论联系实际内容的"时代性"；既要正视理论与现实生活的某些"差异性"，又要考虑理论联系实际过程中说服教育与情感教育的"统一性"；既要做到课前有所准备，又要注意不要面面俱到；既要切忌低级庸俗，又要切忌生搬硬套。总之，高校思想政治理论课程教学方法的创新与发展，坚持理论联系实际这一要求，能使理论与实际得到有机结合，使教学的实效得到保证。

七、高校思想政治理论课程教学方法创新与发展的趋势

随着现代科学技术的发展，人类社会步入了信息、网络时代。科技的迅猛发展使人类知识的总量急剧增长，这种情况使高校思想政治理论课程教学内容变得丰富，使教学条件日益现代化。在这一时代背景下，高校思想政治理论课程教学方法的创新与发展呈现出一些新趋势。

（一）综合化趋势

高校思想政治理论课程教学方法的创新与发展是"认识——实践——再认识——再

实践"的无限循环往复的过程。在这个无限循环往复的过程中，高校思想政治理论课程教学构建了自己的方法体系。这种方法体系一方面来源于自身的实践经验，另一方面则来源于其他相关学科的教学方法。当前，高校思想政治理论课程教学方法创新与发展的趋势之一是趋向综合化，其主要表现在以下几个方面：

首先，这是由于科学技术发展呈现出高度分化和高度综合。现代科学技术日益趋于综合化发展趋势，这种趋势要求有高度综合素质的人才与之相适应。在这一趋势下，高校思想政治理论课程内容也呈现出综合化趋势，如：高校思想政治理论课程内容借鉴了教育学、心理学、伦理学、政治学、哲学、社会学、历史学、人格学、行为科学等社会科学知识。这些知识要传授给学生，势必要借助一定的教学方法。因此，教学内容的综合化趋势必然要求教学方法综合化，这是增强教学实效性、达到预期教学目标所要求的。

其次，这是高校思想政治理论课程教学方法与管理学科整合使然。从某种意义上说，管理学中的方法理论是高校思想政治理论课程教学方法理论的延伸和拓展。高校思想政治理论课程教学方法借鉴了许多管理学中的方法理论，尤其是"以人为本"的人力资源管理理论。这主要是由于高校思想政治理论课程教学和管理学所面对的客体是一样的，都是做"人"的工作。高校思想政治理论课程的目的是使学生养成良好的思想道德素质，而这些素质的养成除了依靠一定的课堂教学外，主要还是靠日常生活中的有效管理来达到，如：品德、习惯、作风、纪律养成等。

再次，这是高校思想政治理论课程教学方法与心理学科整合使然。由于知识经济的崛起、信息网络时代的到来，社会生活节奏加快，学生的思想受到了一定的影响，不少学生心理承受能力差、心理压力较大，许多学生产生了心理障碍，这不仅影响学生的正常学习和生活，也影响了学生的身心健康。这一状况势必要求高校思想政治理论课程教学方法除了采用一般的教学方法外，还要借鉴心理学中的方法理论。心理咨询方法在当前高校思想政治理论课程教学中居于越来越重要的地位。

最后，这是高校思想政治理论课程教学方法与自然科学整合使然。"在社会科学研究中可以应用自然科学的方法。这是由自然科学和社会科学相互渗透的发展趋势决定的。这种渗透是相互的，社会科学和自然科学都要相互学习和吸收"。要把定性分析和定量分析有机地结合起来，使定量分析服从于定性分析，实现数学形式和社会内容的统一。要从具体内容出发，根据对象性质和研究任务的客观需要，擅于确定应用自然科学方法所要解决的实际课题。但应注意的是，在社会科学研究中，自然科学方法不能代替马克思主义方法，尤其不能代替唯物史观的方法。从内容方面来看，通过单纯的专业教育，学生可以成为有用的机器，但决不能成为一个和谐的人。一个人能否成才，专业基础知识是必要的，但最重要的是一个人的综合素质。

因此，如果把自然科学与思想政治教育相结合，不仅有助于学生掌握科学文化知识，而且有助于学生的身心全面发展。从方法来看，高校思想政治理论课程教学方法绝大多数都是教学实践经验的总结，多的是定性分析，少的是定量分析。当前，高校思想政治理论课程教学方法也采用了较多的自然科学方法理论，如：系统科学中的系统方法，有助于对高校思想政治理论课程教学方法所涉及的方方面面进行研究；数学中的定性分析与定量分析方法有助于高校思想政治理论课程教学方法达到质与量的统一。但是我们把自然科学方法理论应用到高校思想政治理论课程教学方法中要注意的是，自然科学方法不是万能的，我们在使用时还要注意它们之间的适用范围等因素。

总之，综合化是社会发展的必然趋势，也是高校思想政治理论课程教学方法创新与发展的必然趋势。

（二）现代化趋势

教学手段与教学方法是密不可分的。从逻辑关系看，教学方法是上位，即教学方法比教学手段更重要，其图示是：教学观念——教学方法——教学手段。教学观念决定教学方法，教学方法又要求一定的教学手段。随着现代信息技术的发展，教学手段不断更新，促使教学方法也日趋现代化，教学方法与教学手段彼此促进。可以说，有什么样的教学手段就有什么样的教学方法与之相适应。以黑板、粉笔为主的教学手段是与讲授法、讨论法、谈话法、读书指导法相适应的；以计算机、网络、多媒体为主的教学手段，除了与讲授法、讨论法、谈话法、读书指导法相适应外，还要与演示法、欣赏法相适应。

高校思想政治理论课程教学方法的现代化趋势，主要体现在教学手段日趋现代化。高校思想政治理论课程教学如果采用多媒体辅助教学，则可以突破时空限制，提供教学所需的各种背景资料。学生也可以根据自己的情况自主选择调用，提高了学生学习的辨识能力和学习的主动性。此时，教师不再是学生学习生活中唯一的信息源，而是信息的组织者、学生学习的辅助者。如果高校思想政治理论课程教学采用传统的教学方法，这不仅使教师疲惫不堪，而且学生学习的成效也不大。所以高校思想政治理论课程教学如果采用以学生为中心，以提高学生自主学习能力，帮助学生树立自信心，养成良好的自主学习习惯为目标的现代化教学方法，有助于把枯燥单一的学习转变为轻松活泼的学习，有助于提高教学质量。因此，在高校思想政治理论课程教学过程中，教师要根据教学内容、教学对象，认真揣摩教学方法，吸收传统教学方法的长处，把多媒体教学手段与教学方法结合起来，让学生自主地、创造性地获取知识，主动地探求真理，能不断培养和发展学生的自主人格和主动学习能力、思维能力、创新能力，提高学生的素质。

（三）隐性化趋势

思想政治理论课程隐性教学方法，是相对于思想政治理论课程显性教学方法而言的。思想政治理论课程显性教学方法，是受教育者能明显感觉到的一类教学方法，是为达到教学目的而开展的教学活动方式方法的总和。它的特点是把教学内容、教学目标、教学要求直接地告诉受教育者。思想政治理论课程隐性教学方法，是受教育者不能明显感觉到的一类教学方法。它是伴随着正式教学而随机出现的，是对学生的知识、情感、信念、行为和价值观等方面起着潜移默化影响的方法。它表现的形式是多种多样的，它可以是一次随机聊天，也可以是某种有目的的设计，还可以是精心营造的心理环境或文化氛围等。高校思想政治理论课程教学由于受教学目标、教学任务的限制，过分重视显性教学方法的作用，而对隐性教学方法所起的补充和促进作用认识不足。比如，在高校思想政治理论课程教学过程中，由于教师过分局限于教材、显性教学方法，使教学有浓重的说教色彩，缺少隐性教学方法的使用，这既不能很好地实现教学目标，完成教学任务，还会使学生产生"逆反心理"，对本门课程的学习失去兴趣和动力。但是思想政治理论课程隐性教学方法并不是完美无缺的，它也有自身的局限性。例如，无法完成系统理论教育的任务，无法对工作过程进行动态控制等。因此在今后的教学过程中，要依据教学内容、教学对象、教学任务灵活地把思想政治理论课程显性教学方法与思想政治理论课程隐性教学方法有机地结合起来，使二者互补其短、各扬其长，相得益彰、互相促进。

（四）多样化趋势

教学有法，教无定法。教学方法的优劣对能否引起学生的学习兴趣至关重要。高校思想政治理论课程内容理论性较强，因此，就要用灵活多样的方法进行教学，这是保证学生学习兴趣的关键，是教学富有成效的重要保证，是调动学生学习积极性、主动性的"兴奋剂"。高校思想政治理论课程教学方法是教师和学生为达到教学目的而开展教学活动的一切方式方法的总和。在课堂教学过程中，教师选用的教学方法要因教学对象、教学内容、教学情境和教学条件的不同而有所不同，尤其是在网络信息时代条件下更需要灵活多样的教学方法。

当前，在教学过程中，除了讲授、讨论、案例、多媒体、社会实践等常用教学方法外，教学方法日趋灵活多样，出现了"2234"教学法；"寓教于趣、寓教于理、寓教于例、寓教于情、寓教于境、寓教于行"教学法；因材施教教学法；体验教学法；"坚持章节讲授与专题讲授相结合，坚持课堂讲授与自学、讨论相结合，传统教学手段与现代化教学手段相结合，课堂教学与社会实践相结合，有计划地组织学生进行教学参观、开展社会调查及社会调研"教学法；启发式和探索式教学法；参与式教学法；专题教学法；直观式教学法；四环教学法；"四化"教学法；五段式教学法；"反馈—交流"教学法；心理调控教学法；演讲式教学法；"问题引路"教学法；双结合教学法；四步式教学法；案例教学法；调研教学法；阅读教学法；辩论教学法；实践式教学法；对话式教学法；背景透视教学法；参与式教学法；课内课外教学活动相结合教学法；师生对话研讨式教学法等。教学实践经验证明，灵活多样的教学方法是高校思想政治教育课程教学富有成效的保证，是调动学生学习积极性，实现师生互动的必要前提，它对活跃课堂气氛、调动学生思维具有极其重要的意义。

综上所述，为适应素质教育、时代发展、学生个性发展和高校思想政治理论课程教学方法改革的需要，高校思想政治理论课程教学方法的创新与发展不仅要向综合化、现代化隐性化和多样化趋势发展，而且要向重视培养学生的自学能力和创造能力，向由注入式的教学方法转移到启发式的教学方法，向强调教学过程的情感化，向现代化教学技术手段的广泛应用等趋势转变，更要向以教育学和心理学为基础和前提的现代教学方法，向从以"教"为主或以"学"为主转到研究"教和学"的辩证统一，向提高效率和强调学生学法，向充分调动学生学习积极性、激发学生学习兴趣和求知欲等趋势迈进，让学生在欢乐中学习，并获得知识和情感体验。

第三节 "大思政"背景下高校思想政治教育协同育人创新路径实践

从牢牢抓住大学生真实需求的角度，大学生在大学的不同阶段有着不同的需求和困扰，主要围绕着人际关系、压力与情绪管理、就业职业规划等方面，而将这些需求引入课程思政，发挥辅导员"教学"职能，与思政课程互补形成合力，是思政协同育人的效果。

一、"课程思政＋协同育人"，以多方合力带动思政课程实践化

（一）开拓课程思政新视野，开设实践学分课程平台

①以大学生新生习惯养成为需求点培育价值观。"人生的扣子从一开始就要扣好"。新生入学第一年正处于兴奋但又对新环境不适应的矛盾状态，是习惯养成的最关键转换期，关系到大学四年甚至乃至未来的发展。作为思想政治教育工作者必须抓住这个特殊节点，将课程思政理念引入原本开设的军事理论课、党团培训课程等，同时基于"第二课堂"涉及到的团支部建设、带班学长学姐榜样影响、思想政治教育讲座、家乡文化分享、爱国主义教育、宿舍文化等开展实践学分课程，开拓课程思政的可能性，为课程思政的协同迈出坚实的"第一步"。②以大学生人际关系困惑为需求点提升个人技能。人际交往技能是大学生综合素质提升和未来发展的重要素养，针对大学生在不同阶段遇到的人际交往困惑的不同需求开展专门的课程，把日常谈心谈话等方式与课程思政相协同，从课程内容和面向群体两条逻辑线设计课程：内容方面，主要将人际关系维护、新生入学适应、自我认知、沟通的艺术、同伴教育、社交礼仪、心理压力与情绪管理等与思政元素教育协同起来；对象方面，针对大学不同阶段可能会存在的人际关系需求特点制定个性化的设计，符合"以学生为主体"的教育原则，帮助让学生了解"如何开口说第一句话"，拓宽课程思政范围的同时更多是培养大学生为人处世的一种思路和逻辑，对于各类课程的理解有一定的影响作用。③以大学生心理压力与情绪管理为需求点降低心理问题风险。大学生在大学期间难免会遇到各类困扰导致心理焦虑和压力，学会情绪管理是可持续发展的重要技能，针对这个需求开设生命教育课、情绪管理课等，看似与专业和思政课内容关系不大，但在课程思政的视角下对思政工作者开展思政教育具有很长远的作用。

（二）用好课程思政现有资源，推动就业观引领创新形式

①以"大就业观"引领核心价值观。辅导员在就业创业课程中要根据不同层次的解读引导大学生树立积极的就业观，主动与思政课教师形成协作，通过爱国主义教育、四史教育等内涵引入就业创业课程，引导学生将小我融入大我，自觉将个人发展融入国家需要。②以社会实践解读政策环境。课程中要多以事例、互动、角色扮演、社会实践等方式引导学生模拟走入社会的情景，而不是简单传授知识点。通过与思政课教师的协同整合思想政治教育资源，将最新政策与就业职业准则相结合，实现实践育人目标。③以自我认知培养正确就业观。一方面，随着时代发展和疫情常态化的背景，从就业方向选择来看，目前存在"扎堆"现象，越来越多毕业生选择考研甚至二战，作为课程教师就需要将"懒就业"问题解决前置化，用榜样力量和朋辈力量影响到大学生内心，从而做出适合自己的职业选择。同时，不能忽略就业产生的心理焦虑问题，学生抗压能力、心态管理等技能的培养是需要通过课程思政理念实现的。

二、"思政队伍建设＋协同育人"，以一专多能打造专业化创新型思政队伍

（一）明确教育管理职责，系统构建思政队伍专业化培训平台

①全面建立师德师风建设制度体系。进一步按照相关规定明确师德师风建设的目标方向、工作重点、任务举措，严格把握辅导员和思政课教师师德师风建设工作，用思想政治理论武装头脑，引领可持续的思政队伍建设目标，以互相督促为契机合力构建起新时代师德师风建设的制度体系。②认可辅导员教育和管理"双肩挑"职能。近年来，高校思政队伍建设越来越受到国家的高度重视，在思政队伍专业化建设过程中要明确和认可职业能力要求。以辅导员为例，要在实际工作中认可教育和管理"双肩挑"的职责，平衡事务性管理工作的同时，加强教育教学能力，提供真正有效的培训平台，有助于提升整体思政队伍的专业化。③激励思政课教师实践创新意识。思政课不仅应该在课堂上讲，也应该在社会生活中来讲。想要让思政课程真正走入大学生思想，就要与实践和创新相结合，把原本的思政知识用新方法、新视角、新要求传递给学生。此外，与辅导员协同合作，整合教育资源的同时，利用好非课堂阵地开展系列活动，用更贴近学生的方式提高思政吸引力。

（二）重视专业技能素养培育，着力提升创新型思政队伍建设质量

①以建立辅导员工作室创新思想政治教育。辅导员工作室作为近几年的新生事物已经受到思政工作者的喜爱和推广，根据擅长领域和兴趣点选择工作室的创立方向。以就业创业类工作室为例，从纵向整合思政团队成员，将辅导员和专业课教师协同合力，打破工作年限、职位、领域等界限共谋发展；从横向带动就业创业多领域资源整合，为大学生提供更专业集中的平台。②以提升科研能力助推思政工作实效。理论是实践的基础，而实践又可以反作用于理论的更新。针对科研水平不均衡的高校思政队伍，首先，搭建

学术交流平台，专门针对辅导员和思政课教师相互学习探讨；其次，以思想政治工作案例为实践推动理论研究，用实践中产生的经验和数据形成研究成果；此外，在指导大学生创新创业类竞赛中积累科研经验，通过自身实践指导学生，共同提升科研水平。③以多学科学习增强思政专业技能。辅导员岗位面向学生多样化决定了在大学生学业指导上的局限性，难以全方位多视角开展思想政治工作。要适当加强多学科领域的认识，例如，心理学、管理学等方面一方面可以就专业知识与学生拉近距离，另一方面更是通过多学科知识的积累帮助开展学生心理疏导工作、学生日常管理工作等。

（三）关注协同合作实效，整体建立思政队伍持续性评价监督机制

①将思政队伍持续性评价监督纳入思政测评。高校每年都会开展思政测评工作，这也是思政工作实效最权威的评价途径之一。尝试将持续性评价监督机制纳入思政测评，通过辅导员和思政课教师协同育人具体实效进行测评，推动思政队伍建设正式化、专业化。②形成以提升思政队伍质量为核心的评价方式。持续性评价监督机制的建立绝不是对量化数据的单一测评而得出结论，选择较为综合的评价方式就尤为重要。以提升思政队伍质量为核心和目标进行评价，就要安排专业化、职业化的实际工作者，通过整合教学、管理、科研等各方面资源，协同合力下培养具有"一专多能"的思政队伍。③要确保建立特色鲜明的专业化监督机制。基于思政队伍建立专业化评价监督机制，就要考虑到思政队伍的特征，也要考虑到思政队伍中不同角色的需求。以高校辅导员为例，通过评价监督不是一味确保思政工作的顺利进行，而更要考虑到辅导员职业特色带来的需求，努力通过"以评促学"提升辅导员的自我认同感和职业获得感。

三、"多元资源合力＋协同育人"，以全员联动推动大学生综合素质培养

（一）辅导员与思政课教师合力助推实践育人

①以党团建设推进思想政治教育。以党建带团建，将党支部和团支部建设作为开展思想政治工作的渠道，发挥党员、共青团员在整个集体中的带头作用，通过思政教师和辅导员的协同培养形成思想引领，以学生骨干培养为抓手，根据学生特色安排学生干部岗位，从根本上推进思想政治教育。②以重要节点培育爱国主义情怀。从思政课教师的角度通过协同效应将书本上的理论知识实践化，赋予其实践意义；从辅导员角度来看，创新爱国主义教育形式，引导学生将理论与实践相结合，帮助学生对爱国主义提升更深刻的理解，在思想政治教育的同时，引领学生将爱国主义情怀根植于心。③以校园文化建设提升大学生核心素养。传统文化作为校园文化的基础是重要的"主阵地"，思政课教师协同辅导员在显性和隐性中开展激发大学生创新创业思维的各类活动，鼓励学生参加各类适合自己的社团，不断提升参与度和主动性，逐渐培养自身爱好和特长，在实践中提升综合技能。

（二）家庭力量助推心理育人

①形成合力，建立"家——校"联动通道。将家庭力量融入思政工作，与思政工作队伍形成合力，成为思政教育不可忽略的部分。利用寒暑假时间开展家庭教育，改善家庭关系的同时有助于学生心理健康发展，对思政工作者而言也是开展思政工作心理育人的坚实力量。②拓宽渠道，创新线上"云"平台。自从疫情开始以来，原先线下与家长和学生面对面沟通渠道拓宽，用好线上"云"平台可以更加及时、方便反馈学生情况。定期开展线上家长会，就目前大学生心理问题现状，与家长直接沟通学生情况在一定程度上是对思政工作的辅助。③分类指导，精准服务学生成长。高校辅导员和家长联系的方式和内容较为局限，但仍需要针对学生群体的个性化和复杂性精准施策。例如：针对学业困难学生建立帮扶机制，针对家庭困难学生申请临时补助，针对心理问题学生做好谈心谈话，时刻关注学生情况，与家长无限制沟通，形成协同合力。

（三）校友资源合力助推管理育人

①直系校友开启新生职业启蒙。在新生入学教育中往往会有专业教师、辅导员、学长学姐等角色帮助新生尽快适应新环境，而这时加入校友这个角色对新生习惯养成教育有着积极作用，根据不同专业邀请直系校友来校开启新生职业启蒙讲座、互动答疑等活动，帮助学生提升归属感的同时开始了思政教育的第一步。②校友导师培育大学生就业观形成。高校开展校友导师培育计划，建立"校友传帮带联动机制"，旨在为大学生提供一对一的校友助力计划，作为试点项目将就业观教育引导前置化，通过线上线下宣讲会、经验分享等方式，用校友职业经历和真实感悟来影响大学生思维变化，定期推荐校友内推岗位，实现良性循环，形成思想政治教育的协同力量。③校友经验发挥朋辈影响力作用。校友作为朋辈力量，发挥着大学生思想"引导者"的作用，将校友资源引入思政课堂，以校友视角创新思政课知识的传递，提升课程的吸引力。整合校友资源，共同搭建校友与学校的互助平台，在潜移默化中影响大学生的思想，为大学生提供生动的"思政实践课"。

四、"网络思想引领＋协同育人"，以网络思政浸润大学生核心价值观引领

（一）融合网络信息资源，提升思政话语引领力

①以课程思政引领大学生理想信念。从国家层面来看，引领"富强、民主、文明、和谐"观念，就要在坚定理想信念上下功夫，结合"四史"教育、爱国主义教育整合网络信息资源，运用网络平台开展以传统节日为契机的网络活动，引导大学生树立正确的历史观、民族观、国家观，不断树立信念和信心，提升思政教育对大学生的话语引领力。②以文化自信引领大学生责任担当。从社会层面来看，引领"富强、民主、文明、和谐"观念，就是要在培养奋斗精神上下功夫。通过高校典礼文化、传统文化大赛等软实力，提升大学生对"文化自信"的理解。以疫情防控期间网络思政为例，面对网络纷繁复杂的碎片化信息，思政工作者要时刻通过自媒体关注大学生思想动态和思想意识问题，以"中国速度"

和"逆行者"这些强有力的事实激发大学生的社会责任与担当。③以第二课堂引领大学生价值观养成。从个人层面来看，引领"爱国、敬业、诚信、友善"观念，就要在加强品德修养和增强综合素质上下功夫。思政工作者要及时转变德育理念、完善德育内容、创新德育方法，丰富"第二课堂"的网络形式，将所有课程之外的学习活动与网络结合，开展以"互联网＋"、挑战杯等创新创业大赛为主体的学习竞赛类活动，丰富以传统文化大赛、短视频大赛等网络技能类活动，引导大学生以网络形式参与社会实践活动，培育全面发展的社会主义建设者和接班人。

（二）组建网络育人团队，增进思政教育亲和力

①建立思政队伍和高校各部门网络协同育人平台。提升辅导员和思政课教师的网络技能，转变网络思政思维，将微课堂、线上讲座等形式作为思政课教学的重要模式，深入挖掘网络思政育人素材，打磨网络思政育人元素。在做好思政队伍基础建设的同时，与高校宣传部、招生就业处等部门合力打造网络育人团队，以大学生就业观引导为例，与招生就业处联合通过各种网络阵地开展就业活动，将不同层级资源整合后增强网络育人平台的实用性。②发挥朋辈力量的独特吸引效果。作为思政工作者要有对典型的敏锐度和敏感度，首先，发挥党员、学生干部横向朋辈力量，在学生群体中挖掘典型，以党建促团建，在学生党支部和团支部中建立"一对一"帮扶机制，发挥党员先进性，实现朋辈感染力和影响力的同时，也反作用于党员和学生干部的综合能力培养，提升责任担当意识；此外，发挥在校生、校友纵向朋辈力量，在不同年级间建立"传帮带"机制，通过"优秀学子事迹分享""校友抗疫故事"等网络活动，激发朋辈力量对大学生独特的感染力，有助于网络舆论正向引导，同时增进思政教育亲和力。

（三）丰富网络思政形式，开拓协同育人创新力

①创新辅导员工作室的线上功能。辅导员工作室已经成为越来越多高校辅导员创新工作的方式，不仅可以用于辅导员思政工作的服务载体，更是整个思政队伍协同育人的创新平台。面对大学生人际关系、心理健康、就业压力等问题的愈发严重，结合线下实践学分课程，通过网络新媒体以真实案例为题材拍摄短视频，细化大学生不同阶段需求，建立成案例库，丰富和搜集对各类问题的解决途径，旨在为思想政治教育提供参考范本，开拓协同育人创新力的同时，提升思想政治教育的亲和力，让大学生感受到"接地气"的教育服务。②开拓学生日常管理的网络方式。思政工作者在学生日常管理过程中要以传统管理模式和新型模式相结合，所谓新型模式，就是要求思政工作者利用好线上平台，从"管理"到"治理"，发挥大学生的自主学习能力。一方面，充分利用好公众平台、微信朋友圈等渠道时刻关注大学生思想动态，第一时间掌握舆情，降低危机事件的可能性；另一方面，将网络工具作为思想政治教育的重要抓手，利用好小程序、微信群等工具，结合传统方式开展学生签到、发布活动通知等日常管理工作，提升大学生对在校管理的理解和认识，推进思想政治教育的时代感和实效性，强化解决问题的践行力。

第四章 高校思想政治教育的资源整合与创新

第一节 高校思想政治教育资源整合的理论支持

新媒体时代高校思想政治教育资源整合需要理论支撑，不仅需要哲学、经济学和教育学等基础理论和最新形势政策的依据，还要充分吸收其他相关学科的理论知识，并密切关注其他学科的最新理论发展。唯有如此，才能使高校思想政治教育资源达到最佳整合，并充分发挥资源整合后的效应，更好地推进新媒体时代高校思想政治教育工作。

一、哲学支撑

（一）马克思主义关于社会存在与社会意识关系的原理

马克思主义从观察社会历史现象的"现实的前提"出发，详细地论述了社会意识从产生到发展的过程及其本质，马克思和恩格斯对社会现象的变化和历史发展与演进都做了全面的概括与分析，从这一前提出发，详细地阐述了有关社会意识的相关问题，主要包括社会意识是如何产生、怎样发展以及它的本质是什么。马克思和恩格斯在历史唯物主义原理中所提的社会存在决定社会意识，指的是社会存在是社会意识的根源，是第一性的；社会意识是对社会存在的反映，是第二性的，社会存在决定社会意识的发展变化。

如果要全面正确地理解社会存在与社会意识的辩证关系，不但要认识到社会存在决定社会意识，还要特别重视社会意识的能动的反作用和其相对独立性。这就要求我们在高校思想政治教育实践中，不但要弄清社会存在与社会意识的关系，还必须正确理解社会意识尤其是先进意识对社会存在的能动的反作用。只有这样，才能充分发挥思想政治教育的巨大作用，从而对高校思想政治教育资源存在的必要性和可行性有个全面的认识和高度的重视。

所以，只有加强对大学生物质生活状况及其变化发展规律的研究，探寻大学生产生思想问题的物质根源，才能较为全面地掌握大学生的思想面貌以及变化发展的趋势。在具体实践中，必须准确把握大学生的生活实际，积极争取社会中的有利力量，抵制和克服社会中的消极影响，从而深化高校思想政治教育资源配置的效率和水平，提高资源的利用率和使用质量，不断增强高校思想政治教育的针对性和实效性。这就为高校思想政治教育资源的有效整合提供了最基础的理论支撑。

（二）马克思主义关于人的本质的理论

马克思主义关于人的本质的论述，为我们科学地认识大学生及其思想提供了基本的理论依据。马克思和恩格斯对前人的观点做了系统的研究和批判，去粗取精，从而吸取了人类思想史上最具有价值的理论成果，批判地继承了黑格尔辩证法的合理内核和费尔巴哈唯物主义的基本思想，创立了辩证唯物主义和历史唯物主义。马克思和恩格斯结合自己的研究，在此基础之上，在人类历史上第一次科学准确地阐述了人的本质是什么。马克思在《关于费尔巴哈的提纲》中作出了对人的本质的科学论断："人的本质并不是单个人所固有的抽象物。在其现实性上，它是一切社会关系的总和"。这就是马克思主义关于人的本质问题的最经典表述，它不仅是对人的本质的科学论断，还为科学考察人的本质开辟了正确途径。

根据历史唯物主义的观点，马克思主义第一次提出了人的本质由社会关系决定的理论命题，这具有开创性的意义。自此以后，人类研究人的本质具有了科学的思维方法和准确的理论基础。社会关系作为一个整体性的系统，是十分庞大而且非常复杂的。从马克思主义关于人的本质理论看，人的思想的形成与发展变化无时无刻不是受到社会关系的制约，这就要求高校思想政治教育必须建立在社会关系的充分发展基础之上。

以上的论证成为高校思想政治教育资源配置的重要理论依据，为高校思想政治教育资源整合确定了科学合理的目标。这也要求在高校思想政治教育资源整合的过程中应该认识到以下几个问题：首先，高校思想政治教育的主体是人，并存在于一定的社会关系之中，思想政治教育资源是被人所利用的，也一定是蕴含在一切社会关系的总和之中的；其次，大学生的思想以及高校思想政治教育资源都应该具有一定的特点和差异，要对其作出准确的把握和判断，只有将其放在大学生所处的特定的社会关系中去理解才有意义；最后，大学生思想和高校思想政治教育资源的发展变化，必定与大学生所处的各种社会关系的发展变化紧密相关。只有这样，才能充分把握和利用高校思想政治教育资源，用以增强高校思想政治教育的社会性和适应性。

（三）"以人为本"的理念

高校思想政治教育的培养目标，决定了在大学生思想政治教育工作中必须贯彻"以人为本"的理念。人是高校思想政治教育的主体，高校的思想政治教育工作必须坚持从"以人为本"的基本点出发，不断突破在传统理念上所形成的思想政治教育的既定思维，从理论上为促进学生全面发展和思想政治教育工作改革指明正确的方向，从而使高校思想政治教育工作落实到为学生服务的根本上来，最终贯彻到不断促进人的全面发展。

全面协调可持续是加强和改进高校思想政治教育的基本要求。必须着眼于实现思想政治教育系统内外诸要素的有机结合，提高高校思想政治教育的针对性，全面协调各种思想政治教育资源，为大学生发展进步创造条件。统筹兼顾是科学发展观的根本方法，高校思想政治教育资源整合也必须掌握统筹兼顾的科学方法，正确、妥善处理各方面的关系。

二、经济学支撑

（一）供需均衡理论

我国经济已由高速增长阶段转向高质量发展阶段，在实践中必须把握三个具体要求，坚持质量效益导向、坚持创新驱动发展、坚持全面深化改革。

供需均衡是一个经济学术语，它涉及两个概念（即供给和需求）和一种状态（供给——需求状态）。经济学中的产品生产是指厂商的行为，产品需求是指消费者的意愿行为。供需均衡理论，指的就是生产者提供的产品只有符合消费者的需求，市场的供求才会达到均衡。如果供给与需求不匹配，即供给者提供的不是消费者所需要的，那么，一方面生产者浪费了为生产其产品所耗费的人力、物力和财力；另一方面，消费者的需求得不到很好的满足。所以消费者所具有的现实和潜在的消费需求，应该成为生产者在生产过程中的目标基础。只有这样，才能生产出满足广大顾客需求的优质产品，否则，生产者的生产就具有盲目性，生产和消费的供需平衡就不能圆满实现。

高校思想政治教育资源作为一种特殊的商品，其生产者为"教育者"，即高校思想政治教育相关部门、教师和职工；需求者为高校大学生，作为高校思想政治教育重要载体的思想政治教育资源在教育者和大学生之间存在着"供给——需求"关系。按照市场规则，如何配置资源、组织生产都取决于消费者的消费需求。

在高校思想政治教育过程中，大学生的需求状况是分析决策参考的一个最为重要的因素。高校思想政治教育资源必须与大学生的学习、生活和思想实际紧密结合起来，从人本理念出发，切实做到想大学生之所想、急大学生之所急，只有这样才能使传统思想政治教育过程中教育内容"入耳不入心"的被动局面得到良性转变，从而充分发挥高校思想政治教育的巨大效用，也就能够为高校和谐发展提供强有力的思想文化基础。

在经济生活中，需求和供给是相互独立而又相互依存的，一方面需求带动供给；另一方面供给也创造需求。然而在高校思想政治教育中强调供求一致，并不是完全按照大学生的需要来提供思想政治教育资源，他们需要什么就生产什么，而是要对大学生的需求进行正面引导和层次提升，使思想政治教育产品的生产不仅遵循了供求规律，而且符合高校思想政治教育的切实需要。因此，我们提供给大学生的思想政治教育资源首先是能够符合大学生实际需求的，绝不能是无原则地、只是随意迎合学生的任何需求，而是要求必须将大学生的个人需求与高校和社会的整体需求进行统一，从而能够最大限度地满足其个人需求。对于那些不符合高校和社会目标的思想政治教育资源，则应当加以引导和纠正。

（二）成本效益分析理论

成本效益分析是一种通过比较项目的全部成本和效益来评估项目价值的方法，成本效益分析是一种经济决策方法，就是将成本费用分析法运用于政府部门的计划决策之中，以寻求在投资决策上达到如何以最小的成本获得最大的效益。需要量化社会效益的公共事业项目价值就经常用这种分析方法来评估。

随着现代社会经济的迅速发展，政府的职能逐渐多元化，政府投资项目也开始逐渐增多，在政府的实践应用和积极推动下，这一理论在经济运行过程中的作用也越来越明显。这促使广大人民也开始更加关注投资，重视投资项目支出的经济和社会效益。在此基础上，成本效益分析理论在实践方面也得到了迅速发展，现如今这种能够比较成本与效益关系的分析方法已经被世界各国广泛采用并运用于各种领域。例如，成本效益分析法运用在高校思想政治教育领域，这种成本包括思想政治教育的实际成本和机会成本，其中实际成本也叫直接成本，指的是以货币支出的教育资源价值，机会成本也叫间接成本，指的是因资源用于教育所造成的价值损失。也就是说，如果资源不用于大学生思想政治教育，它可能获得的最大的收益。

效益是检验高校思想政治教育资源整合水平的唯一标准。从本质上讲，高校思想政治教育工作的效益是一种精神效益，是人的世界观、人生观、价值观以及知识量、信息量等主观世界的某些积极变化。各类高校思想政治教育资源在形式上有很大的差异性，在作用上也有很强的替代性，必须结合高校思想政治教育实际确定使用哪种资源、使用多少以及选择使用的时机和场合，这就是新媒体时代高校思想政治教育资源整合所需要解决的重要问题，它直接关系到高校思想政治教育的效果。高校思想政治教育资源整合是一个动态的过程，主要是组织和支配各类教育资源为大学生教育目标服务。在资源整合过程中，应该遵照成本——效益分析的方法，使教育资源能够得到有效配置，形成合力，达到事半功倍的效果。

三、教育学支撑

（一）"三个面向"的教育理论

教育要面向现代化，面向世界，面向未来。"三个面向"教育理论是基于我国正处在社会主义初级阶段的基本国情提出来的，是对我国教育事业发展的指导方针、教育的性质和方向的深刻阐述，也由此形成了鲜明的理论主题和科学体系。

随着经济全球化发展的不断深入，不同国家和地区政治、经济、文化的交融与碰撞也日益增强。我们已经不能再以孤立的眼光来看待整个社会，更不可能与世隔绝搞现代化，办教育事业同样不可能闭门造车。"三个面向"的教育理论实质上对教育事业提出了三项要求：第一，教育的发展必须紧密结合社会经济发展的实际情况，与国家的战略目标和战略步骤相适应，按照我国现代化建设的要求培养相应的人才，从而带动我国公民素质在科学技术、文化知识和道德水平上的整体提高；第二，要以世界的眼光和开放的精神来看待教育问题，学会借鉴和吸取世界各国先进的科学文化知识，对于世界范围内全人类共同创造的文明成果要能够为我所用；第三，教育必须在仔细分析自身特点的基础上，认真考虑现代化建设的长远目标，运用发展的思维，使培养出的优秀人才能够适应和满足未来社会发展的需要。

"三个面向"教育理论具有实践性、开放性和预见性的基本特征。它在很大程度上突破了传统高校思想政治教育资源在空间和时间上的限制，指明了高校思想政治教育资源的开发和利用的正确方向。在新媒体时代，高校思想政治教育资源整合必须遵循社会主义现代化建设的一般规律，运用世界性的眼光和发展性的思维来考虑问题，这样才能实现资源整合的科学化和合理化。如果仍旧被限制在传统陈旧的教育思想观念之中，冲不破影响高校思想政治教育资源开发和利用的制度性障碍，就培养不出社会主义的合格建设者和可靠接班人。在对高校思想政治教育资源进行整合时，只有将其置于开放的环境中，将现实与未来相结合起来考虑，才能充分发挥高校思想政治教育资源的实用性和有效性。

（二）生活教育理论

生活教育理论主要包括生活即教育、社会即学校、教学做合一相互联系不可分割的三个方面。这一理论最主要的特点就是主张教育要同实际生活相结合，反对传统教育中死读书的旧观念，更加注重儿童的创造性和独立工作能力的培养。

"生活即教育"是生活教育理论的核心。教育这个社会想象，起源于生活，生活是教育的中心，教育应为社会生活服务，在改造社会生活中发挥最大的作用。"社会即学校"，是"生活即教育"思想在学校与社会关系问题上的具体化。陶行知认为，自古以来，社会就是学校，因为所有的教育思想都来源于社会，所以社会应该是人民大众唯一的、共同拥有的大学校。"教学做合一"，是"生活即教育"在教学方法问题上的具体化。生活教育理论要求学生在接受教育的过程中手脑并用，劳力与劳心同行，这就大大突破了传统教育上只重视学校教育而忽视社会教育，只重视书本学习而忽视生活实践、劳心与劳力相分离的限制，迸发出强烈的时代气息。

从生活教育理论阐发的观点来看，在新媒体时代尤其强调高校思想政治教育的实践活动必须克服传统教育理念上的错误看法，改变过去那种以学科、课堂、教师为中心的传统教育模式，树立起源于生活、最终还要回归于生活的教育理念。我们要深入发掘现实生活中的高校思想政治教育资源，使现实社会生活中教育资源的作用得以充分发挥，对理论教学和现实生活中的思想政治教育资源进行优化整合，努力实现理论教学和现实生活的相互融合与统一。

第二节 高校思想政治教育资源整合的必要性与可行性

一、高校思想政治教育资源整合的必要性

新媒体技术的迅猛发展，为高校思想政治教育活动提供了广阔的空间，但无形之中也增加了思想政治教育的价值实现难度。资源整合的最直接意义就是使有限的资源最大限度地满足人们的需要，使资源利用达到最大化。在新媒体环境下，高校思想政治教育工作要突出资源整合意识，从资源的视角来研究和探讨资源整合对思想政治教育价值实现的意义。实行高校思想政治教育的资源整合，主要基于以下几方面原因：

（一）克服新媒体时代高校思想政治教育资源自身短处的内在需求

长期以来，高校思想政治教育资源存在"三大短处"：

1. 资源短缺

当前，我国高等教育已经进入了大发展时期。大众化教育发展迅猛，一方面是大批中等职业院校升格为高等专科职业院校；另一方面是独立学院的兴起，使得高校数量激增。此外，原有高校不断扩招，促成了庞大的受教育群体。由于高校思想政治教育资源的增长幅度与受教育群体的增长速度不同步，许多高校的思想政治教育资源在短时期内显得相对短缺。因此，实行思想政治教育资源整合不失为解决这一需求矛盾的有效尝试，也有利于促进不同地区思想政治教育公平。

2. 资源发展不平衡

高校思想政治教育资源发展的不平衡主要表现在两个方面：一是地区性不平衡。由于经济和文化发展的不平衡，不同地区的政府和教育行政主管部门对高等教育的财政经费投入有所不同。经过多年艰辛的努力，高校的思想政治教育学科建设取得了较大的成就。目前，全国马克思主义理论与思想政治教育一级学科学位层次已达到齐备的程度，硕士、博士学位点几乎遍及全国各个地区，数量多，分布广。但目前这些研究性环节主要分布在经济较发达的东部和政治文化氛围浓厚的北部地区，一大批有理论素养和实践经验的思想政治教育专家、学者相继向其聚拢。二是领域性不平衡。在社会领域内，社会思想政治教育资源主要有网络、影视、新闻、媒体、书刊、博物馆、纪念馆以及各类标志性建筑物等；社区思想政治教育资源主要有工厂、商店、社区、文化娱乐部门、司法机

关等单位和部门，这些思想政治教育资源内容丰富但缺乏系统性和理论指导作用。而高校的思想政治教育资源虽然较为系统且具有很强的指导性，但缺乏生活气息和吸引力。在不增加或少增加思想政治教育投入的前提下，实行高校与社会、高校与高校之间的资源整合，可以最大限度地发挥现有的高校思想政治教育资源的作用，提高教育资源的使用效率。同时还有利于高校之间交流研讨，促进高校与社区间双向互动关系的形成，改善和巩固高校与社区间的相互合作关系，提高办学效益和教育教学质量。

3. 资源发展存在差异

高等教育的发展类型和层次具有多样性。从院校的生源层次来看，存在着本一批、本二批和本三批院校；从院校的办学性质来看，存在着公办院校、民办院校和独立学院；从院校的办学类型来看，存在着文科类院校、理工科类院校、艺术类院校及综合性大学。各级各类院校在思想政治教育资源方面存在着较大的差别。现实中，各种高校思想政治教育资源分散在不同的地区和不同的单位，受时空的限制无法实现有效聚合。资源整合是通过一定的手段和方式使资源在一定程度和范围内集中。在思想政治教育资源总量一定的情况下实施资源整合，也是各级各类高校解决思想政治教育资源差异性问题的有效尝试。

（二）适应新媒体时代高校思想政治教育资源新特点的现实需要

新媒体时代，新媒体以其海量的信息、迅捷的传播速度、"多对多"的传播方式、受众范围广以及影响结果直接显著等特色，使其在高校思想政治教育中所起的资源性作用正逐渐被认识和重视。新媒体在高校思想政治教育中的地位和作用的显现，赋予了高校思想政治教育资源新的特点：

1. 潜在性

如同其他资源一样，思想政治教育资源无论其存在形态、结构，还是其功能和价值，都具有潜在性，必须经过思想政治教育工作者实施主体自觉能动地加以赋值、开发和利用，才能转化成现实的思想政治教育资源。新媒体时代，高校校园媒体的教育功能需要经过思想政治教育工作者自觉主动地加以开发和整合才能得以实现。

2. 多样性

思想政治教育资源的"客观状态"具有多样性，不同地域、不同时代、不同文化背景下，可供开发和利用的思想政治教育资源不同。新媒体时代，知识层面的、活动层面的以及环境与设施层面的高校思想政治教育资源在概念和外延上得到了拓展。新媒体所承载的内容信息、文化、思维方式及其自身的知识传递的功能性作用，使得高校思想政治教育资源得到了极大的丰富。

3. 动态性

思想政治教育资源是一个与社会资源系统、人的主观价值系统和开发条件等动态适应的子系统，因而不同主体在不同情景下面对可能开发利用的思想政治教育资源是不同的。新媒体的开放、迅捷、及时和海量化信息承载量，赋予了高校思想政治教育资源动态的、开放的和较强情景性的特点，因而必须针对具体的时空条件和情景进行开发与利用。

4. 选择性

思想政治教育资源是客观社会资源经过主体筛选后具有主观性和客观性的资源，其涉及范围广泛，包括制度层面、精神层面和物质层面。新媒体在高校校园的兴盛丰富了高校思想政治教育的手段和途径，扩大了思想政治教育资源的选择性。

（三）加强高校思想政治教育资源利用的必然要求

加强高校思想政治教育资源整合是为了合理地利用资源，使大学生思想政治教育具有更强针对性和实效性。如今的高校思想政治教育资源整合虽然取得了显著的成效，但是在整合过程中仍然存在着一些不可忽视的问题。因此，必须深化对高校思想政治教育资源整合必要性的认识，深刻认识"四个必然要求"：

1. 提高高校思想政治教育资源使用效率的必然要求

一般来说，教育者在高校思想政治教育实践中遇到和直接运用的都是大学生思想政治教育个别而具体的资源形态。但是无论哪种资源形态都不是孤立存在的，而是与其他的资源形态相互依赖、相互支撑，有机结合在一起而形成一个整体。在高校思想政治教育资源整合过程中，存在着现有高校思想政治教育资源的有限性和所需资源无限性之间的客观矛盾。只有在现有的条件下，充分把握思想政治教育资源的属性，正确地审视和理解高校思想政治教育资源之间的内部关系，再进行全面的合理整合与配置，达到资源共享，才能更好地提高高校思想政治教育资源的使用效率。

2. 提升高校思想政治理论课实践教学资源质量的必然要求

高校思想政治理论课实践教学资源的质量，是指思想政治理论课实践教学资源作为一个系统，它的各组成要素能否满足实践教学的要求，以及各要素之间能否实现最优组合，形成合力，使之功能效益最大化。实践教学资源的质量也是影响高校思想政治理论课实践教学环节顺利实施的重要因素。新媒体时代，高校思想政治理论课实践教学资源既有人、财、物等有形的要素，又有教风、学风、校园环境、社会舆论等无形要素，这些要素之间的结构是否搭配合理，既反映了资源本身的质量，又直接影响和制约思想政治理论课实践教学的效果。即各种实践教学资源对思想政治理论课实施所起的作用不是一个简单的、直接的、机械的过程，而是一个有机的、综合的复杂过程。任何单个要素所起的作用都是十分有限的，只有将各种实践教学资源的力量联合起来实现资源共享，才能形成教育合力，达到资源综合利用的最佳效果，而这些只有通过对资源的充分整合才能实现。通过整合，可以将所需要的各种思想政治理论课实践教学资源按计划和要求进行调配和优化组合，使其相互联系、相互作用、相互影响，以提高资源的质量和利用效益，从而实现实践教学的既定目标。

3. 推进高校思想政治教育社会化的必然要求

高校思想政治教育社会化是指高校思想政治教育要适应社会发展的需要，贴近大学生的实际生活，以学校为中心，在全社会共同关心支持下，引导大学生适应社会、参与社会、服务社会，实现高校思想政治教育与社会教育相互渗透、相互作用。高校思想政治教育的社会化从本质上来说就是为了促进大学生的社会化，它不仅是高校的任务，也与各级部门和社会各界有密切联系。因此，社会上的相关部门和相关群体都要关注和重视大学生思想政治教育，特别是要树立全员育人、全过程育人和全方位育人的大学生思想政治教育观念。新媒体的广泛运用决定了高校思想政治教育资源整合方式的多样化，只有通过多样化的资源整合方式，才能达到高校思想政治教育资源利用率的最大化和效益的最优化，从而有力地促进高校思想政治教育社会化。

4. 对大学生进行立体教育和综合培养的必然要求

当前，新媒体的发展进程不断地改变大学生的思想、学习和生活状态，拜金主义、享乐主义和个人主义等社会思潮严重冲击着大学生的思想道德观念，高校思想政治教育工作者必须适应时代发展的要求，以社会主义的教育方针为指导，在大学生思想政治教育实践中，将学校教育、家庭教育和社会教育相结合，形成合力，并将各种校内资源和校外资源进行合理整合，充分发挥高校思想政治教育资源的作用，以提高大学生思想政治教育的适应性和有效性。只有这样，才能对大学生进行立体教育和综合培养，规范大学生的思想和行为，引导其走上符合当前社会主义教育事业发展要求的道路上来。

二、高校思想政治教育资源整合的可行性

（一）需求的交互性为高校思想政治教育资源整合打下基础

高校思想政治教育资源整合的指导思想在于"优势互补、相互促进"。各高校既是思想政治教育资源的供给者，又是需求者，这种交互作用使得资源整合成为可能。不同地区、不同类型的高校在思想政治教育资源方面存在着很大差别，这种差别表现为三种情况：一是学校之间存在着思想政治教育资源的差异性。在大批的研究型院校中，思想政治教育资源优势主要体现在理论研究和学科建设方面。不足之处是教学与思想政治教育的实际工作相脱节的现象较为普遍，学校培养出来的博士大多又继而从事学科建设、理论研究，极少有人投身思政教学和实践工作，理论研究优势没有转化成教育实践优势。从长远看，虽然学科建设最终会大力推进思想政治教育的资源建设，但是近些年来，在客观上造成的现实是大批学者很少直接面对本科生开展思想政治教育工作，脱离思想政治教育工作第一线，思想政治教育资源"流失"。由于马克思主义理论与思想政治教育学科建设，尤其是与思想教育实践相脱节，造成高校思想政治教育资源的结构性"流失"严重；而以教学型为主的大批独立学院和高职高专院校，恰恰弥补了这一缺陷，思想政治教育工作者（教师、行政、辅导员队伍）主要从事一线的思想政治教育工作，体验深刻，其优势在于教育观念开放、实践经验丰富以及思想政治教育信息资源密集。缺陷是队伍偏年轻化，理论归纳和总结能力不强。从整体发展来看，研究型高校与教学型高校实现思想政治资源的优势互补，既是促进我国高校思想政治教育资源均衡配置的必由之路，

也是各高校提高思想政治教育实效性、创新性的现实要求。二是部分高校存在着思想政治教育资源闲置浪费的状况。一些重点院校和有思想政治教育学科设置的文科类院校，其雄厚的师资力量和丰富的实践基地等资源并未得到充分利用，因此愿意以某种方式提供给其他学校使用。三是部分高校的思想政治教育资源不足，存在着共享的需要。以上三种情况使得思想政治教育资源整合存在可行性和合理性。各种类型的高校通过资源整合实现双赢的同时，最终将促进高校思想政治教育整体水平的提高。

(二)有利的政策环境为高校思想政治教育资源整合提供保障

要实现高校思想政治资源教育整合，除了对资源的分布进行分析外，还必须从资源整合的支持系统进行考察。事实上，高校思想政治教育资源能否实现整合，以及在什么情况下能够实现整合往往受环境条件的制约。从我国现有的支撑政策来看，我国非常重视青少年的思想政治教育工作，为大力支持高校做好思想政治教育工作，连续出台了相关文件，并组织了思想政治理论课教材的编写，以及组织骨干教师培训和辅导员队伍培训。各级教育部门也实行思想政治理论课教师全员培训，推行了持证上岗制度。这在高校的各学科领域里是独特的优势，国家和行政主管部门的政策支持为高校思想政治教育资源整合提供了政策保障和便利条件。

(三)迅速发展的互联网技术为高校思想政治教育资源整合提供支持

迅速发展的高校互联网是高校思想政治教育资源整合的技术支持，互联网具有信息量大、信息发布快、可异地传送以及不受时间、空间限制等优点，能够在一定程度上解决高校思想政治教育资源相对分散的问题。高校可利用网络技术来收集思想政治教育的资料，通过网络来丰富思想政治教育资源。目前，全国绝大部分高校都建立了思想政治教育网络或相关的校园网。从硬件设备角度看，当前开展网上思想政治教育在技术上已经比较成熟，我们只需要一些多媒体计算机，开通网络就可以参与高校思想政治教育资源的共建共享，充分发挥各类教育资源在高校思想政治教育中的作用。

总之，高校思想政治教育资源的整合与共享不仅是必要的，而且是可行的。它的必要性会随着高校的改革发展而愈显迫切，它的可行性会随着党建工作内容和技术的双重推进而与日俱增。

第三节 高校思想政治理论课实践教学资源优化整合创新

一、转变思想观念，科学定位资源整合

新媒体时代，高校思想政治教育的环境发生了重大变化，思想政治教育资源整合必须首先从转变思想观念入手，树立整体、全面、开放、效益、发展的新思想政治教育资源观。为此，需要树立"四个资源观"：

（一）树立思想政治教育资源辩证观

确立高校思想政治教育资源辩证观，需要我们正确处理好三个重要的资源矛盾关系：一是思想政治教育资源的有限性与无限性问题，思想政治教育的人力资源、财力资源、物力资源、组织资源等就其物质性而言是有限的，但新媒体所提供的思想政治教育资源以及教育工作者利用资源的潜能是无限的。二是思想政治教育资源的有用性与有害性问题。新媒体所提供的资源海量、鱼龙混杂，既可以成为思想政治教育的有利资源，也可能对大学生造成不良的影响。三是思想政治教育资源量与质的问题。量与质的辩证关系要求我们在不断丰富高校思想政治教育资源的同时，也要不断提高资源的"质"，提升资源的利用率。

（二）树立思想政治教育资源层次观

高校思想政治教育资源是可以从纵横双向划分的矩阵系统。从横向来划分，思想政治教育资源可以分为人力资源、财物资源、信息资源、组织资源、制度资源和文化资源等。就文化资源而言，又可从纵向划分为传统文化资源、国外文化资源与网络文化资源等。思想政治教育资源的层次观要求我们对各个层次的资源进行有效整合，让思想政治教育贴近大学生生活实际，改变过去对有些思想政治教育资源不客观、不现实、理想化过重、人为拔高的情况。

（三）树立思想政治教育资源整体观

新媒体时代高校思想政治教育资源是丰富多彩的，融传统与现代、虚拟与现实、国内与国外、整体与部分为一体。一般来说，教育者在思想政治教育中直接碰到和运用的总是个别而具体的资源形态。然而，无论哪种资源形态都不是孤立的，而是同其他与之

相关的资源形态结合在一起的,这就是资源的整体性质。要提高思想政治教育资源的利用效益,就必须树立对教育资源的整体观,协调好思想政治教育工作者队伍内部以及思想政治教育工作者和非思想政治教育工作者之间的关系,既要看到具体的思想政治教育资源的特性,又要看到相关的各种资源的整体优势,避免资源的重复建设与浪费。

(四)树立思想政治教育资源发展观

由于高校思想政治教育资源是同新媒体的发展和人的发展需要以及教育者的开发能力联系在一起的,因而便具有了历史性质,不仅其品类、数量、规模在不断的变化中,而且其功能也在不断地发展着。思想政治教育是精神文明建设的重要组成部分,客观上应与物质文明和政治文明同步发展。高校思想政治教育工作者应坚持资源化建设导向,主动充实网络思想政治教育资源;同时要擅于将各类信息加以系统分类整理,变信息资源为网络思想政治教育资源。

二、坚持整合原则,规范资源整合

新媒体时代高校思想政治教育资源整合是依据一定的目的和需要而进行的信息加工活动,是涉及技术可行性、整合后的知识间的关系性以及高校教育功能、学生的满意度等多方面因素的复杂工作,所以在整合的过程中高校要制定出相关的原则、标准来对思想政治教育资源的整合过程予以约束、规范,只有这样,才能充分发挥思想政治教育资源的强大功能和优势,更好地为大学生服务。归纳起来,高校思想政治教育信息资源整合原则有以下几种:

(一)开放性原则

开放性是新媒体时代的重要特征。当今世界,全球化趋势日益加剧,只有致力于推进世界思想政治教育资源供应体系和需求市场的共同开放,不同思想政治教育资源才能借助于不断扩大的开放发挥互补效应。任何一个实行闭关锁国、地方保护主义政策的国家和地区都不可能在开放的时代背景中领先。要保证思想政治教育资源开发成果辈出,必须以开放的眼界,放眼整个人类资源市场。具体而言,就是要学会利用国际、国内两个资源市场,加强区域之间的思想政治教育资源整合,实现合理开发、有效使用。思想政治教育资源系统本身是一个开放的体系,它不断地同外界的其他不同系统之间发生着信息交流,实现不同地区之间资源的互补和动态交流。但同时也应当看到,新媒体技术的发展使得高校处于一个开放的信息环境之中,也使高校思想政治教育环境日趋复杂。因此,高校在构建思想政治教育环境中必须坚持社会主义的政治方向,开放高校校园媒体信息,在学生自由的选择接受和发布信息的同时,学校应给予积极的、主流的引导和约束。

(二)创新性原则

创新是一个民族的灵魂和生命力所在。创新就是要突破已有的、不合时宜的旧框框,建立起符合时代新需求的新方法、新体系。新媒体时代高校思想政治教育资源的整合也离不开创新，创新是思想政治教育资源整合应坚持的重要原则。人们总是希望能够看到新闻传媒中有新的东西出现，千篇一律的事物很容易让人产生审美疲劳，导致人们对校园媒体所传播的内容关注度下降，校园媒体的作用就随之减弱。因此，校园媒体思想政治教育资源在进行整合和利用的过程中，应该坚持创新的原则。

（三）系统性原则

高校思想政治教育资源整合是一项系统工程，按系统论基本原理，一方面，高校思想政治教育资源整合系统自身的动态平衡，是维持该系统可持续存在的基础；另一方面，各高校思想政治教育资源系统之间彼此释放的功能应互相契合，建立良性的互馈机制。在教育中，最忌讳的是各种教育因素的无系统性、不协调性所导致的各种教育影响的相互冲突，使教育的效果被抵消，甚至使被教育者产生思想混乱，导致负效应。因此，在系统整合高校思想政治教育资源过程中，应在充分开发和利用人力资源的基础上，使优秀的高校教师掌握和采用最有效的介体资源，创造最有利的环境资源，充分利用雄厚的网络资源、文献资源，有效协调高校教育系统内部各部门、各单位之间的关系，使高校思想政治教育系统的内部各要素目标一致、紧密配合，实现高校的各种思想政治教育资源的最佳整合，以充分发挥高校思想政治教育系统的整体功能。坚持系统性原则，最优化是系统论的一个组织原则，可以理解为选择解决某种条件下各种任务的最好方案，使之在资源整合过程中尽量高效、合理、协调。总之，保证高校思想政治教育资源整合系统的功能契合，保持系统内部的动态平衡，是新媒体时代高校思想政治教育资源配置环境协调发展的最基本原则，应严格遵循。

（四）实效性原则

高校思想政治教育资源整合应以学生需求为出发点和落脚点，只有紧紧把握学生需求，以学生满意的方式提供给他们所需要的信息资源，提高信息资源整合的全面性、综合性、时效性和准确性，才能真正确立在新媒体环境下经得住考验的思想政治教育资源体系。所以，在整合的过程中高校必须站在学生的角度去分析、设计和规划，尽可能地方便学生使用，增强思想政治教育资源检索系统的可操作性和实效性。

在整合高校思想政治教育资源过程中，还应兼顾各种校园媒体的经济性和效率性之间的平衡。根据资源本身的属性特征，高校网络媒体思想政治教育资源的整合必须遵循经济性的原则，充分体现实效性。所谓经济性原则，就是指要追求资源整合能实现的最佳效益，能用最少的投入来追求德育资源价值的最大化，要尽可能用少的物质支出和精力支出，达到最理想的效果，具体包括开支的经济性、时间的经济性、空间的经济性。整合高校网络媒体思想政治教育资源要立足经济性，追求实效性，实现效益最大化。在经费上，要用最节约的开支取得最优化的效果。在人力资源上，要充分发挥学生个体、学生团体的力量，让学生积极主动、有质有量地参与到校园媒体的运作过程中。

（五）科学性原则

在高校思想政治教育资源整合的过程中，高校要对信息资源的整合对象、整合内容、整合方式等进行科学的论证，运用一定的技术手段和方法，确定不同类型、不同层次的信息资源整合的范围、比例，并且制定出明确的计划，科学有效地开展整合工作。只有这样，才能使高校思想政治教育资源得到合理的组合，使整合后的思想政治教育资源取得最好的组织结构和功能，最大限度地发挥新媒体时代高校思想政治教育资源的总体效用。另外，还要看到，由于思想政治教育资源本身以及学生需求都具有明显的层次性、差异性，所以高校思想政治教育资源整合过程中还要按不同类型、不同层次、不同方式进行多维的整合，切忌随意拼凑。

（六）超前性原则

思想政治教育的功能不仅在于处理人们已经表现出来的思想问题，纠正其行为偏差，更重要的是要擅于预测人们的思想走势，可能出现的思想问题，防患于未然。同样，在新媒体环境下，整合高校思想政治教育资源，也必须以超前性原则为指导，根据当前社会的发展趋势和人们思想发展态势，前瞻性地开发未来思想政治教育所需要的资源，从而提前做准备，增强思想政治教育对受教育者的影响。例如，鉴于新媒体技术的发展和互联网用户激增的趋势，当前应该加强对网络技术资源的利用，率先将其引入思想政治教育活动中，抢占思想政治教育网络阵地，让网络成为思想政治教育资源开发的重要内容。

（七）增效性原则

高校思想政治教育资源整合应切实体现以效益为主的原则，即高校思想政治教育资源整合要有利于重新合理地组合现有资源，使其发挥更大的合力作用，实现1+1＞2的增效效应。经济活动讲效益，高校思想政治教育资源整合也要讲效益，任何设定目标的社会实践活动都必须讲求效益。只有重视效益，合理整合资源，避免造成资源浪费，才能达到比整合前增效、增量的目的，最大限度地避免各种资源浪费，提高思想政治教育资源的利用率。

（八）可持续性原则

随着人们对资源稀缺性特点的认识，可持续发展战略逐渐被各国作为国策加以贯彻实施。在思想政治教育资源整合系统中，思想政治教育自然资源、社会资源和人才资源开发都必须严格遵循可持续发展原则，贯穿始终。因此，贯彻可持续发展原则，就是要求思想政治教育资源的整合既要满足当代人进行思想政治教育的需要和愿望，培养有平等公正意识的、能与自然协调的、可持续发展的新人，又不至于违反思想政治教育规律和社会发展的规律，影响下一代人和未来社会的发展。具体来讲，合理整合思想政治教育教育资源，就是要及时确保教育资源的补偿和再生，避免教育资源的缺乏和枯竭，从而保证思想政治教育的"再生产"和"扩大再生产"。在这一过程中，必须注重发展的持续性、稳定性、整体性、协调性等。此外，不仅要求节约利用，合理配置资源，而且要求对资源进行保护和更新建设，做到在整合中保护，在保护中整合。总之，不利于整合的保护是无价值的，不做保护的整合是不可持续的。

三、加强网站建设，充分发挥资源共享的功能

当前，为适应新媒体时代的要求，要通过高校思想政治教育资源整合，突出抓好以下"五个网站"建设：

（一）思想政治教育主题网站建设

高校思想政治教育主题网站，常称校园"红网"或"德育网"（简称主题网站），它以大学生为主要服务对象，以中国特色社会主义理论为构建网络内容的理论支撑，以学生熟悉的网络软件和信息技术为手段，通过开辟喜闻乐见的栏目，弥补现实思想政治教育手段的不足，有目的、有计划、有组织地全方位渗透马克思主义世界观、人生观、价值观，准确传达党的路线、方针、政策和政治主张，帮助学生排除干扰、辨别是非，提高政治思想素质，为实现伟大中国梦而勤奋学习科学文化知识。主题网站是高校思想政治教育的重要载体和集中表现形式，是高校传统思想政治教育的补充和延伸，是传播红色思想的平台、提供师生交流的平台、实现信息共享的平台、引导心理健康的平台、创新思维方式的平台。正因为如此，各级教育行政主管部门和各高校均非常重视加强主题网站建设，从实施的情况看，不少高校建成了有特色的主题网站，网站栏目和网页设计较新颖，内容紧贴时事和学生生活，更新较及时，特别是新媒体技术的充分运用，使网页愈加生动，吸引力进一步增强，网站点击率高，学生受到先进文化潜移默化的感染和熏陶，受到润物无声的效果。这些成功经验值得总结推广。

（二）党校、团校网站建设

高校的党校是在校党委直接领导下培养党员、党员领导干部、教学理论骨干和入党积极分子的学校，是高校学习、研究、宣传马列主义、毛泽东思想、邓小平理论和"三个代表"重要思想、科学发展观、习近平新时代中国特色社会主义思想重要讲话的主要阵地。高校团校是高校对团员骨干和学生干部的培训机构，是高校团组织的一种重要教育组织形式，是加强和改进大学生思想政治教育的重要阵地，对于加强共青团的思想建设、组织建设和能力建设起到了十分积极的作用。积极分子的党性教育具有特殊的教育优势和不可替代的作用。新媒体时代，高校党、团校要充分发挥自身优势，通过开展政治理论的专题课堂教学、以时政热点为主题的研讨会、辩论会、知识竞赛等活动，在提升大学生的思想政治素质上发挥重要作用。一方面，高校的党校、团校是大学生进行理论学习的重要平台；另一方面，大学生参加党校、团校学习还带有一定的学习任务性质，是促进大学生学习理论知识的重要途径。因此，应大力加强党校、团校网站建设，尤其应不断丰富其内容，增强其吸引力和实效性。

（三）党委职能部门学生事务管理服务部门网站建设

党的委员会根据工作需要，本着精干高效和有利于加强党的建设的原则，设立办公室、组织部、宣传部、统战部和学生工作部门等工作机构。各机构在履行其工作职责的过程中，其网页设置的基本栏目除了直接与工作相关以外，还应建有专栏，介绍党的基本知识。这些内容构成了网络思想政治教育资源不可或缺的内容。高校的学生事务管理部门在教育、管理和服务学生的过程中，主要是在校园网上发布大量工作信息，特别是关于学生奖励、活动和违纪学生处分处理的信息，对学生的思想政治教育起着重要作用，构成高校思想政治教育资源的重要内容。

（四）内设教学、科研机构网站建设

高校内设教学、科研单位，包括内设行政机构、科研机构和教学单位。现在高校校园网络的建设除了专题性的网站外，多属于工作平台性质。在这样的架构下，高校内设行政、科研机构的网页建设，多数均没有思想政治教育价值取向的内容设计。但在事实上，这些内设机构网页上的内容，作为一种隐性思想政治教育资源，也应从思想政治教育视角进行建设，使其充分地发挥作用。高校的教学院系作为教育教学的基层单位，其网页建设的学科专业特色较强，与学生所学专业关联度高，学生关注度高，实际浏览次数多。因此，教学院系网页中的党建栏目、学生工作栏目、团学活动栏目等，也应承载大量的思想政治教育资源，成为新媒体时代高校思想政治教育资源的重要阵地。

（五）其他专题性网站建设

在高校开展党建和思想政治工作的过程中，总会结合一段时间的中心和重点工作建设专题性网站，如：在"保持共产党员先进性学习教育""学习实践科学发展观""创先争优""群众路线教育"等活动中，建设保持共产党员先进性教育活动专题网站、学生党员科学发展观学习实践活动专题网站等。在新媒体时代，这些专题网站建设应特色鲜明、主题明确、学生集中关注度高，使其成为开展高校思想政治教育活动的重要载体、高校思想政治教育资源的重要补充。

四、优化资源整合，提高资源利用率

当前优化高校思想政治教育资源整合、提高资源利用率，可从以下几个方面入手：

（一）扩大整合主体范围，充分发挥微观资源和宏观资源的作用

1. 从微观资源方面分析

首先，马克思主义理论课教师应该成为新媒体时代高校思想政治教育资源的主要整合者。马克思主义理论课教师具有丰富的思想政治教育理论知识，具有一定的教学经验，熟悉本校及所属地区的思想政治教育资源分布情况，熟悉学生的思想状况，加之熟练掌握新媒体技术，他们是整合思想政治教育资源最合适的人选。同时，教师本身具有的思想、知识、经历等，其言行、教学方式等都是重要的思想政治教育资源，教师本身是这种

资源的拥有者，当然应该是这种资源的整合和利用的主体。其次，大学生应该成为开发的主体。现代社会的发展，使得新媒体成为大学生生活中不可缺少的部分，新媒体在大学生之间的交流和学习中所起的作用越来越重要，他们在相互交流的过程中既受到新媒体传播的信息影响，也受到对方思想的影响，他们的思想、经历、生活经验等都成为思想政治教育资源。所以，大学生不仅是高校思想政治教育资源利用的主体，同时也应该成为整合的主体。

2. 从宏观资源方面分析

高校领导者和教师（马克思主义理论课外的其他教师）都应该转变各自为政的思想，尤其是学校领导的思想关系到整个学校及校外思想政治教育资源的整合，学校领导首先要重视新媒体时代高校思想政治教育，只有从思想上重视，才能谈资源的整合和利用。学校领导是思想政治教育决策系统的核心，只有重视思想政治教育，才会在制度、规范的制定上有所体现，才会在奖惩等方面进行合理分配，所以学校领导既是制度层面的静态资源的开发者，也是高校思想政治教育人力资源的整合利用主体。学校领导也是校内、外资源整合的协调者。新媒体时代，建立学校、家庭、社会"三位一体"的思想政治教育网络，形成全员育人的局面已是大势所趋。

（二）创新整合模式，实践探索高校思想政治教育资源整合

从技术操作层面探索高校思想政治教育资源整合模式，有"三种整合模式"可供参考。

1. OPAC 整合模式

OPAC，即 Online Public Access Catalog，联机公共检索目录，是高校图书馆进行信息资源整合的最基本方式，值得高校思想政治教育资源整合借鉴。OPAC 书目系统资源整合包括馆内资源整合和馆际间的资源整合两种方式。馆内 OPAC 系统资源整合主要指 OPAC 书目出处与其电子全文图书、电子全文期刊、视听资料的对应链接以及书刊与其评论信息、来源信息的对应链接。学生检索到书目信息后，可以立即阅读书刊的全文，还能浏览与之相关的文字、音频、视频等资源。馆际间 OPAC 系统资源整合主要是通过执行"Z39.50"协议，聚合不同平台上的异构 OPAC 数据库，建立书目整合检索系统。整合后，学生只需通过一个 OPAC 系统界面即可检索到相关思想政治教育的 OPAC 资源。这里的"Z39.50"协议是一个对于整合数字信息资源有重要意义的计算机网络协议，它在信息资源的整合中正发挥着越来越大的重要作用。

2. 跨库检索的整合模式

由于不同的数据库有着不同的编码结构和表达方式，每个数据库使用的检索技术和数据存放格式不同，各数据库以不同的检索界面呈现给学生，学生要掌握这些检索系统的使用方式并非易事。因此，对不同的思想政治教育资源数据库的信息资源进行整合，构建同一个检索平台，实现多数据库的跨库检索。跨库检索的实现机制就是学生登录到同检索界面提交用户名和密码，指定检索配置，提交检索词，选择要检索的数据库和站点、检索方式等，然后提交选择。系统调用每一个选定的数据库和站点，并把检索表达式转化成系统可识别的表达式，让每个数据库自主完成检索过程，数据库返回的是包含有相应记录信息的静态页面。同时，系统还要对各静态页面进行格式转化以及信息解析工作，提取所需要的信息，转化成统一的格式，最后再对检索的记录进行整合排序，把整合好的统一结构的记录提供到统一的检索界面。

3. 指引库建设的整合模式

在网络思想政治教育资源整合过程中，要把杂乱庞杂的信息资源整合成用户易于接收的形式提供给学生，就必须开发出具有二次信息检索功能的指引库。但指引库实际上只是采用超文本技术建立的虚拟数据库，从物理上并不存储各种实际的信息资源，但学生通过对其访问却可以检索到有关思想政治教育的实际资源，即它可以指引学生到特定的网址获取所需要信息。指引库的建立首先要搜索相关网站，这种搜索可以采取自动搜索技术、用户登录和手工查找等方式，然后集成相关站点的相关页面信息和数据库信息，确定检索体系以及所使用的检索语言，同时建立各种索引，如：关键词索引、分类索引等，最后建立便于用户使用的人机检索界面，可使用户直接点击或浏览所要查询的主题。

（三）有效运用资源，增强高校思想政治教育的效益

1. 适用人力资源

人力资源是从事高校思想政治教育的专兼职人员。整合新媒体所提供的高校思想政治教育资源，需要有专门的队伍进行专门的研究和操作。要增强思想政治教育的效益，首要的还是必须充分发挥好人力资源的优势。

2. 善用财物资源

财物资源是构成高校思想政治教育所需要的物力和财力的各种成分的总和。高校思想政治教育的网站建设和技术维护都要依赖于具体形态的物力资源，也离不开高校思想政治教育的经费投入与支持。物力资源与财力资源一起在高校思想政治教育过程中起着一种物质基础和支撑作用。因此，必须确保资源投入的总量与实际需要相适应。

3. 巧用组织资源

高校思想政治教育是高校党政工作的一个重要组成部分，加强和改善校党委的领导，是做好思想政治教育的关键；需要强调的是，大学生党员应以身作则，在思想、道德、作风上自觉成为其他同学的表率。思想政治教育只有在党委的统一领导下，党、政、工、团共同努力，齐抓共管，各部门密切协作，构建一个纵横交错的思想政治教育网络，群策群力才能使大学生的思想政治教育有声有色。

4. 活用文化资源

新媒体时代高校思想政治教育内容是思想政治教育文化资源整合的结果，没有思想政治教育文化资源就没有思想政治教育内容，思想政治教育也就无从谈起。思想政治教育文化资源越丰富，思想政治教育内容的选择性也就越广越充实。因此，我们要擅于借助新媒体技术，大力开发整合思想政治教育的文化资源，为其教育内容改革提供充足

来源。

（四）以校内资源为中心，优化整合校际资源

各高校的思想政治教育资源各有所长，应该在整合利用本校资源的基础上，优化整合校际资源，促进资源共享。新媒体的发展为高校思想政治教育资源共享提供了可能。首先，加强校际合作，促进教师资源共享。教师资源共享形式多样，可以互聘教师、交流思想政治教育经验、跨校选课、进行远程教育等。其次，加强校际资源共享，创造新的资源。各高校思想政治教育资源的整合主体具有各自的思想和智慧，在校际合作情况下，不仅可以整合利用本校资源，还可以利用外校资源，从而可能产生新的想法，形成新的资源。最后，建立以中央网站为中心的高校思想政治教育网络平台。可以建立以中央网站为枢纽、各高校思想政治教育网站为支撑的网络系统，共同组成网站网络，自己作为网络的子系统，可以共享其他网站的资源，这既体现了统一性，又体现了多样性。

五、建立健全管理体制，为资源整合提供保障

（一）要整合好传统媒体与新型媒体资源

网络是报纸、广播、电视等传播媒体的延伸。高校校园媒体在高校文化建设，特别是高校思想政治教育中的作用是通过它的导向性和影响力来实现的，而这种导向性和影响力又要通过校园媒体的整合和延伸来实现。因此，传统媒体作为承担校园宣传工作的首要因素当之无愧。在新媒体技术高速发展的今天，新媒体已经成为我们生活的主流媒体，它不仅对大学生的学习和生活产生重大影响，而且在高校思想政治教育中所起的作用也越来越显著。无论是传统媒体还是新型媒体，每一个媒体都有对自己的定位，即对自身传播的性质、任务、传播对象的规定。如何充分利用各个媒体的资源，充分发挥各个媒体的传播优势，以达到最佳的思想政治教育效果，是高校媒体联动和整合的主要目标。因此，我们要整合好传统媒体与新型媒体资源，通过极强的视觉吸引力和声音感染力，充分发挥两者在高校思想政治教育中的作用。

（二）要实行管理模式的变革

高校的媒体管理工作多由学校党委宣传部或共青团组织、学生工作部门以及学生社团负责，这体现出高校媒体运作中的政治把关性和操作主体的学生化倾向，学生在校园媒体中的主动权在提升，这一趋势有其存在的必要性和合理性。但在新媒体时代，文化多元、信息激增、受众兴趣和选择方式日益多样化，如果一味固守现有管理模式，势必影响到高校思想政治教育资源的进一步优化整合。因此，高校校园媒体有必要实行管理模式的变革，实质性的变革措施就是依据校内各大媒体形态已经基本完备的现实状况，组建校内媒体的综合管理协调部门，统一负责全校各种媒体的有机配合和协调运转，从而形成校内新闻宣传的整体系统合力，打破以往高校报纸、校园广播、电视或校园网络分别由多个部门分散管理、各自为战的格局。只有这样，高校媒体才有可能获得一个较有

利的、有序的、有效的发展空间，并依托其中，扬各自优势，避各自不足。目前，我国许多高校已在实践探索中组建了能较好地实现上述功能的校园传媒统一管理机构"新闻中心"，有了这个机构，党委宣传职能部门对媒体的管理相应转变为对媒体传播内容上的必要指导和要求，相关具体运作则交由新闻中心去实施，从而实现真正意义上的宏观舆论调控。这样，高校校园媒体传播就可以获得更多的、能遵循自身运作规律的发展空间，为其顺应时代发展争取到一个较为有利的环境。例如，将各媒体的新闻资料综合起来，由负责报纸的媒体编辑出版报纸，由负责网络的媒体发布网上新闻，由负责广播的媒体播出一些时事的新闻，由负责电视的媒体制作视频新闻。新闻中心负责新闻采写和平衡协调各媒体，新闻中心的采编人员在熟悉全面工作的前提下，具体负责某项工作，从而使媒体整合的广度和深度得以延伸。新闻中心的运作可以有效地解决稿件的综合处理、相互传递、技术手段、时间差等问题，统一策划和采访新闻、撰写通稿、编排版面，制作节目等相互配合、相互补益，使理论和实践更好地结合。即是说整合后，新闻中心的采、编、播、制作、管理、发行等工作融于一体，成为统一的信息集散地。

（三）要建立健全运行管理的相关制度

高校校园传媒主管部门要统一制定媒体运行、管理的一系列规章制度，保证校园传媒工作的制度化和规范化，以制度建设推动思想政治教育资源整合。第一，重视队伍建设，突出专业化，通过建立人才引进制度，规定校园传媒的用人标准和选拔程序，保证通过竞争选拔专业知识牢固、专业技能扎实的新闻传播人才。第二，建立一套完整的工作制度和纪律，制定校园传媒传播工作中的具体行为规范。第三，建立培训制度，定期或不定期举办业务培训班，以提高校园传媒工作队伍的实际工作能力。第四，建立绩效考评制度，定期对校园传媒工作者的工作进行考核，对在宣传工作中表现突出的，给予奖励和表彰。最后，强化网络监控，有效引导网络舆论等基本内容，从而为高校思想政治教育资源整合提供保障。

六、加大投入，为资源整合提供支撑

加大资金投入，增加高校思想政治教育资源的总供给量。如果没有相应的资金投入，是难以取得所需要的思想政治教育资源的。一些地方思想政治教育资源储备较为丰富，但整合利用不够，其原因常常是缺乏必要的资金投入。因此必须加大投入，以增加高校思想政治教育资源的现实供给量。随着经济的发展，国家应加大高校思想政治教育投入比例，并且要有计划地逐年增加；地方应结合本地经济发展状况和思想政治教育发展需要进行投入，制订切实可行的投入计划，保证投入到位；每个单位应根据自身思想政治教育活动的开展情况来加大投入，进一步完善新媒体技术硬件建设，为高校思想政治教育资源的有效整合提供资金支撑。

七、高校思想政治理论课实践教学资源优化整合路径探析

近年来，高校思政课改革创新包括实践教学取得了显著的成效，然而由于诸多条件

的限制以及时代的加速变革，实践教学依旧是高校思想政治理论课的薄弱环节。目前由于教学资源投入不够、管理制度不完善等原因，思政课实践教学资源分散和资源浪费等制约了思政课实践教学的进一步发展创新。因此，要打破高校思政课实践教学资源整合的瓶颈，厘清实践教学的主体要素和空间尺度，实现资源开发的广度拓展和资源利用的深度提升，进一步实现学校、家庭和社会协同推动，全党全社会关心支持的高校思政课实践教学合力建设，为高校思政课实践教学提供坚实的保障。

（一）高校思政课实践教学资源优化整合：主体要素与空间尺度

高校思政课实践教学资源整合，简单来说就是围绕思想政治理论课实践课程的教学目标，根据一定的原则，运用适当的途径和方法，对现有或潜在的思政课实践教学资源进行合理开发和优化组合，使其能够有效地服务于思想政治理论课实践教学的动态过程。要实现高校思政课实践教学资源的优化整合，首先要厘清高校思政课实践教学资源的主体要素以及空间尺度。

1. 高校思政课实践教学资源整合的主体要素

（1）人力资源

高校思政课实践教学的人力资源是指在高校思政课实践教学之中参与组织、提供服务、给予指导的所有人力要素的总和。其中，思政课教师是主体核心力量，辅导员、班主任和党政干部等校内思政工作者是重要的骨干力量，校外实践指导教师是有益补充。人力资源在高校思想政治理论实践教学中主要扮演组织、领导和评价的主导角色，是其他实践教学资源整合的主体，人力资源的整合程度决定了其他实践教学资源的整合利用程度。

（2）物质资源

物质资源主要指在思政课实践教学过程中发挥作用的物质资料以及校内和校外的实践教学基地等教学场地。物质资源在高校思政课实践教学中主要承担着教学场所和教学工具的媒介作用，是高校思政课实践教学有效开展的重要基础和保障。整合利用物质资源尤其是教学基地的建设等是思政课实践教学的必要物质前提。

（3）文化与活动资源

高校思政课实践教学的文化与活动资源主要指思政课实践教学中所依托的文化因素与活动载体，包括传统文化、革命历史、民风民俗等。思政课实践教学关乎意识形态与思想道德建设，文化与活动资源对于思政课实践教学的内容设计与成果实现有重要的价值引导作用。恰当准确地整合利用文化和活动资源才能更好地实现思政课实践教学引领价值取向的作用。

（4）信息资源

信息资源主要指经过文本化和数字化转变，在实践教学中能够通过多媒体或计算机网络等形式展现出来的信息材料，主要包括各种电子报纸杂志、网络媒体、影像视频资料、讲座、论坛信息等。信息资源是实践教学顺应当前信息化时代发展的必要补充，能够保障思政课实践教学的内容和方法的现实性和先进性。整合利用信息资源是现代思政课实践教学必不可少的要素。

2. 高校思政课实践教学资源整合的空间尺度

高校思政课实践教学是一个多层次的系统。实践教学资源在不同的空间尺度呈现出不同的形态,不同的平台所能够提供的资源种类和资源利用的程度及价值发挥是不同的。

课堂作为高校思政课实践教学的基本单位,构成高校思政课实践教学资源整合的基础空间。实践教学与理论教学是紧密相连的,思政课实践教学以课堂理论教学为基础,理论教学能够为实践教学提供必要的知识和信息资源。同时,思政课教师可以在比较小和易于控制和实施的范围内充分、直接利用各种教学资料和教学工具进行各种小范围的思政课实践教学,如:模拟实践等,使得课堂实践可以在更短的时间周期内持续、有效的开展。同时在课堂中,教师和学生主体通过面对面地交流与合作,能够高效、直接地实现各种教学资源的配置和使用。

学校作为教育教学活动开展的主要阵地,构成高校思政课实践教学资源整合的重要空间。统筹校内教学资源是实现思政课实践教学资源优化整合的重要组成部分。在"大思政"格局指导下,学校在高校思政课实践教学中发挥着越来越明显的作用。思政课教师、辅导员(班主任)、学工部门等逐渐形成了一体多元的高校思政课实践教学队伍;学校基础设施和场所建设构成思政课实践教学的良好环境;学生社团、学生组织、校园活动等为高校实践教学提供了更加多样化的实现平台。同时,依托完备的组织结构与管理制度,学校在人力、组织和物力等方面都提供了体系化的可利用资源和规范化的资源利用环境。

社会作为个人自由全面发展的主要领域,构成高校思政课实践教学资源整合的主体空间。高校思政课实践教学将思政小课堂和社会大课堂相结合,依赖一定的社会情境,依托一定的社会载体,作用于具体的社会群体,展现特定的社会功能,与社会产生必然的双向互动。因此社会形成思政课实践教学的最主要场所,同时社会以其广泛的空间范畴和人员组成为高校思政课实践教学提供了丰富、多样化的教学资源,包括人力资源、物质资源、环境资源等。

网络作为现代高校教学环境的重要部分,构成高校思政课实践教学资源整合的虚拟空间。信息时代和网络技术的发展使得高校思政课实践教学的场域向网络空间扩展。网络空间因其开放性、共享性、实时性、快捷性、互动性、自治性等特质内在包含着思政课实践教学所要求的实践性、开放性和自主性原则。而网络所包含的海量的、即时性的信息和数据为高校思政课实践教学提供了丰富的信息资源,逐渐成为思政课实践教学资源整合的重要空间。

(二)高校思政课实践教学资源优化整合:内向深化与外向拓展

处理好思政课实践教学资源的"无限存在"与"有限利用"之间的矛盾,充分挖掘和开发更加丰富的实践教学资源,同时充分实现现有教学资源的优质管理和高效利用,实现外向拓展和内向深化是高校思政课实践教学资源优化整合的应有之义。

1. 高校思政课实践教学资源整合的内向深化

教学资源整合的目的是要实现资源利用的效能最大化。高校校内和校外已经发掘的思政课实践教学资源是非常可观的，但是因为观念、管理等不足导致了教学资源的配置不合理、低效利用和资源浪费等问题，实现教学资源与思政课实践教学的有机结合和深度融合，是实现思政课实践教学资源整合的内向深化需要直面的问题。

首先，要建立起教学资源整合的意识。正确认识实践教学资源的作用与价值是有效挖掘教学资源的前提，也是优化整合实践教学资源的先导。要树立资源利用的意识，思政课实践教学是需要走出去的教学过程，充足且有用的教学资源建设是必要前提，积极开发和挖掘隐性的实践教学资源必不可少；要清楚明晰人力资源、物质资源、文化和活动资源、信息资源等在思政课实践教学中的地位和意义，合理地将各种资源进行分配和结合，服务于思政课实践教学过程；要树立资源节约和保护的意识，促进思政课实践教学资源的可持续利用。

其次，要提升教学资源利用主体的能力。教师是思政课实践教学的重要人力资源，同时也是整合和利用其他教学资源的主体。因此，在思政课实践教学过程中教师不仅要提升个人的教学能力，发挥好教学主体的作用，还要管理和利用好其他教学资源。同时，教师是教学资源整合利用的主体，但并不是唯一的实施者。各高校教师要树立"大思政"格局下的资源共享意识，积极寻求校内外其他人员的资源共享和协同合作，实现资源利用效益的最大化。

最后，要建立起有效的资源整合和利用制度。资源管理水平是影响资源整合利用水平的重要因素也是必要保障。完善的教学资源整合制度体系包括资源投入保障机制、资源配置保障机制、资源利用保障机制等。通过资源投入保障机制提供专项的经费、人力和教学场地等，加大对思政课实践教学资源建设的投资，保证充足的教学资源供给。制定实践教学资源运用的计划，对包括教学人员、教学工具和教学场地在内的资源进行合理地分配，并对教学资源的使用、消耗和成果等情况进行监督和检查。资源利用保障机制在于对教学资源利用过程中进行规范，保障教学资源物尽其用的同时减少浪费。

2. 高校思政课实践教学资源整合的外向拓展

高校思政课实践教学与时代发展、社会进程紧密相连，我国开启社会主义现代化建设的新征程，这为高校思政课实践教学提供了更广阔的视野，也提出了更高的要求。思政课实践教学资源的整合也面临外向拓展的需求。

首先，树立资源开发的意识。高校思政课实践教学资源范围十分广泛，并且随着时间发展有很大的可变性，因此必须要有主动开发教学资源的意识，根据不断变化和创新的实践教学内容和环境，开发和使用新的教学资源。思政课实践教学资源整合要坚持"走出去"的理念，校外的社会空间是教学资源存在最广泛、形式最多样的场域，要充分挖掘社会资源，将其为思政课实践教学所用。树立资源开发的意识，同时要注重隐性教学资源的挖掘。隐性实践教学资源往往在潜移默化中对学生产生影响，无形地渗透在实践教学中。

其次，要广泛利用社会实践教学资源。高校思政课实践教学涵盖政治、经济、文化、社会等多个领域，贯穿革命、建设、改革各个时期，贯通中国特色社会主义伟大事业和党的建设新的伟大工程。现代社会的开放性和整体互动性特点为思政课实践教学进入社会提供了更加宽广的路径和视域，同时社会包含更加丰富和多样化的实践教学资源。统筹利用校外实践教学资源是必要的举措。可以通过政府支持将社会实践列入政府财政预算，为实践教学提供社会资金支持与保障。通过统筹校内和校外教学资源，形成覆盖高校思政课实践教学全过程的资源体系。

最后，网络资源是当前实践教学资源整合的一个重点。在信息技术高度发达的时代，网络信息资源的开发利用尤为重要。新媒体新技术不仅打破了高校思政课实践教学的工具局限和空间局限，同时逐步融入了实践教学和教学资源配置的过程。一方面，要充分利用网络信息，其丰富性、时效性可以为思政课实践教学提供丰富的信息资源，包括文字资料、视频资料等，能帮助教师和学生更快地熟悉社会热点问题，掌握前沿信息，同时充实教学内容，帮助思政课实践教学能够与时代和社会充分接轨。另一方面，将网络作为实践教学和教学资源利用的新的平台和载体。网络信息技术贯穿于实践教学的各个领域和环节，可以帮助打破实践教学的时间和空间边界，同时实现不同时间和空间内实践教学资源的整合。

在新的历史时期，随着我国经济社会的快速发展和高等教育事业的长足进步，高校思政课实践教学的资源供给得到了有力保障，并呈现出多样性、发展性与交互性的特征与趋势，这为我国高校思想政治理论课实践教学活动深入有效展开提出了新的机遇与挑战。人力资源、物质资源、文化和活动资源以及信息资源在思政课实践教学中都发挥着重要的作用。课堂、学校、社会和网络都是思政课实践教学资源存在和利用的重要平台。整合利用好各个空间尺度内的各种教学资源才能充分实现高校思政课实践教学的目标。当前形势下，树立正确的资源意识，充分利用现有教学资源，做好教学资源的管理和保护，实现资源整合的内向深化。同时积极开发新资源，拓宽外向拓展资源整合的范围和广度，使现有的教学资源发挥最大的价值，形成稳定可持续的资源支撑，提供经费和人员保障，确保更高质量地完成立德树人的根本任务，是推动高校思政课实践教学改革创新和持续发展的必要路径。

第四节　高校思想政治教育"三全育人"资源
整合发展

现如今在高校思想政治教育的过程中要提升教师对于"三全育人"的认知，在开展教育教学时要在"三全育人"的背景之下了解相关教育部门对"三全育人"所提出的相关要求,并以此为背景,加强在高校中思想政治教育资源的整合工作,要求思想政治教育的发展要满足当下社会发展的主旋律,深度探究高校各科教学中所蕴含的思想政治教育资源,并作为提高学生思想政治境界的关键,通过整合丰富思政教育的相关教育教学理论,创建一套完整的思政教学理论体系,进而促进高校学生的全方位发展。

一、"三全育人"背景下高校思想政治教育资源整合的有关论述

(一)"三全育人"的相关内涵

1. 全员育人

全员育人是要求在教育学生的角度来将教书育人的责任归纳到教师队伍当中,主要包括了在学校中的相关学科教师、工作人员、学生的家庭成员以及一些学校内部的社团组织等来构成的相关教育育人机制。在全员育人这种理念之下,要求提高高校思想政治教育工作,要在开展教育的过程当中将学生作为核心,高校内部也应该创建相关的育人理念和规章管理制度。

2. 全过程育人

全过程育人主要是站在时间的角度在包含了从学生入学开始直到毕业,在教育教学的过程当中都要注重提高学生的思想政治水平,以及在开展教学的过程中要贯彻思想政治教育,通过思想政治教育的学习来提高学生的人生观、价值观、优秀品质的塑造。在此过程当中要求所开展的思想政治工作要做到全面协调,在以学生为核心的基础之上,促进学生可持续发展。

3. 全方位育人

全方位育人主要是要以教育为主,通过在各个学科教育的过程当中,融入思想政治教育,进而提高学生的德、智、体、美、劳等"五位一体"的完善以及思想创新意识的提高,这三种育人方式在开展过程中要做到协调发展、互相配合,进而形成院校、社会以及家庭三者协调发展、共同育人的教育教学局面。

(二)"三全育人"的目标以及原则

1. 以"立德树人"为教学前提

在国家的相关教育会议当中,有关部门曾经明确指出要在开展教育的过程中。以"立德树人"为开展教育教学活动的前提。在教育过程中各个环节都要始终以"立德树人"为教学理念,保证在人员、教学空间以及时间的安排上都要贯彻这一理念。"立德树人"主要教学任务是要在教学活动当中重点培养学生的品德,这是开展教学活动的根本,要在所有学科的在教学过程中以提高学生的思想道德观念为主要的教学目标,教师也要以"立德树人"这一思想来开展相关的教学活动,通过相关课程的学习提高学生的思想政治修养,进而促进学生的发展。

2. 以理想信念教育为教学核心

在高校进行思想政治教育教学资源整合的过程中要彰显理想信念教育这一核心思想，通过对学生开展理想信念的教育能够让学生在教学的过程中树立远大的理想以及践行中国梦这一伟大的理念，这样所培养出来的学生才能够成为未来社会发展的栋梁。现如今高校的学生是国家的未来以及各行业的未来发展的主人公。理想信念教育能够提升学生的思想观念，通过帮助学生提高爱国主义思想，进而实现社会以及国家的发展和繁荣。

3. 以核心价值观为教学导向

在高校的教学过程当中要将社会主义核心价值观念作为开展思想政治教育工作的导向，这样让师生通过学习培养三观，增强学生的家国情怀、法治意识以及责任感，促进国家爱国主义教育、安全意识和学生的创新精神，推进社会的道德建设，提高师生的综合素养。通过一系列的教育活动将核心价值观念作为开展教学活动的导向，引领当代高校的学生在教学的学习当中树立起正确的观念。

二、"三全育人"背景下高校思想政治教育资源整合的教学现状

（一）育人与教学未能有效的结合

从当下国内部分高校的教学活动来看，一些学科教师在教学的过程当中，注重学生学科的理论基础培养，并没有在教学的过程中开展相关的德育工作，国家相关部门曾经在教育教学会议上明确指出，要在教育教学的过程当中贯彻落实立德树人的教学理念，但是现在在一些高校当中各学科教师认为对于学生的思想政治教育工作，应该由本专业的辅导员来进行开展，学生只需要在课上灵活的掌握本学科的内容即可，在考核的过程中也没有针对学生的德育水平进行综合性的评价，由此可以看出，高校中各学科教师对思想政治教育并没有提高重视，没有针对各学科中所蕴含的思政教育进行深度的探究，而只是注重各学科基础理论的讲解，对于学生的思想价值观念也没有起到引领和重视，在教学活动和育人工作也没有做到有效的融合。

（二）学科教师与院校管理部门协调不够

第一，在目前国内一部分高校的内部没有注重思想政治教育的开展，由于认识不足使得有很多学科教师认为开展高校的思想政治教育应该由专门的思想教师或者本专业的辅导员来进行负责。在现如今"三全育人"的背景下，有很多教师对于"三全育人"没有进行深入的探究与剖析，也没有和本校的思政教师以及相关专业的辅导员之间进行学术上的交流与沟通，由于协调不够使得思想政治教育与其他学科的整合效果较差，并且在"三全育人"的背景下要求高校中的全体人员都要提升开展思政教育的重视，但是从当下的实际情况来看，还有很多不足；第二，在开展思政教育整合的过程中缺少相关的教学机制，由于当下高校中各门学科的课时安排较少，学习任务量较多，各科教师几乎在校期间将绝大多数时间花费在备课与教学科研上，并没有针对怎样将学科与思政教育进行

有效整合进行分析，教学资源的不对等使得在各个学科教学过程中整合思想政治教育遇到了不小的阻碍；第三，相关开展思政教育的教育工作人员的流动性较大，在业务水平上也有所欠缺，这使得高校思想政治教育活动的开展很难得到有效的保障。

（三）各学科教学过程中没有整合思政教育

现如今高校各个学科的相关教材中在教育内容的设计上几乎很少提及思政教育，即便有所谈及也并没有着重的突出育人功能，造成这样的情况是由于各个学科教师没有注重对学生思想道德的整合。从国内各个高校的学科教材版本中可以看出，相关文史类的教学内容中涵盖了一些德育教学的因素，但是对于工科类的教材却很少能够出现与思政相关的内容，这就使得一些工科专业在开展教育教学活动时对于学生思想道德教育等方面缺少一定的领导性，没有通过课程的开展提高学生的思想道德规范；其次，个别专业教师在学科教学过程当中没有注重学科的核心素养的挖掘与探究，教材内容以及相关教学活动都能够体现学科的核心素养，只有在科研的过程中进行深入的探究才能够发现学科中的育人价值。当下，在各个学科的教材当中，缺少核心素养与理论基础的结合点，这使得在教学中没有彰显一定的育人功能；最后，在"三全育人"的背景下主要强调了教师要在教学实践活动当中开展育人工作，但是从当下的实际情况来看，教师几乎很少通过实践活动来提高学生的学科核心素养以及实践能力。

三、"三全育人"背景下高校思想政治教育资源整合的相关策略

（一）提升学科教师的育人意识

在现如今"三全育人"的背景之下，高校要想有效整合思想政治教育，就要贯彻落实"立德树人"相关理念，不能够仅仅通过思政课程来体现，应该高校各个学科开展学科的教学过程中将学科的教学思想与思政的相关理论进行有效的整合，充分发挥育人的作用。首先要先出台相关的制度，让高校中的全体学科教师提高自身的责任意识。要求高校全体学科教师在进行备课和教研时都要根据思想政治教育结合所教学科的特点来设立一套专项的教育教学体系，这样才能将立德树人的理念贯彻落实到实处。与此同时，高校内部还要对于全体学科教师出台全新的考评标准，在新考评标准当中要新增入各个学科相关思政教育，以此来起到监督和管理的作用，并且通过一定的奖励机制来鼓励各个学科的教师在授课的过程当中要结合思政教育的相关内容来开展一系列的教育教学活动，增强自身的育人意识，提高在教学过程中育人的积极性，实现通过各个学科一系列教育教学活动来达到育人的效果。

（二）提升院校管理人员的责任意识

为了实现"三全育人"中"全员育人"理念对于高校当中的相关管理人员也要提高其自身的育人责任意识。提升在开展育人工作中"以学生为核心"的宗旨，保证在开展管理工作和校园服务的过程当中的育人质量，促进学生全方位发展。

　　为了有效提升相关管理人员的业务水平和道德修养，高校应该根据管理人员的工作内容进行针对性的培训，通过一系列，例如，线上培训、定期开展调研活动以及岗位业务水平竞赛等方式，提高自身的业务水平。为了更好地开展相关的管理工作，在进行管理工作的过程中做好问责制度，这样相应的管理人员在工作的过程当中就可以通过自己的职业素质，带给学生最优质的服务体验。通过设置问责制度，可以在进行管理的工作过程当中始终牢记思政教育宗旨，当学生遇到困难的时候也能够通过自身过硬的业务水平来帮助学生解决问题。

（三）将优秀传统文化融入思想政治教育

　　在高校的教学过程当中要将优秀的传统文化与思想政治教学活动进行整合，通过一系列的传统文化课程来贯彻思想政治教育。现如今在国内的思政课当中主要是针对马克思主义哲学、近代史等一些法律基础课程进行相关的讲解，对于一些优秀的传统文化课程却没有相关的课时安排。因此，高校可以根据自身的实际情况增设一些传统文化的选修课程，将思政教育与传统文化进行有效整合，通过课程的设置来让学生在学习过程中加强对于传统文化的了解，这样通过彼此之间的整合以及学生的学习能够提高学生的思想道德观念，达到"立德树人"的教育教学目标。在高校基础设施建设过程中一定要突出传统文化，让学生在一个充满传统文化的教学环境当中学习，自身的思想道德观念自然就会受到一定程度上的影响。在进行基础设施建设的过程当中，要处处彰显传统文化的特点，例如，可以在教学楼的进门处张贴传统文化的诗词和标语，在校园内部树立中华民族英雄人物的雕塑。与此同时，在一些重要的中国传统节日中可以举办与传统文化活动，例如，诗词朗诵、周末论坛、红歌会以及优秀爱国影片观影活动等，让学生通过丰富的院校活动来感受传统文化中所蕴含的思想道德精神。

（四）将时代精神与思想政治教育相整合

　　在国内的一些高校当中所开设的思政课程主要是注重培养学生的思想政治观念以及学习相关的马克思主义哲学，要求学生通过课堂的学习能够完成教师所布置的教学任务，但是从当下来看，在思政课程的讲解过程当中却几乎很少对现阶段国内所弘扬的"时代精神"进行专门的讲解。

　　随着素质教育的推广以及时代的发展，在开展思想政治课程的教育过程当中应该针对其教学内容进行革新和完善，这样是为了最大限度地提升思政教学的学习氛围，如果在开展思政课程的教学过程当中开设"时代精神"这一教学话题的讲解，能够在提高学生学习乐趣的同时还能够培养学生吃苦耐劳、勇于拼搏的精神。将时代精神与理想信念教育相结合，理想信念是实现自身理想的主要动力，在新时代下国家所制定的两个百年目标，离不开当下学生的共同努力。而时代精神当中精益求精等这些相关教育部门要求学生所具备的品质正是未来推进国家发展以及社会进步的精神动力。对此，在教学过程当中，将时代精神与思政教学理念进行整合能够不断地要求学生提高自身学习能力，同时，还要注重自身思想道德观念的养成，实现"立德树人"的教学目标，提升优良的校风以及积极向上、精神饱满的学生面貌，促进高校学生全方位发展。

（五）传统思政教育与新兴教学模式相整合

现阶段院校在进行思政理论教学的过程中，由于其教学模式的改变以及社会的进步，以往的单一的教学模式很难有效提高学生的学习效果，所以在实施思政教育的过程当中需要与新兴的教学方法进行融合，丰富思政教育模式。在现如今"三全育人"的背景之下，思政教育的主要任务就是为了实现社会的进步，提升学生的思想政治观念，培养新时期的人才，提升学生的核心价值观念，因此要想提高高校思想政治教育过程当中育人教育活动的主导性就要采用不同的教育教学方式。教师在开展思政教育的过程当中可以利用现如今新型的多媒体教育来进行开展，这样通过信息技术中的庞大教学资源，能够给思政教育提供一个新的参考，丰富教师的教育教学资源，拓展学生的学习视野，这样才能够确保所开展的思政教育具有一定的时代感和与创新性，也能够提高学生在思政教学过程中的学习乐趣。

综上所述，在现阶段高校思想政治教育工作的整合是一项复杂的教育教学工作。在现如今"三全育人"的背景之下，要将思政教育资源进行有效整合，提高各个学科以及高校相关管理人员的责任意识。在开展教学的过程当中，通过与传统文化进行有效整合，利用当下社会的时代精神来促进学生思想政治观念的提升，通过学科之间的互相融合，运用新兴的教育手段，进而提高学生的思想道德观念，使其能够全方位发展。

第五章 高校思想政治教育的现代化转型与发展

第一节 高校思想政治教育现代化转型的发展理念

思想政治教育是社会的一部分，社会变化决定了思想政治教育的变化。随着传统社会向现代社会的转变，思想政治教育也会发生转变。社会转型在本质上是社会结构的转型，同样，社会结构转型促使思想政治教育结构转型。思想政治教育转型的核心是思想政治教育结构转型。

一、思想政治教育社会结构的改变

依据社会学社会转型理论，社会转型本质上是社会结构的转变。思想政治教育现代转型不仅仅是发展变化，而是结构性的转变。改革开放以来思想政治教育得到很大发展，取得十分可喜的成果，同时这种转变远远跟不上社会对思想政治教育的需要，远远跟不上思想政治教育面临的巨大挑战。长期以来，思想政治教育远远不能适应社会的变化，难以从社会挑战中走出来，与思想政治教育转型滞后有很大关系。思想政治教育必须自觉地推进这种转型，使之迅速跟上时代变化和社会转型，实现思想政治教育的主动。中国社会正在发生巨大的转变，本质上是社会现代化。

（一）时代变化

这里所说的时代，是指时代的主要特征。中国社会正在由传统向现代转变，同时出现后现代现象。中国的现实社会，是传统性、现代性和后现代性叠加存在的社会，但现代性处于主导地位。城市化、工业化以及科技、教育、知识、文化、理性、消费，以及人的因素、环境、生态、知识社会、信息社会、消费社会、风险社会、全球化或世界社会等因素成为社会的基本因素。

（二）社会变化

核心是社会结构的分化与转型。社会结构发生分化，大量社会要素本来具有内隐性特征，在社会上并没有占据位置，现在已成为显性因素，这些社会因素不仅在社会系统中凸显出来，而且占据重要位置，发挥重要作用，这是造成社会多样化的基础原因。

（三）力量变化

由体力到机器、由资本到智力，知识在现代社会的地位越来越重要，越来越成为重要的力量。这是社会和人对文化提出了更高要求，是知识因素对社会、人的影响，进而人和社会对思想政治教育提出要求。这些构成思想政治教育的客观环境。从社会视角看，思想政治教育由传统到现代的转型是由中国社会向现代转型所致。

二、思想政治教育现代转型的提出

改革开放以来，随着社会条件的变化，思想政治教育不断进行改革创新，努力适应社会环境、对象需要和自身工作的需要，得到创新、发展和加强。特别是在高校系统，采取一系列措施，从学科建设到队伍建设，从课程建设到师资培训，从制度建设到机构设置，大学生思想政治教育得到了明显加强和改进。但就社会环境而言，思想政治教育面临新的挑战，有些情况甚至比以往更加严峻，使工作变得更加困难。社会上存在否定思想政治教育的思潮，思想政治教育机构数量也在萎缩。思想政治教育需要相应的社会文化生态，只有社会子系统领域开展思想政治教育，与社会大系统领域思想政治教育文化做到相互呼应，才可能实现思想政治教育取得良好效果。

改革开放以来，为了适应社会主义现代化和社会主义市场经济发展，推进思想政治教育的加强和改进，思想政治教育领域提出了诸如转变论、创新论、发展论、改革论、加强论、改进论、现代化论、科学化论等，对思想政治教育现代化科学化进行了广泛探讨，发挥了积极作用。从现实和理论上进行了分析，提出了"从传统思想道德教育向现代思想道德教育转变"的任务。

三、思想政治教育结构转变

（一）思想政治教育现代转型

现代转型同样是思想政治教育结构的转变。思想政治教育结构本身是一个需要探讨的课题。思想政治教育结构包括外部结构和内部结构两部分。思想政治教育是做人的工作，做人的思想的工作。这类工作不只是思想政治教育在做，其他社会活动，至少与人有关的社会活动都在做。有人的地方就有思想政治教育，人人都是思想政治教育对象，人人都是思想政治教育者，全社会共同来做思想政治教育，思想政治教育分为专职人员和兼职人员等，这些观点都是这种情况的体现。这表明，思想政治教育并不是思想政治教育一家在做。除此之外，还有许多社会主体在做思想政治教育。众多社会主体做思想政治教育所形成的关系，我们称为思想政治教育的外部结构，形成了思想政治教育的外部格局。在计划经济体制条件下，思想政治教育由党委来做，而党委宣传部门又是思想政治教育专门管理部门，全社会思想政治教育具有主体单一性和活动统一性的特征，构成思想政治教育单一格局。

改革开放以来，社会现代化造成社会多样化，这种多样化造成思想政治教育多样化。各种社会主体在社会中的活动，名义上并不称为思想政治教育，实际上具有思想政治教育功能，有些实际上就是思想政治教育。新出现的社会组织和活动（精神文明办公室及其精神文明创建活动、志愿者组织及其志愿活动、民间社会组织及其公益活动等）使政府的思想文化功能也在新社会条件下突出出来，它们与原有组织及其活动（党委系统、工会、共青团、妇联等）共同构成新社会条件下思想政治教育新格局。显然，全社会的思想政治教育格局已经突破了过去宣传部门专门管理的局面，形成了多样化格局。

（一）思想政治教育内在转变

思想政治教育是一个系统，是由多种因素共同构成的整体。思想政治教育系统在社会现代化过程中发生变化，包括要素发育、要素之间关系的调整、整体形态的变化。例如，思想政治教育工作者要素，思想政治教育专职人员群体过去只有专职政工人员，主要是思想政治教育实际工作者，现在已经由专职政工人员、教师、研究工作者三类人员所组成。又如，思想政治教育科学化获得长足发展，设立了思想政治教育学科，建立了思想政治教育人才培养体系，形成了思想政治教育专家，发表出版了一批思想政治教育学术论著。思想政治教育要素之间的关系也在调整。首先是分化，整体性结构（要素）分化为功能分工明显的结构（要素），如：对象、内容、机构；不同领域、不同层次、不同对象、不同内容的思想政治教育有了区分，不同层次、范围、对象、目的、任务，以及不同的地域、机构、社会组织的思想政治教育有了明显的区别。其次是调整关系，思想政治教育要素在思想政治教育系统中的地位和作用发生了变化。从思想政治教育整体形态来看，思想政治教育知识已经由经验形态向科学形态转变，思想政治教育的学术性、科学性、现代性初步呈现，思想政治教育科学性更加彰显，思想政治教育正在由传统形态向现代形态转变。

上述情况表明，思想政治教育必然要发生转变，而这种转变不是简单的变化和发展，而是转型。思想政治教育现代转型①从思想政治教育与社会的关系来看，思想政治教育是社会的一部分，思想政治教育系统是社会系统的一个子系统，社会结构改变，思想政治教育必然会发生改变。反之，思想政治教育不改变，就会受到来自社会其他方面的压力，甚至被社会所淘汰。②思想政治教育自身也是一个系统，是结构性的组成。思想政治教育在社会转型影响下改变，必然促使思想政治教育结构的改变；而且也必须是思想政治教育结构的改变，若没有达到结构的改变，思想政治教育仍然不能适应社会，思想政治教育所受到的挑战或压力就得不到解除。思想政治教育应主动认识和推进现代转型，用现代思想政治教育发挥思想政治教育的作用，为社会提供智力支持、精神动力、思想保证和文化条件。

思想政治教育现代转型随着社会现代化而产生，社会现代化属于社会变迁。社会变迁有两种类型：一种是发展性变迁，另一种是转型性变迁。在发展性变迁情况下，社会变化基本上是由于社会变革所带来的显著、巨大的经济增长与发展所引发和促成的，是伴随着人们物质生活的不断充裕与富足而得以实现的，表现在生产要素的更新和生活方式的转变方面，诸如技术的更新与传播、贸易与市场的扩展、人口的自主流动以及社会的不断开放，它更多的是一种自在自为的社会过程。在转型性变迁情况下，社会变迁的根本成因在于社会结构和制度的转变与更新，在于各种社会关系和社会规则的转变与整合，表现在社会资源的占有与分配、身份地位和权力声望的社会构成的变化，尤其体现为价值意识即人的意识参与社会转变的社会过程。转型社会的变迁不仅要改造社会原有的社会组织格局，更是重新构建起新的社会组织格局，从而实现从旧秩序社会通过转型走向新秩序社会的变迁。这种社会变迁将是深刻的具有根本性的变革，它所带来的影响也是广泛和深刻的。思想政治教育现代转型属于转型性变迁，会带来非常深刻的变化。对此，我们应有预见和准备。

第二节 信息时代高校思想政治教育的话语转型

高校思想政治教育话语是教育主体向教育对象传达主体观念的特殊符号系统，具有明确的意识形态性，由政治话语、学术话语和生活话语共同组成，能够帮助学生更好地理解和接受思想政治理论与观点。信息时代下，高校传统思想政治教育话语体系受到多种外部因素的冲击，在话语体系的完整性、话语内容的准确性、话语载体的时代匹配性等方面均有所弱化。信息技术的进步加快了信息传播的速度，为思想政治教育话语内容的完善提供了有效的工具支持。信息传输速度的提高和现代信息传播方式的不断更新，为各传播领域内的话语创新提供了更多的可能。因此，高校要推进思想政治教育话语的转型和优化，以适应信息时代思想政治教育环境，保证思想政治工作的质量。

一、信息时代对高校思想政治教育话语的冲击

（一）高校思想政治教育话语体系的构成

在思想政治工作和教育领域中，话语通常是指教育主客体之间沟通时所应用的具备陈述属性的符号序列，高校思想政治教育话语体系一般由四种要素构成。一是话语主体。作为高校思想政治教育内容的传授者，合格的话语主体要对话语内容具备足够的认知，熟练地掌握话语表达方式。二是话语内容。话语内容包含高校思想政治教育所应传授的意识形态、思想、价值观念与政治观点等。三是话语方式。话语方式是高校思想政治教

育话语内容的呈现、表达与传播方式,有效的话语方式能够提高思想政治教育话语内容的传播效率与广度。四是话语情境。高校思想政治教育主体要能将思想政治教育话语内容与生活、工作实际联系起来,构建生活化的话语情境,帮助受教育者正确理解话语意义。因此,话语主体需要考虑时代发展和变化,构建符合现实生活和时代特征的话语情境,以此提高学生学习的积极性以及对思想政治教育活动的接受程度。

(二)信息时代高校思想政治教育话语主体的权威性降低

话语主体是构成话语体系的关键部分,是选择话语方式、处理话语语境、传播话语内容的核心主体,在高校思想政治教育中掌握着领导权、引导权和支配权。在信息时代下,学生自主接触新思想、新观念的渠道丰富,而教师以往的话语表达方式和应用经验不能很好地满足他们的对话需求。与此同时,高校思想政治教育主体的话语权利与话语权力均发生变化。一是在话语权利方面,思想政治教育话语主体的话语权利由思想政治工作上层组织、本级教育机构赋予并给予保障。在信息时代下,教师自身观念、素养发生变化,部分教师对话语权利的认知出现偏差,阻碍了话语主体的能力提升,也影响了思想政治教育效果的实现。二是在话语权力方面,话语权力本身是话语权威性的一种体现。信息时代下,学生容易受到纷繁复杂的思想观念的影响,且部分教师在思想政治教育话语表达中,不能充分发挥马克思主义中国化理论的引领作用,导致思想政治教育话语权力的弱化,削弱了思想政治教育话语的权威性。

(三)信息时代高校思想政治教育话语内容更新滞后

虽然高校思想政治教育在内容选择上始终坚持方向性、时代性和创新性,但在具体的思想政治教育实践中,思想政治教育话语的内容创新相对滞后,存在与信息时代不匹配的情况。一是话语内容结构的个性化处理不足。信息时代,大学生的自主意识明显增强,他们具有更加突出的个性化话语表达需求。传统高校思想政治教育话语在内容选择方面更倾向于选择理论性、灌输性文本,导致思想政治教育话语内容结构中的政治话语与生活话语不均衡,偏离学生的现实生活,难以满足学生个性化的话语需求。二是话语内容创新不足。思想政治教育话语与中华优秀传统文化的融合水平有待提升。高校思想政治话语内容以理论为主,未能实现与中华优秀传统文化的有机融合,缺乏深厚的文化底蕴。三是高校思想政治教育话语内容面临着外部渗透等挑战。信息时代下,西方意识形态渗透和各种社会思潮入侵问题日益严重,西方政治话语内容可以通过信息媒介渗透到高校校园之中,而大学生又恰好处在价值观形成的关键时期,更容易受到非主流意识形态和不良思想观念的影响,不利于高校学生对思想政治教育话语内容产生认同感。

(四)信息时代高校思想政治教育话语方式无法满足学生需求

信息时代下,思想政治教育环境越来越开放,新媒体的广泛应用不断改变着教育主客体之间的信息获取方式和交往方式,教育者不再是教育信息的绝对掌握者,受教育者也不再是完全的被动接受者。受教育者渴望参与、期望互动,并希望得到理解和尊重。

然而，当前高校思想政治教育仍倾向于选择课堂、讲座等单向灌输的话语方式，教育主客体之间缺乏平等的对话和沟通，教育双方仍存在一种权威性和服从性的关系。这种缺乏互动性、忽视学生主体性的话语交往方式已无法适应新时代出现的新情况和新特点，也无法满足学生的参与需求。

（五）信息时代高校思想政治教育话语语境的现实变化

在思想政治教育过程中，建构合理的话语语境，有利于充分发挥思想政治教育的引导、规范作用。但部分高校思想政治教育者未能重视教育话语的语境构建，例如，思想政治教育活动中结合时代背景的案例教学较少，部分教师不能从学生角度出发，只一味强调坚守正确价值观，而不去解释坚守正确价值观对学生未来成长和社会发展的具体意义，很难真正唤起学生对思想政治理论的认同；信息时代下异质话语在互联网传播，部分教师错误地运用国外环境和现实来构建思想政治话语语境，导致了语境混乱，冲击着学生的思想观念与价值取向，阻碍了学生正确价值观的树立。

二、信息时代高校思想政治教育话语转型的对策

（一）高校思想政治教育话语主体的话语权保障

为保障思想政治教育话语主体的话语权力，使高校思想政治教育坚持正确的价值导向，一方面，教师要进一步提高理论水平与自我认知，坚持立德树人的根本任务，树立从学生出发的教育理念，保障学生的话语权，主动了解学生学习和发展的实际困难、具体需求、习惯变化等，构建符合大学生需求的思想政治教育话语体系。另一方面，教师要形成与时俱进的话语观念，积极学习并运用信息时代的传播工具、媒体形式对思想政治教育内容进行加工，以学生易于接受的形式解析重大事件或社会问题，深化学生对思想政治理论内涵的认识，提高学生运用思想政治理论解决个人学习、生活和工作的实践能力。

（二）高校思想政治教育话语内容的坚守与拓展

信息时代，高校思想政治教师应坚持核心的思想政治教育内容不变，在保证思想政治教育内容正确性的前提下对其进行创新，以适应新时代的发展趋势，提升其应对外部话语冲击的能力。高校思政课教师要敢于"吐故纳新"，推动思想政治教育话语内容的精简与结构优化。一是"吐故"。将一些相对陈旧的以及与大学生关联性弱的话语内容剔除，同时以百年党史学习为基础，对相对陈旧的思想政治教育话语内容进行现代化转化，使学生树立对思想政治教育理论的科学认知。二是"纳新"。高校思政课教师要乐于"探索创新"，推动思想政治话语内容的拓展与创新。教师要积极吸纳信息时代的特色话语、生活化话语，并将其与思想政治理论相结合，构建思想政治教育话语体系。一方面，要对思想政治教育话语内容中理论灌输、观念说服的话语内容和形式进行创新，运用思想政治理论分析学生想要了解或关心的社会热点或焦点问题，引导学生真正结合现实进行

思考,提高其思想政治实践能力,将其从教育受体转变为学习的主体,有效提高学生对思想政治教育内容的接受度。另一方面,教师在为高校思想政治教育注入新的话语内容的同时,也要深刻剖析一些西方话语中存在的内在矛盾和错误,抵御外部话语对我国思想政治教育话语内容的冲击。

(三)高校思想政治教育话语方式的改进与创新

首先,创新话语交往形式,将以往的"指使式""命令式""规约式"的教育沟通方式,转变为更委婉且温和的"说服式""劝导式"的教育沟通方式。通过对话语沟通方式的改进,使思想政治教育话语形式更好地适应不同学生的个性特点,消除所谓的"话语霸权",使师生处于相对平等的地位。由此,学生不再是"被教化"的对象,而是主动探索思想政治理论的主体,能真正将思想政治教育内容"入脑""入心"。此外,不同高校的教师也应根据学生的知识水平和学习环境等差异,有选择地使用沟通方式,提高思想政治教育实效。其次,创新话语表达方式。高校思想政治教育涵盖的理论内容较为丰富,在教材文本体量的限制下,许多理论内容被高度抽象化、凝练化,教师如果采取"照本宣科"的话语表达方式,容易导致部分学生出现认知和理解障碍。因此,教师首先要了解学生的认知水平、思维和理解能力,合理运用学生易于接受的通俗话语(如:网络流行语、生活实例等)对话语表达形式进行创新,在理论解析和生活运用之间找到关联点、契合点。采用教育对象喜闻乐见的方式对话语进行通俗化表达,提高话语表达的亲和力和针对性。最后,创新话语传播方式,充分利用新型信息传播媒介来提高思想政治教育话语的影响力。高校思想政治教师要充分利用可视化的信息媒介制作和呈现思想政治理论内容,借助短视频、流媒体等独特的碎片化传播方式,将思想政治理论话语以更直观的方式渗透到大学生生活的各个领域,提高思想政治话语在学生中的影响力。

(四)高校思想政治教育话语情境的营造

高校思政课教师要正确认识时代发展需求,构建更符合时代特征的思想政治教育话语情境,以此提高话语内容的说服力,使大学生更容易接受思想政治教育话语所传递的思想与观念。在实际教学活动中,教师要多地关注社会问题和学生普遍关心的问题,尝试从学生的角度思考,了解学生对"思想政治理论解释和分析社会问题"的期待,营造贴近学生现实生活的话语语境,使师生在生活化语境中,实现深层次的沟通与情感共鸣。例如,在民族复兴背景下,教师可以从青年使命担当的视角出发,分析社会发展的现状、问题和未来进一步发展和改革的方向,使学生真正意识到坚持正确的价值观念和政治立场对社会发展、自身发展的重要意义,激发其对思想政治教育话语的认同感与实现自我发展的动力。

第三节 社会转型与高校思想政治教育现代化转型

高校所进行的大学生思想政治教育工作是一项很复杂又具有系统性的工作，一旦将其中的一个环节进行改变，势必会引起整个系统出现问题，需要进行调整。大学生思想政治教育工作环境在网络的指导下所出现的各种变化与特点，也同样会改变进行的思想政治工作，并带来新的挑战。

一、各种信息对教育的影响

（一）海量信息造成选择的干扰

随着网络的高速发展，各种信息量剧增以及各种信息污染的出现，对大学生思想政治教育尤其是在价值的判断方面产生了干扰。网络使海量的信息涌入人们的视野中，这种日益膨胀的信息开阔了人们的眼界，同时也为人们在分辨和筛选信息的过程中带来了困难。由于信息量太多太滥，往往会让人无所适从。

由于信息控制和过滤技术相对滞后，这将导致很多腐朽的思想，如：暴力、色情等流布在日常的信息中，严重污染了人们对信息的使用度，以及信息本身具有的实用性，不利于大学生对知识的吸收。特别是对一些思想觉悟低和抵抗能力差的学生来说，这种信息可能会造成严重的后果，对大学生思想政治教育形成了不容忽视的挑战。

（二）无国界性带来新的冲击

外来文化的与日俱增对大学生思想政治教育造成了强烈的冲击。网络本身就是在全球化背景下形成的，尤其是在一些超越地域、民族、语言、国籍的障碍下，更容易被人们所接受。美国作为国际互联网的发源地，是掌握互联网核心技术最多的国家。有学者指出，人们已经进入了交互网络时代，即进入了美国文化的万花筒中。

这种文化融合对促进民族进步有着积极影响，同时其负面作用也是显而易见的。国际上处于支配地位的国家不会忽视意识形态领域里的"殖民主义"，某些外国传媒刻意夸大我国的阴暗面，甚至无中生有、造谣惑众，还会勾连国内外敌对分子制造政治事件。

因此，必须采取积极有效的措施保护中华民族文化，确保我国的文化安全，同时针对信息社会的特点改进思想政治教育工作，特别是要加强对年轻的"网上一代"的教育。

（三）不良传媒带来消极影响

市场化进程中的不良倾向弱化了大学生思想政治教育的影响，同时这种影响正在被互联网日益地放大。在我国在市场经济化的进程中，一部分传媒媒介和个人为了自己的利益，争取更多的受众，大多采取的是迎合消费的方式来推销自己。难以全方位有效监督互联网上各种庸俗、虚假的内容信息，这些都严重地影响了大学生受众的身心健康，削弱了大学生思想政治教育的影响力。

（四）"去中心化"影响大学生的价值选择和判断

网络时代的发展充分显示出时代的特点，有效提高了信息的传播速度，体现了主体的多元化性。大学生正处于心理与生理共同发展的时期，会很自觉地参与到无中心的状态中去，进而成为话语主体，并成为信息主体。同时又因为网络在发展的过程中速度快捷，造成信息在传播的过程中形态和路径发生了根本性的改变，出现了"去中心化"的特点。

对于现在的大学生来说，都比较喜欢新鲜的事物、追求时尚和刺激，大学生由于社会经验不足，缺乏明辨是非、评判真假善恶的能力，因此容易被社会上的一些事物所煽动，将认为制造的误导视为标准和乐趣而盲目地追随，这就给高校大学生思想政治教育工作制造了难题、提出了考验。

（五）"反权威性"削弱了思想教育工作者的主导性话语权

由于网络具有"平民化"与"草根性"的特点，进而导致了使用者在使用的过程中产生了一定的"反权威性"的心理。这主要是因为人们能够利用网络来实现自我的需求，同时能够加大学生所具有的判断能力，大学生能够进行自我表达，不再利用传统的思想路线进行判断，通常会利用网络来表达自我的思想与观念。

在网络时代发展下，大学生借助娱乐化和碎片化的形式进行阅读，对社会上的一些问题都要阅览，因此对于传统教育下所强调的思想上的深刻性、逻辑性和内容上的全面性都被置于边缘化。

受教育者从前所具有的习惯是"遇到问题问老师"，进而在网络的影响下直接"问百度"，将教师之前所传播的"主流价值观"已经转变为"将信将疑"的态度，甚至出现了信任危机，对于学术权威不再具有敬畏与仰视。

（六）"超现实性"弱化了思想政治教育对大学生的道德约束功能

由于网络是虚拟的，进而在传播的途径上都有一定的虚拟性，使用网络的人都具有较强的隐匿性，所以在网络世界和现实生活中二者都具有不同的精神体验。人们在现实世界中所不敢从事的事情，都敢在网络上进行表达，能够找到发泄自我的办法。

网络发展快，各种信息良莠不齐，面对这个复杂的大染缸，无数的网络群体为了实现自我非理性的需求或者是各种冒险的心态，就会做出突破社会底线的事情。尤其是大学生，正处于心理不成熟的时期，人格方面都尚未稳定，因此他们的世界观、人生观以及价值观更容易被外界所改变，容易被煽动，同时又由于相关的法律规定不是很完善，网络监督管理上出现了很多难关，网络的"超现实性"大大弱化了思想政治教育工作对大学生的道德约束功能，使大学生极易沦为不良信息传播的主体，这无疑为大学生思想政治教育工作增添了极大的障碍与阻力。

二、网络信息传播的影响

（一）网络信息传播的"开放性"对大学生思想政治教育的舆论导向提出了挑战

每个国家间都有自我不同的精神意识，意识形态工作注定是一场看不见硝烟的战场。对于我国来说，意识形态和舆论导向都具有一定的主动权，并逐渐演发得更加激烈。同时我国的领导人都很重视对意识形态、舆论导向的掌握，并在多种场合下提出：要有效地把握好时代的舆论导向，站在时代的潮头。

在传统的媒体时代下，每个国家的思想传播都是在比较密闭的情况下进行的意识灌输，一些外来的意识形态对于本国的冲击是比较小的，但是在网络的不断发展下，这一情况发生了改变。网络所具有的开放性和共享性使各种意识形态都可以借助网络平台实现信息的传递和传播。

由于大学生在社会生活等方面还缺乏一定的经验，所以在遇到一些不健康的信息时，容易丧失自我，会在一些消极、极端以及反动信息的煽动下，形成不健康的人生观与价值观，从而危害大学生的身心健康。随着时代的不断发展，每年在大学生中都会发生很多的案件，因此可以看出，网络的发展带给传统高校带来极大的挑战，同时舆论导向的控制权也受到了极大的冲击。

（二）网络信息传播的"无屏障性"影响部分大学生的价值观

由于网络社会是虚拟的，因此在这个虚拟的社会人们要遵循怎样的价值存在很大的争议。一部分人认为，虚拟的社会虽然人们看不到但是与现实的社会是一致的，同样具备法律效应。另一部分人认为，虚拟社会要高扬人性，不应追求效应最大化为发展的标准。

但同时却发生了一些现实的事件，随着网络的深入，在大学生生活和发展的过程中，网络深刻地影响了他们的思维方式以及思想观念，这对于思想政治理论课在教学手段和教学效果上都构成了严峻的挑战。

（三）网络技术的快速发展使高校传统的思想政治教育模式受到挑战

网络的快速发展，能够改变人们接受新事物的能力、改变人们的思维方式以及交往方式，也从根本上影响了大学生的认知能力，这对于高校在进行思想政治教育方式的过程中，以及做出的各种教育模式上具有很大的挑战。

传统的"一支粉笔、一块黑板、一本书"的教学灌输模式在向受教育者传授的过程中仍然存在着时空界限、信息有限，以及教育形式单调等多处弊端。同时，传统的方式内容陈旧呆板、方法单一，与日新月异的社会脱节。

在大学教育者口中所讲述的内容知识都与大学生日常生活中所见所听存在很大的出

入，同时一些教育者不重视学生的自我体验和情感方面的调动，很少能打动学生。

在网络的教育环境中，学生的主观意识形态被调动起来，学生能够自主地进行交流，能够与他人毫无顾忌地表达自我的心理所想，具有很强的主观能动性以及表达能力，学生就不仅是单方面地接受思想政治教育工作者进行的外部灌输，同时进行的是平等、双向地互动交流，进而加剧了教育模式向更加民主与自由的方向转变。这对高校传统的以单向灌输的教育模式产生十分激烈的碰撞，形成了巨大的冲击与挑战。

三、加强网络信息的教育建设

信息时代的到来为大学生网络思想政治教育带来了新的机遇，同时也提出了新的挑战。因此，高校全体教职人员都要意识到德育工作的重要性与复杂性，同时要重视大学生网络思想政治教育，认真看待网络带给学生生活和学习上的影响，积极采取一切措施引导学生正确地使用网络，进而顺利地完成大学时期的计划，为毕业后走上工作岗位或继续深造奠定基础。

（一）网络不良信息涌入，对高校德育工作造成困扰

网络是把"双刃剑"，任何事物在发展的过程中都具有两面性。当网络在融入大学生的生活中时，各种丰富的网络信息在很大程度上拓宽了大学生的知识面，帮助高校在提升教学质量上具有促进的作用，但同时网络上一些不良的信息会限制社会的发展，由于大学生在认知上还不太成熟，很容易沉溺在自己的世界观、人生观以及价值观中，影响了教育工作的进行。

现实世界中存在的污染问题在网络环境中主要以信息污染的形式出现，诸如迷信、色情、犯罪等有害信息以及某些西方国家的霸权主义思想等都对当代大学生身心健康发展危害极大，造成正义感和责任感缺失，原有世界观、人生观、价值观产生动摇，形成错误的方法论，甚至走上犯罪道路，无形中增加了大学生网络思想政治教育工作的难度。面对实践环节中的各种复杂情况，处于德育工作一线的教师容易产生困惑，工作压力与日俱增。

从推动整个社会的发展来看，互联网是具有极大的优势的，当网络中涌入了各种不良的信息时，尤其是高校要坚持正确的教育观念，全体教育工作者要运用社会主义思想道德来武装自己的头脑，用客观的眼光看待网络中的问题。

要对校园网络的管理进行充分的加强，将冗余的信息进行排除，重视高校思想政治教育工作，充分感受网络世界与现实世界的联系，运用马克思列宁主义基本观点认清事物的实质，培养大学生的自律能力，防止由于对客观事实的片面认知导致师生犯下过于主观的错误。

高校积极致力于网络技术以及信息的研究工作，始终处于主动的局面，以主动的姿态参与到网络文化建设中去。同时，要大力的规避各种不良的信息，利用网络来宣传党的方针政策，用社会主义思想道德形成广泛的防御体系，从而减少高校德育工作中的

困扰。

在网络环境下，必须要提高大学生的思想认知能力，以此才能够形成正确的思想观念，通过认真地收集网络中的信息，并对其进行分类整理，针对其本质做出科学的分析和判断。当人们在对某一件事情产生困惑时，就会很容易陷入自我的批判中去。因此，如果个人没有较强的心理承担能力，就容易滋生出自卑的情绪，甚至出现信任危机。

在实际的教学工作中，教师需要培养学生对网络的判断能力，要使学生能够在网络中正确地认识自我的立场。同时各高校要正确地对网络所带来的社会问题进行开展，避免学生盲目地对网络中的信息进行依赖和信任，要把握好社会舆论导向。

教师应当要培养学生对网络的判断能力，即使网络打破了时空界限，网络环境具有开放性，但网络信息同样也受到了各种主观因素的限制，在利用网络信息之前必须对其进行认真的考证。

（二）对当代大学生的综合素养形成严峻考验

网络文化具有强大的包容性，进而使多元文化得到了发展，虽然在网络信息的获取上变得越来越容易，但同时也要提升大学生的自我接受能力，从本质上理解这些信息所具有的内涵，能够具有自我的判断能力，抛弃其中具有的糟粕，取其精华，增强自我的控制能力，合理恰当地使用网络。网络技术的飞速发展也令社会的竞争日益加剧。

为了能够使我国的经济得到稳定、快速的发展，使我国高校可以培育出更多全面发展的人才，大学生不仅要具备专业的基础知识，同时还要拥有高尚的道德品质，这样在不断发展的国际环境中才能够站稳脚跟，凭借拥有诸多人才形成强大的综合国力，紧跟经济全球化脚步，以更加独立自主的姿态屹立于世界民族之林。

在高等教育体系中，德育与智育始终占据着相同重量的地位。学生学习科学文化知识的前提是要具有高尚的思想道德品质，教师教书育人的根本是培养适合社会发展需要的人才。高校必须将大学生网络思想政治教育的意义提升到全民族的思想道德素质以及科学文化素质的高度中去，教师不仅要向学生传授课本中的知识，更要通过网络引导学生积极地参与到社会实践中去。

从实践中领悟社会主义思想道德品质的重要意义，领悟做人的真谛，在互联网上建立社会主义思想政治教育阵地，以肯定的态度来看待网络文化，运用创新精神加强大学生网络思想政治教育。鼓励学生上网，注重人本原则，从兴趣出发不断丰富校园网络文化内涵。大力传播健康向上的网络信息，真正把校园网管理好、利用好。

虽然网络简化了人际交往的流程、缩短了人与人之间的现实距离，但是随着网络世界与现实生活的联系密切，社会发展过程需要大学生将诚信作为人际交往的前提，无论是在网络上还是在现实的生活中，都要坚持以诚相待的理念。这样才能保证利用网络媒介实现更加广泛的合作，从根本上提高社会生产力，推动整个社会向前发展。网络上用户采取匿名制，因此更需要大学生养成自律的网络行为习惯。绝对不可以忽略网络与现实世界的普遍联系，尊重他人，承担起应有的责任。

通过网络思想政治教育，可以不断地提高学生的综合素质，引导大学生坚持走正确的人生道路，远离对网络不切实际的幻想，杜绝各种网络犯罪活动的出现，树立起主人翁意识，在网络轻松自由的环境中真正提升自我的实践和思考能力。

这需要高校在技术研发、人力资源管理、教育内容规划、教育方法制定以及出台相关制度方面做出不懈努力，全体师生共同进退，勇于迎接时代对大学生综合素养的严峻考验。

管理的最佳状态是个体具备良好的自我管理能力。面对网络技术的高速发展，对高校德育工作提出了新的要求，大学生网络思想政治教育要重点对学生的自律能力进行培养，学生无论是利用网络来获取信息，还是参与网络娱乐，都要有一定的适度性，千万不可为了弥补现实生活中的缺憾而过分地沉溺到网络世界中去。这不仅难以实现真正意义上的心理平衡，还会对现实生活产生严重的负面影响，诸如网瘾等问题就是最好的佐证。大学生身上肩负着社会主义现代化建设重任，必须以高度的责任感和百倍的热情迎接挑战，坚持解放思想、实事求是，以严谨务实的治学态度成为推动社会发展的坚实助力。

（三）加强师风师德建设成为当务之急

当下教育过程中，不仅要对学生的思想进行正确的引导，同时要对教师的作风进行建设，师风建设是高校能够顺利开展大学生网络思想政治教育的根本，也是整个大学生网络思想政治教育的灵魂。教师在这其中发挥了不可忽视的作用，占据主体地位。教师是高校中最重要的人力资源。教师的综合素养直接影响大学生网络思想政治教育的质量。

高校不仅在专业素养方面对教师具有严格的要求，同时关于教师的思想政治觉悟以及道德修养方面也同样具有很重要的位置，教师要对党的路线方针政策展开积极的学习和讨论活动，教师应当具有坚定不移的社会主义思想道德观念，应当表彰先进工作者，同时树立高尚的思想道德品质与爱国主义情操。

每个学生都会对教师产生一种向师性，所以教师应当要发挥出自己的表率作用，学生才能从心底里接受教师所传输的思想内容，进而形成尊师重道的风气，将大学生网络思想政治教育潜移默化地形成。

形成高校思想道德品质的过程比较漫长，需一步一步进行，教师在面对学生的过程中也是要有足够的耐心，无论学生提出什么问题都要进行积极的讲解，以诲人不倦的精神认真看待大学生网络思想政治教育工作。教师在日常的工作中要严格规范自己的行为，要为学生起到表率的作用，并从日常的点滴小事做起，起到带头的作用，维护好在学生心目中的形象。

大学生网络思想政治教育只有紧跟经济发展步伐，强化教师作为社会先进思想道德代表的导向性力量，才能通过积极开展网络环境下的德育活动，对学生产生健康向上的影响，把握好大学生网络思想政治教育发展速度，使学校硬件设施建设与校园文化和谐发展，用教师乐观的人生态度、正直诚实的品行影响学生，从而形成稳定的思想道德规范以及行为准则。

教师始终是学生学习的榜样，必须认真踏实地将大学生网络思想政治教育创新理念付诸于教学实践各个环节中，努力将社会主义思想道德内化，使其成为自己坚定不移的人生信念。这样才能真正达到教学相长的最佳状态，无论是教师还是学生的综合素养都得以实现本质意义的提升。

坚持科学发展观主要还是针对大学生网络思想政治教育体制的要求，要关心学生、爱护学生，这也是师风师德建设的主要核心。事实上，教师对学生的关爱是无条件的、不计较任何回报的，这体现了教师工作的神圣性，也是对本职工作热爱的最好体现，直接关系到大学生网络思想政治教育工作的成败。

教师只有真正热爱学生，才能够从学生的角度看待和思考问题，注意到学生对大学生网络思想政治教育的接受程度以及相关兴趣，从教育内容、教育途径、教育方法等方面积极创新。此外，教师还应当让学生感受到这种关爱，师生之间加强沟通，使学生能够理解并且配合教师的工作。

网络的即时在线交流功能要求教师善于利用新技术创造性地改变以往传统的面谈方式，从根本上建立学生对自己的信赖感，这样在大学生网络思想政治教育体制稳步发展的基础上，教师与学生密切配合，为我国社会主义现代化建设贡献力量。

（四）大学生网络思想政治教育内容更新迅速

时代的发展是快速的，信息在当今社会上的需求已经比以往任何时候都更加具有价值。网络始终处于时代发展的前端，更加凸显出信息所具有的价值，带来了很多新的理念与思考方式，这对大学生网络思想政治教育是极大的挑战。

它要求教师充分发挥自己的创新才能，对学生群体中产生的新问题引起足够重视，面对西方思潮的冲击，要引导我国学生坚定自己的立场，保持危机意识，要有坚定的人生观和价值观。我国高校的教育系统正处于深化改革的阶段，因此网络的多元化势必会对大学生的思想教育内容产生新的影响。

高校领导要重点提高教学质量，重视德育工作，要组织教师积极地对大学生网络思想政治教育内容进行研究，以社会主义思想道德为主要内容，将目光放长远，协调好各方面的力量，应当站在全局发展的角度上对大学生网络思想政治教育工作进行科学的分析与规划，进而应用到日常的学习生活中去，通过实践来丰富理论体系，以便于适应信息时代下大学生网络思想政治教育理论的更好发展。

在网络开放性平台上，用户的参与行为被鼓励与提倡，这也因此促进了全民大讨论热潮。人与人之间充满差异性的思想碰撞出火花，创新被充分培育和生长。具有高学历的、同时对新事物具有较高接受程度的大学生需要在网络思想政治的教育下不断充实自我，进而才能满足自身的成长和社会发展需求。

高校德育工作要善于从其他领域借鉴相关知识与经验，实现理论与现实充分结合，教学内容与学生的接受程度有效适应，教学方法与大学生的兴趣相结合，在瞬息万变的信息时代从根本上扭转高校德育工作的被动局面，对网络技术引发的社会问题积极预防，用正确的理念武装师生头脑，教师有效引导学生形成坚定的人生信念和爱国主义精神，培养高尚的思想道德品质，在组织学生参与网络活动过程中实现大学生网络思想政治教育理论层次的突破。

大学生网络思想政治教育体系要随时保持动态的更新，尤其是作为高等教育体系中的重要部分，大学生网络思想政治教育要紧跟时代的潮流，与时代共同进步，才能推动我国教育的改革。

无论是进行课堂教学，还是组织课外的活动，都需要在动态变化中实现内容的更新，充分利用网络平台将时间和空间的界限打破，摒弃过于保守和过于激进的思想，净化网络环境，形成健康和谐的文化氛围，真正根据学生特点制订教学计划，做到因材施教，实现教学相长。

发展大学生网络思想政治教育的前提是要确保网络技术在飞速发展的背景下进行，这样就能够使教育的内容更加丰富与全面，进而在不断的创新过程中找到存在的意义，要建立起大学生的思想阵地，有效地发挥出网络信息的实效性作用，在构建和谐社会的过程中给予充分的肯定与支持，这同样也是整个教育系统在发展过程中的必由之路，也是时代对大学生网络思想政治教育机制创新的现实要求。

（五）大学生网络思想政治教育途径需要不断拓展

由于社会的不断发展，在人才上面也有很高的要求，社会所需要更多的是具有创新意识的人才，高等教育必须注重学生的个性化发展，要充分利用网络改变传统的课堂模式，以社会主义思想道德指导学生正确地面对社会上以及生活上的复杂问题。

全球经济化要求大学生在面对网络思想政治教育的过程中，应秉持教育与科学的同步发展，通过培养学生的分析和判断能力，进而有效地发挥出信息的价值，摆脱网络带给人们的困扰与疑惑。

在课堂教学的过程中要尊重学生的兴趣爱好，提高学生的接受能力，有效地保证网络思想政治教育的质量。在网络技术的帮助下，高校德育工作将会更好地得到拓展，在未来，这一趋势还会加强。

在网络环境下，高校德育工作强调的是全方位教学，尤其是在课堂外，教师要加强对学生的渗透式教育，增强大学生主动应对网络信息的能力，站在社会主义立场上看待瞬息万变的社会环境；要将所学的专业知识应用到实践中去，在社会实践中培养自己的爱国主义精神以及主人翁意识；要引导学生战胜自我、不断地完善自我、超越自我，从容地应对各种学科考试、升学考试、就业压力以及人生中出现的各种不如意的现象。

在整个校园环境中，要将校园文化与网络文化充分地结合起来，但同时要坚定社会主义思想道德信息，形成严谨的治学风气，实现大学生网络思想政治教育的线上线下的有机互动。高校加强大学生网络思想政治教育阵地建设，以免学生被不符合社会发展规律的思想蒙蔽了双眼。

用先进的思想理念代替错误的网络信息，教师真诚与学生做朋友，积极帮助他们走出迷茫状态，以更加清醒、理智的头脑迎接时代的挑战，充分利用在线聊天工具、网站、论坛、博客、电子邮件等各种手段将社会主义思想道德植根于大学生心灵深处，在调查研究基础上对教学反馈信息分类收集，有重点、有针对性地对大学生网络思想政治教育途径进行创新，实现大学生全面发展，令大学生网络思想政治教育体系得以不断完善。

高校在发展思想政治教育的过程中要坚持以学生为主体，大学生网络思想政治教育工作与社会的实际发展以及学生的接受程度是相互符合的。因此，要找到适合当前高校实际情况发展的教育途径，进而才能有效地实现大学生网络思想政治教育的总体目标，使高等教育发展上升到新的层面，从根本上推动我国的社会主义现代化建设。

第四节 高校思想政治教育高质量发展与形态进阶

中国特色社会主义进入新时代，高质量发展成为鲜明主题。我国经济、社会、文化、生态等各领域都要体现高质量发展的要求，表明"高质量发展"这一表述已从最初的经济领域扩展到社会生活各个方面。高校思想政治教育作为教育系统乃至社会文化系统的重要组成部分，面对新时代新阶段所赋予的使命和任务，同样必须坚持高质量发展，探索更加契合时代特征与要求的新内容、新方法、新模式、新形态，在发展规模的基础上不断提升的质量和效益。目前，学界关于高校思想政治教育高质量发展的研究尚未形成系统化理论体系，这与新时代以来我国高校思想政治教育亟待在量的扩张基础上实现质的突破的现实要求存在距离。因此，在当前形势下探讨高校思想政治教育高质量发展与形态进阶问题，无疑具有重要的现实意义。

一、新时代高校思想政治教育高质量发展的缘由依据

提出"高校思想政治教育高质量发展"这一命题，绝不是盲目响应政策主张，也并非简单移植经济领域的话语陈述，而是基于当前我国社会发展所面临的现实环境、思想政治教育在社会系统中的重要地位及其满足人们精神文化需要的特殊功能、当下高校思想政治教育供需状况存在矛盾与短板的现实考量而作出的理性认识和清醒判断。

（一）适应经济社会进入新发展阶段的时代需要

根据历史唯物主义基本原理，政治、法、哲学、文学、艺术等等的发展是以经济发展为基础的。但是，它们又都相互作用并对经济基础发生作用。作为上层建筑的思想政治教育由经济基础所决定并能够以自身特殊的方式对经济社会发展产生影响，这构成探讨其高质发展与形态进阶的前提所在。经过全党全国各族人民持续奋斗，我们实现了第一个百年奋斗目标，在中华大地上全面建成了小康社会，历史性地解决了绝对贫困问题，

正在意气风发向着全面建成社会主义现代化强国的第二个百年奋斗目标迈进，由此标志着我国正式进入新发展阶段。从根本上讲，思想政治教育高质量发展是由社会经济发展质量的不断提升所决定的，但这并不意味着思政工作者可以袖手旁观、坐享其成，"决定"在很大程度上意味着二者的逻辑关系，而不能简单理解为时间顺序。特别是高校，作为科学研究的前沿重地，同时承担着"立德树人"根本任务和使命，更是应当主动作为，充分发挥理论先导与实践阵地的作用。因此，从唯物史观一般原理的角度看，高校思想政治教育高质量发展不仅是对新发展阶段主题的呼应，更是充分发挥其自身价值观念先导、充分应对我国发展所面临机遇与挑战的现实需要。

（二）满足高校学生群体精神文化需要的迫切呼唤

中国特色社会主义进入新时代，我国社会主要矛盾已经转化为人民日益增长的美好生活需要和不平衡不充分的发展之间的矛盾。新时代我国社会主要矛盾的两个方面在高校学生群体中也分别有着相应的体现：一方面，美好生活需要表明需要的范围和层次都有了质的提升，已不仅仅局限于简单维持生计的物质需要，而是在此基础上充分实现自我发展的多元需要，这其中的一个重要方面便是精神文化需要，特别是高校学生，具有较高的科学文化素养，同时精力旺盛、乐于探索新鲜事物，有着对世界、对人生意义和价值更为强烈的思考意愿，而这便成为高校思想政治教育满足其精神文化需要的一个重要切入点；另一方面，不平衡不充分发展的现实状况也容易产生更加复杂、更加尖锐的思想困惑，社会利益结构的分化与调整更容易引发部分民众的不良心理，滋生各种社会思潮，高校学生出于强烈的主体意识与责任感，同时又囿于社会经验的相对不足，更容易受到各种不良思潮的影响，产生关于"个人、社会与国家""历史、现实与理想"等方面诸多困惑，这些困惑亟待通过思想政治教育加以疏导和化解。因此，从满足高校学生精神文化需要的角度来看，高校思想政治教育既要积极引导，更要直面问题；既要宣讲主张，更要阐明道理；既要从自身出发实现"有效供给"，更要切实关注学生"实际需要"。这些都要求高校思想政治教育转变传统单向的宣讲形态，实现多向度生成性的高质量发展新形态。

二、新时代高校思想政治教育高质量发展的逻辑内涵

从出场语境的角度看，新时代高校思想政治教育高质量发展既是我国经济社会进入新发展阶段的必然要求，也是满足高校学生精神文化需要的现实呼唤。高校思想政治教育具备适应新形势满足新需要的实际效益，成为其高质量发展的内在逻辑。围绕现实效益这一内核，高校思想政治教育高质量发展的逻辑内涵具体体现在针对时代热点与社会现实问题的深刻阐释力、满足时代新人培养需要而非片面迎合的双向供给力、协调物质精神文明以推进中国式现代化的系统耦合力等三个方面。

（一）针对时代热点与社会现实问题的深刻阐释力

进入新时代以来，党和国家的各项工作事业都取得了一系列的历史性成就，发生了

一系列历史性变革,这些成就和变革标志着我国社会进入了快速发展变化的历史进程中。人民群众在体验日新月异的生活方式时,也容易产生更多的思想困惑。随着社会利益结构不断分化与重组,诸种社会矛盾伴随时空压缩效应叠加而来,各种社会思潮对人们特别是大学生群体的冲击和影响无疑是十分巨大的。面对诸如疫情防控中个人利益与社会利益的分歧、实现民族复兴进程中理想与现实的差距、"内卷"之下无奈"躺平"的挣扎与惶恐等时代热点与社会现实问题,思想政治教育既不能熟视无睹、说一些空洞乏味的"大道理",也不能停留在以往的机械"宣讲"层面,只给出结论而不分析问题。道理、学理支撑的不足,必然对现实问题缺少解释力,甚至存在矛盾和掣肘,导致其说服力不强。

事实上,理论只要说服人,就能掌握群众,而理论只要彻底,就能说服人。所谓彻底,就是抓住事物的根本。因此高校思想政治教育高质量发展的第一要义就是将简单机械的"宣讲"转变为深刻精准的"阐释",直面时代热点与社会现实问题,特别是大学生群体的切身困惑和关切,深入剖析这些问题产生的原因、分析可能的走向,从而有针对性地加以阐释并澄清,使其懂得我们宣传倡导的这些主张背后的缘由与依据,实现发自内心的认同。

(二)满足时代新人培养需要而非片面迎合的双向供给力

教育、科技、人才是全面建设社会主义现代化国家的基础性、战略性支撑,教育的本质是育人,而育人的根本是立德。高校思政课作为落实立德树人根本任务的关键课程,对培养担当民族复兴大任时代新人的独特作用和重要意义不言而喻。一方面,高校思想政治教育要有旗帜鲜明的立场和导向,支持什么、反对什么必须态度明确;另一方面,坚定的立场、明确的态度需要通过一定的方式和手段以学生更易接受的方式来传递。我国高校思想政治教育总体呈现出一种"单向传递"形态,即在开展教育活动之前预先制订计划方案、明确教育内容,在教育过程中通过一定方式将这些内容加以输出。这种预设—输出的教育方式虽然有其合理性,但问题在于灵活性不足,既体现为教育内容的研究制定与实施之间存在一定时间差、不可避免地产生时效性问题,也表现为教育内容的一般性难以观照到每一个受教育者的特殊性,使其产生外围与边缘之感,从而降低了对教育内容的接受度。

因此,要改变这种状况,就需要高校思想政治教育由"单向传递"向"双向供给"转变,既满足国家培养社会主义建设者和接班人的需要,又充分考虑受教育者个体的实际状况和接受特征。这里需要特别注意的是"双向贯通"的供给绝不是一味地"片面迎合",高校思想政治教育既不能因鲜明的立场、正直的内容而失去生动的形式,也不能为取悦受教育者而失去严肃性。"双向供给"的关键在于处理好思想政治教育的社会价值与个体价值、思想内容与实现形式的关系。

(三)协调物质精神文明以推进中国式现代化的系统耦合力

中国式现代化是物质文明和精神文明相协调的现代化,物质贫困不是社会主义,精神贫乏也不是社会主义。新时代推进中国式现代化的历史使命对高校思想政治教育提出了更高的要求，不仅要通过思想引导与理论教育丰富大学生精神世界，进而带动提升全社会的精神文明程度，还要协调物质文明和精神文明的关系，使二者相互结合、相互促进。在这个意义上，思想政治教育具有其他社会要素所不具备的系统耦合功能，这也是其高质量发展的又一种体现。兼具教育活动与文化现象的双重属性，思想政治教育广泛渗透于社会生活各个方面。而高校基于其突出的科研职能，在产学研相结合方面为思想政治教育进一步同社会经济、政治、文化各要素的有机融合搭建了平台，使其充分发挥润滑联系作用，将这些要素彼此关联起来形成一个系统整体而运作，通过精神生产为物质生产提供动力、运用物质财富为创造更多精神财富提供资源，从而更好地协调社会物质文明和精神文明的关系。

目前，高校思想政治教育这种协调两个文明的系统耦合力仍有较大潜能需要释放，在理论研究上应进一步思考思想政治教育凝聚社会共识的机制原理，在实践中要更加向社会生活敞开，引导大学生将内化的观念外化为行动，体现在日常生活点滴，渗透到社会系统各个方面，使之真正以一种"用而不觉"的方式对中国式现代化进程产生积极影响。

三、新时代高校思想政治教育高质量发展的实践要义

（一）重视基础理论研究与创新是推动高质量发展的前提

理论是实践的先导，教育活动的优质开展必须以先进科学的理论为指导。思想政治教育高质量发展内涵中对时代热点与社会现实问题的深刻阐释力，从根本上讲来源于基础理论研究的深化与创新。

思想政治教育学科在发展初期主要是在实践经验的基础上概括为理论，此时理论框架和体系尚不完善，其对实践的先导作用发挥有限；如今经过40年的探索，思想政治教育理论体系已大体成型，具备指导实践活动的基础与条件。因此在新时代，高校思想政治教育高质量发展的首要前提是充分释放理论研究的潜力与活力，为实践变革提供先导。从现实来看，在基础理论框架中还有许多需要完善的地方，想要真正发挥其对实践的先导作用，就必须进一步重视理论体系本身。现阶段之所以亟须开展思想政治教育基础理论研究，重要原因就在于思想政治教育学科高质量发展的迫切需要。具体来说，思想政治教育学科的一些基本范畴仍具有较大探索空间，起源、本质、规律等问题仍具有较大争议，这些都是需要重点关注和推进的领域。较之于中小学或社会层面的思想政治教育，高校在理论研究方面是当仁不让的首席担当，因此高校理论研究者应当切实承担起自身责任，在基础理论研究与创新方面投入更大精力，高校在制度设计上也应给予更多支持与鼓励，从而以理论创新和突破带动实践的高质量发展。

（二）现代信息技术应用与融合是推动高质量发展的关键

如果说基础理论研究的深化为高校思想政治教育高质量发展提供了学理依据的话，那么现代信息技术的应用及其与思想政治教育的融合则提供了形式方法的支持。现代信息技术在高校思想政治教育中的应用主要是通过大数据、人工智能、虚拟现实等手段以

实现对象分析、内容传递、教育情境等的变革与创新。首先，大数据与人工智能可以精准呈现教育对象思想行为特征及其个性化倾向。基于精确的数据采集与算法分析，可以将受教育者的思想行为及其偏好以量化的形式客观呈现出来，从而准确发现不同个体存在的思想观念困惑和现实需求，为掌握第一手"需求侧"资料提供便利。其次，在准确把握受教育者思想问题与现实需要的基础上，思想政治教育内容呈现可做到精准供给、有的放矢，根据不同需求选取相应内容作为重点，从而直击要害、高效输出。最后，虚拟现实等技术极大丰富和扩展了高校思想政治教育的形式，从传统的现实课堂延伸到云端课堂，从旁观者的图片视频观看到沉浸式的虚拟情境体验，思想政治教育形式突破了物理时空的限制，使亲和力、感染力得到有力提升。

当然，现代信息技术的应用也存在不可忽视的问题，如：个人信息安全容易被泄漏和侵犯、思想观念等信息难以被量化、形式掩盖内容成为"空洞的狂欢"、技术取代感性成为"没有情感的机器"等等。面对这些问题，高校思想政治教育最重要的是处理好内容与形式的统一关系。无论采用何种炫酷的技术手段，都仅仅是方法和形式，只有将教育内容置于其中才不会空洞，从而避免表面看热热闹闹、实际上没有收获的尴尬局面。要坚持内容为先、形式辅助的理念，不可本末倒置，只有将现代技术置于教育内容的掌控与观照下，才能尽可能避免或减少技术本身的弊端，使之更好地为实现思想政治教育目标和效果而服务。

（三）立体育人格局的建构与调适是推动高质量发展的保障

基础理论研究的深化、现代信息技术的融合应用为新时代高校思想政治教育高质量发展拓展了空间，然而这只是一种可能性空间，或者说是为之赋予巨大的潜力。要将这种潜力充分释放出来，使高质量发展落到实处，还必须充分发挥现实的力量，即人的能动作用。具有深厚理论功底、能够熟练运用现代信息技术的教育者虽然是提升教育质量的关键所在，但是思想政治教育就其特殊性来说不等同于一般的知识教育，更加注重和强调世界观、人生观、价值观的引导与养成，这一任务的长期性、日常性决定了它不可能仅仅通过理论教学、知识讲授来完成，因此近年来国家提出了"大思政"的理念，就是从更为广泛的层面调动人的积极因素，统筹与思政工作相关的一切主体力量，使之形成合力共同实现好立德树人的根本使命。无论是思政课教师、专业课教师，还是政工干部、辅导员、管理人员甚至是后勤人员等都负有对学生进行思想政治教育的使命；无论是课堂教学中的"思政课程"与"课程思政"，还是学生课外活动、日常生活、校园文化、社会实践等，都渗透着思想政治教育的成分。这样一种全员、全过程、全方位的立体育人格局所要指向的，是实现思想政治教育"日用而不觉""盐溶于水""润物细无声"的效果，这也是其高质量发展的内在要求。

应当说，目前高校思政这种立体育人格局已初步建立，其目标和路径也是明确的，因此接下来工作的重点在于对这一格局加以完善和调适，使之更好地实现预期目标。具体来说主要有三点：首先，作为共同育人主体的各类人员要同向发力相互搭台，切不可相互掣肘彼此拆台。要尽可能使课堂、管理、服务成为一个整体，使大学生在专业课学习中能够受到积极正向的思政教育，在生活中能够感受、认同教师课堂上讲授的观点，在实践中拥有充分空间体验、践行内化的观念。其次，要立足本职而不可喧宾夺主。主张不同主体同向发力共同育人，是在各自职业领域内结合自身工作特点而进行的，更多强调在自身本职工作中的示范表率作用，而不是让所有人都成为思政课教师，这样既不专业也容易招致反感。最后，要突出重点而不能面面俱到。立体育人格局的调适关键在于配合协调，使之能够成为一个系统有机运作，因此要在关键点位和环节特别是衔接方面大力协调，从而避免各自为政、重复低效的局面。

四、新时代高校思想政治教育高质量发展的形态呈现

实现高质量发展是新时代高校思想政治教育的内在质的规定，而这一内在规定的外在表现便构成其形态进阶与升级。思想政治教育形态是指其形式样态与存在状态，形态进阶意味着新时代高校思想政治教育给人带来更为优质的感受与体验。这种评价并不是任意的，而必须基于特定的视角和维度。对高校思想政治教育来说，其具体构成主要包括价值取向、内容表达、方式方法、组织形式等四个方面。

（一）在价值取向上，表现为在与社会要求相一致基础上充分满足个人发展需要的"共本位形态"

"共本位形态"的核心在于满足个体与社会协调一致基础上的"共同需求"。传统思想政治教育通常将服务于国家、社会发展需要作为出发点，通过传递一定的思想观念、道德规范使受教育者认同某种特定的价值主张，这是一种典型的社会本位取向，强调"供给"和"输出"；与之相对应，21世纪以来随着以人为本理念的宣扬，出现了主张从个体出发满足个人需要的个人本位取向，强调"需求"和"输入"。在这两种取向之间，思想政治教育陷入了较长时间的争论与摇摆。

从马克思主义实践观的角度看，个人与社会从来都不是分离的，应当避免重新把"社会"当做抽象的东西同个体对立起来。个体是社会存在物。思想政治教育不能只顾及一个方面。从供需关系的角度看，社会本位的"供给"与个体本位"需求"彼此都只有依存对方才能确证自身，供给只有满足需求才有效，需求只有通过供给才能得到满足。因此，新时代高校思想政治教育高质量发展，从价值取向上看并不是要在社会需要与个体发展间作出选择，而是要更好地协调二者之间的关系使之同向而行，是一种更加符合并适应社会和个人发展需要的"共本位形态"。

（二）在内容表达上，表现为注重学理性、具有理论深度和说服力的"释惑形态"

同中小学相比，大学生具有较强的抽象思维能力与怀疑批判精神，乐于关注和思考社会问题并有自己的想法。因此在对大学生进行思想政治教育时，不能简单停留在宣讲层面，仅仅告诉他们"是什么""怎么做"，更应注重阐释内在的道理和依据，解释和引导他们思考"为什么"。只有将观点、结论背后的道理、学理、原理讲清楚说明白，才能将

表面上的"服从"转化为内心的"认同"，从而真正实现思想政治教育的目的。从现实来看，之所以会有一部分大学生将思政课认定为"水课"，在很大程度上就是因为所讲授的内容过于生硬，缺少理论性和说服力。因此，高质量发展要求入耳、入脑、入心，高校思想政治教育就必须提升理论性，用学术讲政治，以透彻的学理分析回应学生，以彻底的思想理论说服学生，用真理的强大力量引导学生，实现内容表达由"宣传形态"向"释惑形态"的进阶与升级。

（三）在方式方法上，表现为精准、灵活、高效、生动的"智能形态"

以往高校思想政治教育效果不佳的一个很重要原因就在于教育方式的运用相对机械。面向大多数学生的一般化课堂教育方式显然不可能顾及每一名学生的具体实际；面向个体的谈话谈心、心理疏导等方式相对又要耗费大量的人力和物力成本，难以满足更多学生的需要。而现代信息技术的普及和应用刚好可以有效缓解这一矛盾：一方面基于特定的算法、程序及模型，信息数据能够在极短时间内被复制和传递，有效节省人力和物力的时空成本，满足了"广"的要求；另一方面，通过大数据采集和分析，能够精准识别不同个体的个性特征，准确掌握其喜乐偏好、及时了解思想困惑、有效预判行为倾向，从而有针对性地加以引导，突出了"精"的特征，从而使大学生切实感受到思想政治教育对其自身需要和困惑的真切关怀，既解决了实际问题，又以合理的方式维护了自尊，因而是一种能够"读懂对象"的"智能形态"。

（四）在组织形式上，表现为协调有序、具有自组织自发展倾向的"有机体形态"

高校思想政治教育的运作和实现，需要将不同要素结合起来，形成一个系统发挥整体功能。系统的建立和完善包括两个阶段：第一阶段是要素的集聚与整合，高校思想政治教育由一门课程发展为一个体系，首先意味着系统要素的增加。党的十八大以来，国家对思想政治工作的重视使其驶入了迅速发展的快车道，"三全育人""大思政"等理念的提出不断丰富着高校思政系统的体系和容量，为进一步实现高质量发展奠定了基础；第二阶段是系统机体的建构与完善，当系统规模日渐庞大时，要素间关系也日渐复杂，协调难度随之增大。此时可能面临两种情况：一是各要素零散堆积，各自为政，彼此缺少衔接甚至存在相互掣肘的"散装形态"或"拼盘形态"；二是不同要素既各司其职又相互配合，能够同向而行整体发力，同时还具有自我调适、自我发展功能的"有机体形态"。就高质量发展的要求而言，显然应当是后者。具体来说，高校思想政治教育高质量发展在组织形式上的"有机体形态"主要有三个特征：一是系统要素齐全涵盖面广，囊括思政课教师、专业课教师、管理人员、教辅人员、后勤保障人员、学生、家长及社会等多重主体；二是要素相互合作同向发力，不同人员部门在充分发挥自身职能的基础上注重配合、相互搭台，共同完成好育人使命；三是机体自身能够自我反思调适，根据实际情况的变化调整完善自身结构，及时适应新环境、新要求，为高校思想政治教育实效性的提升保驾护航。

第六章 高校思想政治教育的立体化教育实践

第一节 高校思想政治的立体化教育理论

一、现代教育理论

高校思想政治教育立体化模式的构建具体体现在教学观念上，要体现出现代教育新理念和新思想，用新的教育理念和思想指导立体化教学活动。思想是行为的先导，改进思想政治教育，必须首先更新思想政治教育观念。思想政治教育作为一种有目的、有指向的、社会的、文化的活动，更加突出地受到思想观念的支配。过时的、保守的教育体制和方式，往往凭借过时的、保守的思想观念维系而习惯地持续下去，对反映时代特征的教育内容和手段，也会按过时的、保守的思维方式给予裁定和阐释。构建主体性思想政治教育模式，必须以观念更新为先导和动力，以创新精神更新教育观念。

我国正在进行的改革开放是一场深刻的社会变革，它促使人们的生活方式、思维方式、行为方式和思想观念发生了巨大的变化，从而使思想政治教育既面临着发展的机遇也面临着巨大的挑战。新形势下，作为我们党的政治优势和优良传统的思想政治教育，也只有高高扬起创新的旗帜，才能真正增强自身的有效性，开创出生动活泼的新局面。只有解放思想、勇于创新才能克服传统思想政治教育的弊端及其消极影响；如果无视社会的发展变化、学生思想行为的发展变化、学生生活环境的变化，仍坚持守旧的、保守的观念进行思想政治教育，拒绝研究新情况、新问题，就会导致思想政治教育体制的僵化，达不到思想政治教育的目的。当前，构建立体化的思想政治教育模式，应树立新的思想政治教育价值观、任务观。

（一）确立统一价值观

由于受传统"社会本位说"的影响，在思想政治教育领域存在着片面的"唯社会价值观"，人为地把社会价值与个人价值对立起来，过分强调社会价值，忽视甚至否定个人价值。在这种思想指导下，思想政治教育目标只强调社会要求，忽视甚至否定个人的内在需要；思想政治教育功能只重视思想政治教育在促进社会发展方面的社会功能，忽视甚至贬低思想政治教育在促进个人发展方面的个体功能，致使思想政治教育难以吸引受教育者的积极参与，因而收效不大。事实上，人是社会发展的手段，更是社会发展的目的。思想政治教育通过培养具有主体性的人来促进社会发展，而社会发展的最终目的也是为了人更好地发展。社会价值与个人价值是辩证统一的，如果割裂二者的关系，片面强调一方而忽视另一方，其结果不仅使人的主体价值得不到发展，而且人的社会价值也得不到充分体现。因此，在思想政治教育工作中必须克服片面的"唯社会价值观"，确立社会价值与个人价值相统一的科学价值观，在满足社会发展需要的前提下，充分尊重和兼顾个人的内在需要，促进社会价值与个人价值协调发展。

（二）确立任务观

思想政治教育的最终目的不仅在于为教育对象提供理论的灌输，更重要的在于教育对象能在生活实践中践行思想政治品德行为。因此，培养人的主体意识、主体能力是思想政治教育主题的应有之义。我们必须克服片面的只灌输社会规范的任务观，同时也要防止忽视甚至否定社会灌输规范的倾向，确立灌输社会规范与培养能力和发展个性相统一的新观念。在改进灌输方法、提高灌输效果的同时，重视社会实践的锻炼，着力培养人的能力和个性，促进人的全面发展。受传统教育思想的影响，思想政治教育的全部任务仅归结为"传道"，即灌输社会规范，视受教育者为社会规范的接收器，而不重视能力和个性的培养。因而在思想政治教育中简单说教、硬性注入的现象普遍存在。

事实上，完整的思想品德系统是一个由心理、思想和行为三个子系统有机结合而成的三维立体结构，具备思想政治品德知识，为人的思想政治品德行为和习惯提供了基础和前提。在教学内容上，要不断根据社会发展出现的新形势、新特点、新要求，更新和充实教学内容，使教学内容贴近时代、贴近社会、贴近教学对象的思想实际，坚持与时俱进，由不同层次的内容相互作用，共同构成思想政治教育的内容整体，统一于思想政治教育目标之上。马克思主义基本理论教育是根本内容，它决定着思想政治教育整个内容的根本性质，体现着社会主义事业接班人和建设者的根本素质；政治观、世界观、人生观、价值观和理想信念是核心内容，是社会主义事业接班人的必备素质；爱国主义、道德规范和法律意识是基本内容，是合格的社会主义事业建设者的基本素质。同时，随着社会的发展进步，思想政治教育内容也处在不断地变化发展之中，是稳定性和动态性相结合的有机整体。在新形势下，大学生思想政治教育与大学生的学习、生活和就业问题结合得更加紧密，其内容和目标都与以往相比发生了重大变化。大学生思想政治教育的内容为适应社会形势的变化和发展，逐步扩大其所包含的范围，并不断地更新思想观念，扩充知识体系，使其内涵更为丰富。

思想政治教育内容，是指根据一定的社会要求和针对受教育者的思想实际，经教育者选择设计后有目的、有步骤地输送给受教育者的思想意识、价值观念、政治观点和道德规范等信息。要使教育对象符合教育目标的要求、坚定政治信念、端正思想观点、建立道德理念、优化心理品质、形成行为规范，都取决于采用什么样的教育内容。作为思想政治教育"血液"的教育内容，是思想政治教育的重要组成部分，是教育目标的具体化，是教育主体与教育客体互动的一种中介，是确定教育原则和方法的前提，是增强思想政治教育实效性的基本条件。思想政治教育内容结构是指思想政治教育内容的构成要素及其相互关系。思想政治教育内容包括哪些基本要素，理论界的认识并不完全一致。现在认为思想政治教育内容包括政治教育、思想教育、道德教育、法纪教育和心理教育的"五要素说"正越来越得到广泛的认同。因此，思想政治教育内容是由政治教育、思想教育、道德教育、法纪教育和心理教育五大要素组成的既相对独立又有机联系的逻辑结构系统。

1. 政治教育的导向性

政治教育是一定阶级和社会依据一定的政治思想和政治规范对受教育者施加影响，以帮助受教育者树立正确的政治方向、政治立场、政治观点、政治信念、政治态度，即实质上培养政治信仰的教育。政治教育的具体内容主要有党的基本理论、基本路线和基本纲领教育、理想信念教育、爱国主义、社会主义教育、形势与政策教育等。在思想政治教育内容体系中，政治教育始终居于主导地位，是思想政治教育的导向性内容。①政治教育具有鲜明的政治性和阶级性，政治教育总是同党的意志紧密相连，传播一定的政治思想和政治主张，从而从根本上发挥引导人们思想和行为的作用。②政治教育贯穿思想政治教育的始终，对思想政治教育过程和思想政治教育其他内容起着指导和支配作用。③政治教育指引思想政治教育沿着正确的方向发展。马克思主义理论教育对思想政治教育具有总的方向指导作用，理想信念教育是思想政治教育的核心内容。

2. 思想教育的根本性

思想教育是依据一定的哲学思想及其方法论对受教育者施加影响，以帮助受教育者树立正确的世界观、人生观、价值观以及思维方式的教育。思想教育主要包括科学的世界观、人生观、价值观教育，艰苦奋斗精神教育，马克思主义唯物论、无神论和科学精神教育、创新精神教育等。它通过引导人们对人类社会发展规律的认识和理解，使人们形成科学的世界观、人生观、价值观，具有正确的理想信念、科学的思维方式和开拓创新精神，为人们认识世界和改造世界提供根本的思想方法和强大的思想武器，为政治教育、道德教育、法纪教育和心理教育提供价值理念支撑和世界观、方法论基础。其中，世界观、人生观、价值观教育是思想教育最根本的内容。

3. 道德教育的基础性

道德教育是将社会的外在要求内化成人们的道德观念、道德情感和内心信念，再外化为具体的行为，目的是培养人们良好的道德品质和高尚的道德情操。道德教育是依据一定的伦理思想和道德规范，对受教育者施加影响，以帮助受教育者培养良好的道德品质和道德人格的教育。道德教育主要包括社会公德、职业道德、家庭美德教育，中国传统道德教育，社会主义人道主义教育以及生态道德、网络道德教育等。道德教育是思想政治教育的基础。道德教育虽然在性质、方向上受政治教育、思想教育的影响和制约，但良好的道德品质对合格的政治素质、思想素质、法纪素质和心理素质的形成与发展起着引领和提升作用。

4. 法纪教育的保障性

法律、纪律与道德都是调整或制约人们行为的准则和规范，它们在社会功能上相互补充、相互凭借。法纪教育是对受教育者进行社会主义法制和纪律教育，培养他们具有法律观念和遵纪守法的品质，知法、懂法、守法，并且学会用法律武器保护自己的合法权益。法纪教育主要包括社会主义法制教育、纪律教育以及社会主义民主教育等。法纪规范是政治规范和道德规范实施的保障性力量，法纪教育在政治教育和道德教育的实施中起着重要的保障作用。首先，从法律与政治的关系看，政治规范是法律规范的最高层次，法律规范是政治准则的基本保障力量，进行法纪教育是维护政治原则和实现政治理想的重要保障。其次，从法律与道德的关系看，法律是道德的最基本体现，道德是法律的精神基础。只有加强法纪教育，才能更好地实现道德教育，使其对象从他律向自律转化的功能。再次，社会主义法律、法规中包含着丰富的思想政治教育内容，加强法纪教育可以为这些内容的实施提供制度化保障。

5. 心理教育的前提性

心理教育主要包括青春期教育、心理健康教育、意志品格教育和个性品质教育等。现代思想政治教育是一种涉及人们认知、情感、意志和信念的特殊社会活动，必须以心理教育作为起点和前提。在政治、思想、道德和法纪教育的过程中，人的心理状况始终起着维持、调节和统合的作用。心理教育就是通过对人们良好心理素质的培养，使人们形成健康的心理品质，为思想政治教育其他内容的实施提供赖以依靠的基础和平台。思想政治教育内容是一个由多层次要素构成的系统，这些内容相辅相成，共同构成思想政治教育内容系统主次分明、和谐统一的整体。思想政治教育内容的诸要素在根本上是相互关联的。在思想政治教育内容结构中，政治教育是主导，思想教育是根本，道德教育是基础，法纪教育是保障，心理教育是前提。这些内容在思想政治教育内容结构中虽然处于不同的层次和地位，既不可偏废又不可相互替代，但它们相互依存、相互依托、相互联系、相互渗透，推动着思想政治教育的发展。

运用现代教育理论推进思想政治教育立体化，在教学方法和手段上，要将现代教育技术运用到思想政治理论课立体化教学各个环节，充分发挥现代教育技术的功能优势，不断地增强立体化教学的吸引力、说服力和影响力。努力使教学方式和方法贴近实际、贴近生活、贴近大学生，符合大学教育教学的规律和大学生学习的特点，不断增强教育教学的针对性、实效性和说服力、感染力。首先，要不断拓展有效的教学方法。坚持以人为本在教学方法上的根本要求就是把单向"注入"式教学引向师生双向交流的"互动"式教学，倡导启发式、参与式、研究式等教学方式。针对不同类型、不同阶段大学生的特点以及不同的课程，可采取课堂讲授、课堂讨论、专题讲座、专题演讲、辩论、教学实践等方式。其次，要运用现代化教学手段。思想政治理论课必须积极推进多媒体教学，建立教学互动网站，把课堂延伸到网上，使思想政治理论课教学更加灵活、有效和充满吸引力。然后要改革考查考试方法，重点考查学生对教学内容的理解、接受和运用的情况，尤其是以马克思主义为指导分析和解决问题的能力。可采用口试、论文答辩、写读书心得和调研报告等方法。在教学评价上，要依据立体化教学特点，突出教学过程的评价，弱化结论式评价，注重教学对象参与性、实践性评价，重视全面、定性式评价，弱化片面、定量式评价，强化知识运用能力、判断能力等综合性评价，弱化知识记忆型评价。

在评价过程中，把师生的活动分解成若干部分，并制定出评价标准。根据这些标准判定师生的活动是否偏离了正确的教学轨道、偏离了教育方针和教学目标，有无全面完成各科教学大纲规定的目的和任务，从而保证教学始终沿着正确的方向发展。评价具有激励功能，教学评价可以调动教师教学工作的积极性，激起学生学习的内部动因，维持教学过程中师生适度的紧张状态，还可以使教师和学生把注意力集中在教学任务的某些重要部分。对于学生来说，教师的表扬、鼓励、学习成绩测验等，可以提高学习的积极性和学习效果。同时，评价能促进学生根据外部获得的经验，学会独立地评价自己的学习结果，即自我评价。自我评价有助于学生成绩的提高。虽然教与学的相互依赖性是人所共知的，但是教、学及教学评价之间的这种相互依赖性却较少被人认识到。

事实上，如果说教学活动是一个信息传递系统，那么教学评价则是这个系统的信息反馈机制。通过评价活动，教师和学生可以获取反馈信息，从而对教与学的活动进行有效的调节，并明确教与学的目的；通过评价活动，教学成果得到不断强化，在客观上产生巨大的激励作用；通过评价活动，教学工作就有了可靠的依据。高校思想政治理论课教学评价的特殊性决定了思想政治理论课评价要求的特殊性。一般而言，思想政治理论课的发展评价要做到"七个结合"，即思想评价与政治评价相结合、知识评价与价值评价相结合、自我评价与他人评价相结合、现实评价与潜能评价相结合、量化评价与质性评价相结合、显性评价与隐性评价相结合、短期评价与长期评价相结合。

除此以外，以学生学习效果为逻辑起点建构的高校思想政治理论课评价理念或体系还需要坚持三个层面的基本要求，即以"学"为中心的"教与学"的统一、以"真理"为依托的"真理与价值"的统一和以"行"为归宿的"知与行"的统一。以"学"为中心的"教与学"的统一强调高校思想政治理论课在"教——学"环节即教育教学过程中的效果评价。相对于其他课程的教学效果评价体系而言，思想政治理论课的教育教学内容有其特殊性，不仅包括国家的大政方针、国际国内形势、社会主义的基础理论，还包括政治观、道德观、价值观和心理观等教育。因此，在思想政治理论课教学评价中，教师的"教"非常重要，其教学内容的规定、设计以及传播，影响制约着学生的知识、观念、态度，也决定了评价体系设计的科学与否。

当然，掌握思想政治理论课的基本内容不是课程评价的终极目标，只是课程评价的一个基础性指标，一项基础性工作，其更重要的意义在于其作为学生树立科学价值观的依托。学生通过对马克思主义理论及其中国化的学习，通过对历史唯物主义和辩证唯物主义的学习，通过对伦理道德基本规范的学习，树立坚定的共产主义信念，远大的理想，正确的世界观、人生观、价值观、政治观、道德观、心理观等。新型的以学生学习效果为核心的思想政治理论课教育教学评价，最终就是要实现学生所掌握的真理与价值内化的统一，即学生通过受到教育与引导，将课程的科学真理内化为自身的理念、素质与能力。

事实上，思想政治理论课教育教学的最终效果不仅在于学生是否真正掌握了课程的基本知识，是否认同了社会主义核心价值体系，更重要的还在于学生是否学以致用，身体力行，用科学知识来指导自己的言行举止，来判断事物的是非曲直。因此，思想政治理论课的评价体系要以"知"为基础，以"行"为归宿，实现"知与行"的统一。在教学主体上，倡导教师的主导性和学生的主动性教学观，确立教育者和受教育者辩证统一的"双主体"观。我国在过去较长的时间里，在思想政治教育中主张片面的唯教育者主体观，而忽视受教育者在思想政治教育中的主体性，把受教育者仅视为消极被动地接受教育的客体，导致了思想政治教育中不可避免的命令主义、强制压服和单向注入，严重地挫伤和压抑了受教育者在思想政治教育中的主动性和积极性。这也是思想政治教育在较长时间出现实效不明显的重要原因之一。实际上，受教育者同教育者一样是思想政治教育过程中的主体，思想政治教育过程既是教育者按照社会要求积极组织实施教育的过程，也是受教育者基于自身思想基础和内在需要，通过自己的积极活动，能动地接受教育和进行自我教育的过程。在这里，教育者组织实施教育的主体性与受教育者能动地接受教育和自我教育的主体性是并行不悖、辩证统一的。受教育者主体性的发挥离不开教育者的激发和引导；而教育者的教育也只有通过受教育者的积极活动才能发挥作用。

实际上，教育者的主体作用，说到底也就是对受教育者主体性的激发、引导和培育作用。因此，我们必须克服片面的唯教育者主体观，同时也要防止片面的唯受教育者主体观，确立教育者的主体性与受教育者的主体性辩证统一的新主体观。在教学全过程中，充分发挥学生在立体化教学中的主体选择性和创造性，使学生在立体化教学活动中全面参与、全面实践，达到自我感悟、自我认识、自我判断和自我澄清，最终使教学内容内化于学生的"心灵"（即思想），外化于学生的"行为"。

看学生的主体作用、教师的主导作用及其相互关系。所谓学生的主体作用，是指学生在思想政治理论课教学中充分发挥出了各自的主观能动性和学生所特有的学习活力、创造力，在教师的指导下，能积极主动地参与教学，积极主动地自学和完成课外作业，积极主动地以正确的世界观、人生观、价值观指导自己的行动。所谓教师的主导作用，包含有主持、指导、导向等作用的意思。教师作为教育者，在思想政治理论课教学的整个过程中起着主导的作用。思想政治理论课教师的主导作用主要表现为：

第一，思想政治理论课教学的主持者、组织者和责任人，负责其主讲课程的全部教学活动的总体规划设计，同时也要做好其中每一次教学活动的具体组织安排，包括教学活动的目的、内容、方法及具体步骤等，都应由教师负责确定。

第二，思想政治理论课教学坚持正确方向的导向者，负责保证思想政治理论课教学坚持党性原则，坚持以科学的理论武装人，坚持以正确的思想指导教学内容和方法的不断改革更新，及时纠正思想政治理论课教学中可能出现的种种思想偏差。

第三，思想政治理论课教学对象的指导者、引路人，指导学生以正确的态度、科学的方法掌握思想政治理论课教学的内容，按照思想政治理论课教学的目的要求，使学生通过自己的努力，成为社会所需要的德才兼备的现代化人才。

学生主体与教师主导之间是内因与外因的关系。教师的主导作用对学生来说尽管非常重要，但毕竟只是推动学生成长的外部力量，究竟在实际上能起到什么样的作用，其作用的大小如何，最终取决于学生本人主动作用发挥的程度。但是学生主动作用是否能充分发挥出来，向何处发挥作用，各个学生的作用能否相互协调配合等，又取决于教师是否具有正确的主导意识和科学的主导方法。因此，思想政治理论课教师树立正确的主导意识，掌握科学的主导方法是非常重要的。值得注意的是，不应把教师的主导作用搞成唯有教师正确、教师"一言堂"、教师统管一切、包办一切；教师也不能因为要发挥自身的主导作用而忽视被主导者的积极主动性，从而限制其多样性和个性特征。恰恰相反，只有广泛听取学生意见、集思广益、充分调动学生的积极主动性、发挥其不同特长和个性特点，才能使思想政治理论课教学活动开展得生动活泼、丰富多彩，使教师的主导作用产生出最佳效果。

二、思想政治教育原理

思想政治理论课立体化教学既是培养大学生综合素质和能力的重要途径，也是实现大学生思想道德修养"知与行"统一的重要手段。因此，在立体化教学中无论是教学目的和教学内容的选择，还是教学手段和方法的运用，大学生始终处在主体的地位。思想政治理论课立体化教学旨在通过思想政治理论课教学活动，进一步巩固大学生掌握的理论教学基本知识、基本理论和基本原理，把感性认识上升为理性认识，并提高大学生运用马克思主义理论分析和解决问题的能力。思想政治教育的价值和归宿就是以人为本。思想政治教育的对象是人，它是教育人、说服人、塑造人的工作，它是建构在"人"的基础上的社会实践活动，它肩负着关注人的自身发展、解读人的存在意义、建构人的精神家园、促进人的全面发展的历史使命。人的价值问题既是思想政治教育价值的逻辑起点，也是思想政治教育价值的最终落脚点。因此，只有坚持以人为本，思想政治教育才能卓有成效，才能产生亲和力和影响力，取得实效性。

以学生为本，创新思想政治理论课教学最关键的是思想政治理论课教师要热爱和尊重学生。我们的教育实践一再证明，爱一个学生就等于培养一个学生，所以"当教师必不可少甚至几乎是最主要的品质，就是要热爱和尊重学生"。真正的教育存在于人与人心灵距离最短的时刻，存在于无言的感动之中。要抓住学生的心灵，思想政治理论课教师就必须要对自己所讲授的内容真信、真懂、真用，做到为人师表，热爱和尊重学生，以人格教育人格，以性情培养性情，以心灵感动心灵。这是实施以学生为本的思想政治教育教学创新的核心和精髓。

当代大学生都出生在改革开放以后的年代里，他们的成长伴随着中国经济社会的巨大发展，承受着社会发展变革带来的巨大冲击。特别是处于经济全球化、政治多极化、信息网络化、文化多元化这一时代大背景下的当代中国，经济体制深刻变革、社会结构深刻变动、利益格局深刻调整、思想观念深刻变化。与之相伴，利益多元化、思想多样化，各种社会思潮涌动，各种文化相互碰撞、激荡、交融。原有的价值理念和道德标准受到了严峻挑战。人们的思想观念、价值取向、社会交往、生活方式都发生了深刻的变化，纷繁复杂的社会现象和问题会使大学生产生许多新的认识问题和思想困惑。面对复杂多变的社会问题，部分大学生疑惑不知所措、困扰不知所解、茫然不知所选、迷途不知所向。

因此，思想政治理论课教学如何以更加贴近大学生的精神成长需要，更好地展示理论的现实力量，将改革开放和科学发展的理论内涵、思想魅力和实践展开引入教学过程中，以更加客观地传递事实逻辑的方式和内涵进行思想政治理论课教学，即如何把思想政治理论课的课堂伸向蓬勃开展的经济社会实践，加强当代大学生与广阔社会天地之间的联系，不断创新讲述方式和价值传递方式，而不是枯燥无味地照本宣科，这是思想政治理论课教学方法创新的迫切要求和重要环节。

始终坚持"以学生为本"的教学理念是教育发展的本质要求。在这日新月异的时代里，对于走在时代前沿的当代大学生来说，他们对事物会有不同的认识和看法，由于大学生的情绪波动易受环境因素的影响，其性格尚未稳定和完善，存在盲从、自卑、傲气和依赖心理，致使在思想政治教育工作中出现诸多障碍。如果思想政治教育工作依然采用传统的单向传授法，而忽视师生间情感互动交流的教育方法，则明显不利于当代大学生的心理健康发展。所以说，坚持"以学生为本"是思想政治教育能否顺利发展的前提和基础，应把大学生的核心作用和个性差异两者相互结合起来，全面提高大学生的综合素质。大学生思想政治教育方法创新工作，应坚持以学生为主体，不仅需要依赖心灵沟通法，还需要逐步引导大学生进行自我教育和自我管理，运用自我督促法，提高大学生的学习主动性和创造性，将教育理念和教育实践经验贯穿于思想政治教育方法创新工作的始终，实现大学生自我教育，全面提高大学生综合能力素质，使思想政治教育方法创新工作得到改善和提高。

三、马克思主义人本理论

思想政治理论教育课对于高校学生的思想政治教育起着重要的指导作用，也可以全面提高学生的基本素质，培养新时代学生的创新性思维。思想政治理论课立体化教学模式基本架构按照教学内容、方式和教学场所的不同，可以分为课堂理论教学、实验教学、实践教学和网络教学。其中，课堂理论教学主要任务是对大学生进行系统地马克思主义基本知识、理论、原理和思想品德基本知识、规范等教育，使大学生掌握马克思主义基本观点和基本方法。理论教学侧重于知识性、理论性、系统性和逻辑性。学校的思想政治理论课教学是大学生意识形态教育的主渠道，对大学生的发展起到重要的指导作用。理论课程对于学生来说是知识的传授、信念的确立和行动的先导。而理论教学法是教育先驱对学生进行思想政治教育的重要内容之一，课堂理论教学法对提高学生身心健康起着重要作用，在大学生和教师中已经得到普遍认可和接受。

　　思想政治理论通过系统地阐述马克思主义关于人类社会发展客观规律的真理性认识，帮助大学生掌握改造主客观世界的思想武器，有效地满足了大学生全面发展的需求，一旦为大学生所真正认可并系统掌握，使大学生思想上得到理论的武装，就可以直接转化为一种建设中国特色社会主义事业的强大物质力量。思想政治理论课的主渠道作用主要是通过提升课程质量来实现的。因此，思想政治教育的主渠道作用只能是在保证一定课时量的基础上，通过提升课程质量来实现。①要通过不断提升思想政治理论课内容的质量，改善思想政治理论课的教学方法，来提升思想政治理论课本身的质量，以发挥更好的思想政治教育影响。②要提升思想政治理论课对高校各门课程的渗透力和控制力，通过把思想政治理论课贯穿于整个教育系统，从而把思想政治教育的影响在专业学习过程中体现出来。只有不断把思想政治理论课的质量提升到一个个新的层次，思想政治理论课的主渠道作用才能充分实现。

　　实践教学则主要是指导和帮助大学生运用马克思主义理论的立场、观点、原理分析和解决问题，突出大学生主体在教学活动的参与性、自主性、能动性和创造性，教学内容更具有针对性、直观性、现实性和形象性。教学手段与方法更具有多样性和生动性，教学效果较课堂理论教学要好。在高校思想政治理论课教育教学中，实践教学法有着理论教育不可替代的作用。加强高校实践育人工作，是全面落实党的教育方针，把社会主义核心价值体系贯穿于国民教育的全过程，深入实施素质教育，大力提高高等教育质量的必然要求。党和国家历来高度重视实践育人工作，坚持教育与生产力和社会实践相结合，是党的教育方针的重要内容，坚持理论学习、创新思维与社会实践相统一，坚持向实践学习、向人民群众学习，是大学生成长成才的必由之路。进一步加强高校实践育人工作，对于不断增强学生服务国家、服务人民的社会责任感、勇于探索的创新精神、善于解决问题的实践能力，具有不可替代的重要作用；对于坚定学生在中国共产党领导下，走中国特色社会主义道路，为实现中华民族伟大复兴而奋斗，自觉成为中国特色社会主义合格建设者和可靠接班人，具有极其重要的意义；对于深化教育教学改革、提高人才培养质量，服务于加快转变经济发展方式、建设创新型国家和人力资源强国，具有重要而深远的意义。在高校思想政治理论课实践环节的教育教学中，实践教学、军事训练、社会实践活动是实践育人的三种主要形式。

（一）强化实践教学

　　实践教学是学校教学工作的重要组成部分，是深化课堂教学的重要环节，是学生获取、掌握知识的重要途径。思想政治理论课所有课程都要加强实践环节。要把实践育人纳入学校教学计划，系统设计实践育人教育教学体系，加强实践教学管理，提高实验、实习、实践和毕业设计（论文）质量。确保实践育人工作全面开展。要深化实践教学方法改革，重点推行基于问题、基于项目、基于案例的教学方法和学习方法，加强综合性实践科目设计和应用，加强大学生创新创业教育。

（一）组织军事训练

通过开展军事训练和国际形势教育、国防教育，使学生掌握基本军事技能和军事理论，增强国防观念、国家安全意识，弘扬爱国主义、集体主义和革命英雄主义精神，培养艰苦奋斗、吃苦耐劳的作风。

（三）开展社会实践

社会实践活动是实践育人的有效载体。社会实践活动的形式主要有社会调查、生产劳动、志愿服务、公益活动、科技发明和勤工助学等。要倡导和支持学生参加生产劳动、志愿服务和公益活动，鼓励学生在完成学业的同时参加勤工助学，支持学生开展科技发明活动。要抓住重大活动、重大事件、重要节庆日等契机和暑假、寒假时期，紧密围绕一个主题、集中一个时段，广泛开展特色鲜明的主题实践活动。

在高校思想政治理论课实践环节的教育教学中，实践育人特别是实践教学依然是高校人才培养中的薄弱环节，与培养拔尖创新人才的要求还有差距。要切实改变重理论轻实践、重知识传授轻能力培养的观念，注重学思结合、注重知行统一、注重因材施教，以强化实践教学有关要求为重点，以创新实践育人方法途径为基础，以加强实践育人基地建设为依托，以加大实践育人经费投入为保障，积极调动整合社会各方面资源，形成实践育人合力，着力构建长效机制，推动高校实践育人工作取得新成效、开创新局面。

高校思想政治理论课教师在运用实践教育法的过程中，一定要以正确的思想理论指导实践，不应盲目行事和搞形式主义，实践教育的形式既要丰富多彩、引人参与，又要因地制宜、讲求实效，如：学校中常用的社会调查、公益活动、勤工俭学、咨询服务、教学实习等都是有效的实践教育方式，在实践教育中使理论与实际相结合，思想政治理论课教学内容与社会实践有机结合起来。中国大学思想政治教育重视现代教育技术手段对思想政治等多种教育方法的补充与完善，以提高各种教育方法的有效性。随着中国现代教育技术的不断进步与发展，以多媒体技术为核心的多种计算机网络技术应用成为大学思想政治教育采用的重要方法与手段，并逐渐形成了一套较为完善的方法论体系。

高校思想政治教育采用的以计算机多媒体技术为核心的现代教育技术方法，主要在于通过对思想政治教育各种资源的有效开发、设计、运用以及管理等方式，将教师"传授"与学生"接受"的教育过程，以思想政治教育效果最优化的方式得以实现。这种教育方法有利于为学生创造一个图文并茂的真实学习氛围与环境，将理论性与知识性较强的思想政治理论课变得更加生动活泼、具体真实等，从而激发学生的学习兴趣与求知欲望，增强学生学习的主动性与自觉性，对于创造性思维以及自主学习能力的形成与培养都具有重要意义。可见，现代教育技术方法在大学思想政治教育过程中的具体应用，不仅使思想政治教育内容更加多元化与丰富化，同时也为学生接受教育内容，形成马克思主义的世界观、认识观、价值观，坚定社会主义理想信念，践行社会主义核心价值体系，形成社会主义完美人格创造了方法论基础。另外，以多媒体网络技术为核心的教育方法，与灌输式教育方法以及教师主导和学生主体式教育方法共同作用，形成中国大学思想政治教育方法论体系应有的合力。

第二节 高校思想政治的立体化教育构建

经济市场化、政治民主化、文化多元化、世界全球化和虚拟化、人的诉求多样化之间铰链式的互动过程中所出现的新问题、新矛盾，构成了我国思想政治教育新的时空境遇，并对我国思想政治教育发展形成新的环境压力，在丰富学科理论体系内容的同时，又在不断地提出新的问题，凸显新的矛盾，在这种对立统一的矛盾运动中，思想政治教育方法得以创立和不断发展。改革开放以来，我国实现了由计划经济向市场经济的经济转型，由农业社会向工业和服务业为主导的城市社会和知识社会的社会转型，由中央集权政治体制向社会主义民主政治体制的转变，由封闭、半封闭逐渐向全面开放的开放型社会转变。

一、构建条件

（一）现代信息技术的发展成果

现代信息技术的发展成果不仅使现代思想政治教育可以利用高科技成果营造浓厚的教育氛围，以含科技文化成果为载体进行思想政治教育，而且更突出地体现在可以通过高科技产品提供先进的教育手段和运用良好的教育方法进行思想政治教育。例如，我们可以利用信息技术和计算机网络技术与设备建立全社会或某一系统的思想政治教育与管理模型。这样既可以促进思想政治教育的规范化与科学化，又便于从事思想政治教育的领导和管理部门及时了解情况，为决策提供依据。

随着信息时代的到来，特别是网络技术的迅猛发展，整个社会已逐渐走进信息社会的新时代，人们的生产、生活和思维方式在新时代下自觉或不自觉地变化着。思想政治教育作为理论性和实践性兼具的认知活动和实践活动，信息时代下信息技术的发展尤其是多媒体技术的发展，给思想政治教育领域带来了巨大变革，用颠覆性形容这种变革也不为过。一方面需要思想政治教育与时俱进，转变教育方法、充实教育内容，另一方面媒体的发展拓宽了人类生活空间和交往范围，提供了新的教育手段和技术，从而改变着人们的学习方式，为思想政治教育的发展提供新手段。尽管多媒体技术的发展带给人类的影响也有消极方面的，但现代人已经不能离开多媒体技术而存在，其带给人积极的影响是主要方面，在思想政治教育领域也不例外。

网络在中国以快速发展的趋势普及开来，网络领域信息、知识的极度丰富和迅速更新为思想政治教育提供广阔平台，这主要表现在：①新媒体依托计算机网络技术、数字技术和移动通信设备技术等形成了便于传播和交流的工具，教育者可以最大限度利用这一传播优势，主动地、大规模地、长期地向教育对象宣传和教育，即使起不到及时的作用，教育对象也能在经常的"被灌输"中不自觉地接受"鼓动"。②教育对象能够通过媒体这一媒介和教育者进行平等沟通，减少双方之间因地位的"不平等"而产生的隔阂，以加强教育双方之间的有效交流，这是传统教育活动中师生严格界限和地位等级森严下无法实现的。③鉴于多媒体的灵活性，教育教学活动不再仅限于教室、讲台、粉笔和一张嘴，而是能够更多地利用微博、微信、论坛、博客等新兴手段通过形象生动的语言、文字、图片来实现，增加了教育的趣味性和时代感，而且时间、地点不再被限制，可以在不同时空进行互动，将传统教育中限制双方交流的条件降到最低，较大程度上提高了思想政治教育的效率。在思想政治教育实践尤其是思想政治教育理论课中引用多媒体辅助技术，按照人们的多媒体学习特点、规律与技术来组织多媒体教育的方法与技术，可与讲授等传统语言教育教学方式一样通过词语和画面"两种通道"呈现同类材料，加强思想道德的教学与学习。

（二）现代思想政治教育学及相关学科的理论智慧

思想政治教育方法理论有广泛丰富的实践基础和浓厚坚实的理论渊源，是以马克思主义为理论基础，揭示思想政治教育领域特有规律而形成的科学体系。它是一门综合性、应用性、时代性很强的学科。其学科理论体系必然要随着思想政治教育实践的发展和基本范畴内容的精确、丰富而不断完善。随着思想政治教育学范畴的不断充实更新，其体系不仅能充分反映科学发展的新成果和思想政治教育的新理念，而且具有适应时代发展、能够容纳今后科学发展和思想政治教育新理念的开放性构架。

在理论上，现代思想政治教育学通过加强学科理论体系和分支学科的研究，对各领域的历史成果和新成果进一步提炼，从而不断丰富、充实和完善其范畴体系。与此同时，与思想政治教育学相关的学科和交叉学科的发展，也促进了思想政治教育学的发展；从人学、社会学、文化学等学科视角开展思想政治教育研究，也取得了可喜的成果，展现了勃勃生机。现代思想政治教育学在学科体系上的完善与发展，与相关学科的交叉融合，不仅在理论上为思想政治教育方法的发展提供了理论支持，而且在研究方法和工作方法上也为思想政治教育方法的创新提供了借鉴。

任何学科都不是孤立的，总是或多或少与相关学科联系或交叉，需要及时借鉴和吸收其他学科的成果，思想政治教育作为一门研究"人"的学科，是一门与多个相关学科联系密切的综合性学科，借鉴、吸收其他学科理论与方法、研究成果是丰富和完善思想政治教育方法的重要途径，从而带动其方法论的更新，例如，在系统论中，以系统为研究对象，在其基本方法中，要求从整体出发，多层面、多角度思考问题，这对我们从思想政治教育系统与外部环境、思想政治教育系统内部各要素相互关系中，去揭示和研究整个系统的运行状况，实现教育最佳效果，提供了方法论基础。现代思想政治教育学在其学科体系上的完善与发展加上与其他学科的交叉融合，不仅在理论上为高校主导性思想政治教育方法的发展优化提供理论支持,而且在具体方式方法运用上提供创新和优化的思路。高校主导性思想政治教育方法受到思想政治教育方法理论发展的影响。借鉴相关学科的方法谋求大学生思想政治教育方法创新具有重要意义,它不仅符合一般学科发展的共识,同时也是历史维度的证实、学科特性的要求和现实层面的呼唤。

　　在多元文化背景下,大学生思想政治教育的复杂性逐渐提高,迫使思想政治教育不能再局限于两三门学科之间,而是需要更多的交叉学科参与进来。大学生思想政治教育方法要想有所改进和创新,不仅要坚持马克思主义基本理论,也要借鉴吸取其他相关学科的知识和方法,因为通过借鉴其他学科的方法,可以找出它们之间的共同点和不同点,力求找出好的方法为"我"所用,这对于大学生思想政治教育方法创新具有重要的现实意义与理论价值。借鉴相关交叉学科的方法推动大学生思想政治教育方法的创新,一般而言就是通过观察、分析和比较,来汲取相关学科中的好方法和新方法,使传统的、单一的、古板的灌输式思想政治教育方法逐渐转变为立体动态的教育方法,以此来不断丰富大学生思想政治教育方法体系。因此,大学生思想政治教育工作者应积极研究和借鉴多学科理论和方法,把交叉学科中新的研究视角、新的研究成果、解决问题的手段和新的研究方法有机地整合在一起,拓展大学生思想政治教育方法创新的研究视野。

(三)思想政治教育工作者队伍建设的现实成效

　　改革开放以来,高校思想政治理论课教师队伍建设是在曲折探索中不断向前发展的,既取得了突出成就,又存在一些主要问题,需要全面地、辩证地加以总结,开创高校思想政治理论课教师队伍建设的新局面。改革开放以来,高校思想政治理论课教师队伍建设的突出成就,为促进高校思想政治理论课程改革、加强大学生思想政治教育提供了可靠的组织保证。党中央采取了一系列措施和政策来加强高校思想政治理论课教师队伍建设,取得了突出的成绩,主要表现在以下几个方面:

　　1. 明确了教师队伍的主要职能

　　思想政治理论课教师队伍的职能,就是指思想政治理论课教师队伍的职责和功能。明确其职能,对于发挥思想政治理论课教师队伍的作用和加强其建设具有重要的意义。改革开放以来,党中央把明确教师职能作为加强"教师队伍建设"的基本来关注。马列主义教师的主要职责是从事教学和科研",强调"教师应努力提高自己的理论水平,发扬党的优良传统和作风,成为学生的表率。教师队伍的职能得到进一步明确。突出强调马列主义课教师,应该解放思想、实事求是,努力进行四项基本原则教育,宣传党的路线、方针和政策,培养学生的无产阶级世界观和共产主义道德。政治理论教师既是马克思主义理论的宣传者,又是思想政治工作者,真正做到既教书又育人。要求在教学中,不仅要传授知识,而且要以自己对共产主义事业、对马克思主义真理的坚强信念感染和教育学生,关心并帮助学生在思想上、政治上健康成长。要努力克服脱离实际、脱离时代的弊病,坚持理论联系实际的方针,积极地投入教学改革。教师队伍的职能明确后,广大思想政治理论课教师在实践中不断加强思想道德修养,完善知识结构,提高教学能力和科研能力，以更好地担负起自己的职责，涌现出了不少令人感动的先进事迹。

2. 提高了教师队伍的整体素质

自从改革开放以来，党中央非常重视这支队伍整体素质的提高，并把它作为加强教师队伍建设的一个重要内容来抓，各级教育部门和高等院校不断加强对教师的马克思主义理论教育，从整体上提高教师的马克思主义理论素养，针对教师"年龄老化、后继无人、知识水平不适应"的实际状况，通过"在职进修和短期脱产培训"等方式，扩大教师的知识面。各级教育部门和高等学校为马克思主义理论课教师积极开展科学研究创造良好的环境和条件，大力提倡严谨的科学态度、勇于创新的精神和理论联系实际的学风，充分调动马克思主义理论课教师从事科研的积极性，提高教师的科学研究能力。通过研修，提高了思想理论水平，交流了各高校加强思想政治理论课教学单位建设的经验和做法，进一步掌握了教学方法。

3. 教师队伍建设是各项政策的重要保障

对思想政治理论课教师队伍建设而言，在历次的思想政治理论课程改革过程中，都把制定和落实教师队伍的各项政策摆在突出的位置。教育部提出要切实改善思想政治理论课教师的政治待遇、学习条件和工作条件，恢复理论课教师的业务职称，加强教师的培养和进修。要制定思想政治理论课教师的进修计划和专业技术职务评定考察的内容，解决教师的科研经费，逐步建立马克思主义理论课新师资培养基地，切实解决教师的编制，抓紧中青年骨干教师部门负责人的培养。要建立和完善思想政治理论课教师队伍培训体系，采取脱产进修、攻读学位、名师指导、社会考察、国内外学术交流等措施，加强学术带头人和骨干教师培养。不断完善教师队伍建设的考核评价体系和教师职务评聘体系、教师表彰奖励机制。在党中央的统一要求下，各级教育部门和高校纷纷制定了加强思想政治理论课教师队伍建设的实施意见和各项政策。

4. 提供队伍建设支撑

马克思主义理论学科建设为加强思想政治理论课教师队伍建设提供了很好的学科支撑。根据马克思主义理论学科的性质、特点和要求，进一步凝练了学科方向，为马克思主义理论研究和思想政治理论课教育教学培养高水平的人才，这是加强马克思主义理论学科建设的应有之义。党中央历来高度重视马克思主义理论学科建设，中共中央宣传部、教育部强调要设立马克思主义一级学科，开展马克思主义理论体系研究。在此精神指导下，中宣部、国务院学位委员会、教育部抓紧了开展设立马克思主义一级学科的论证工作，在全国建立了马克思主义理论一级学科及所属的二级学科，积极开展马克思主义理论体系研究，马克思主义发展史、马克思主义中国化、中国近现代史、思想政治教育研究。马克思主义理论一级学科设立后，各高校大力加强马克思主义理论学科建设，注意从研究方向、课程设置、实践教学、培养方式以及专业培训等多方面培养思想政治理论课教师，不仅提高了现有思想政治理论课教师的综合素质，而且培养了新的师资以补充思想政治理论课教师队伍。

5. 加强了队伍建设的宏观指导

加强思想政治理论课教师队伍建设的宏观指导是促进教师队伍建设沿着正确的方向发展的重要保证，在我国经济体制深刻变革、社会结构深刻变动、利益格局深刻调整、思想观念深刻变化的今天，切实加强党中央和各级教育部门对思想政治理论课教师队伍建设的宏观指导，对于思想政治理论课教师队伍建设拓展新的思路、提供新的举措、指明新的方向，具有更为重要的意义。

改革开放以来，党中央高度重视思想政治理论课教师队伍建设的宏观指导，就"教师队伍建设"的各个方面都提出了建设性意见，主要反映在中央历次下发的关于"加强大学生思想政治教育"和"改革思想政治理论课程"的文件中。从教师队伍建设的重要性、紧迫性和总体要求、科研组织建设、教师的选聘配备、教师队伍的培养培训、学科建设、教师队伍建设政策和制度保障等方面对加强和改进教师队伍建设进行了明确的规定，是指导思想政治理论课教师队伍建设的纲领性文件。在中央的要求和指导下，各级教育部门和高等学校也积极采取有效措施，纷纷制定教师队伍建设的整体规划。

二、构建原则

（一）目的性原则

目的性原则是思想政治教育目的的要求，也是思想政治教育基本规律的具体体现。目的性原则就是要求思想政治理论教育立体化教学模式为实现思想政治教育根本目的服务。因此，思想政治理论教育立体化教学新模式要明确思想政治教育的根本目的，处理好思想政治教育课堂理论教学、实验教学、实践教学和网络教学之间的关系，实现各教学协调统一，共同为思想政治教育总目标服务。

思想政治教育为什么存在和发展，也就是思想政治教育的目的是什么，是说明思想政治教育存在的必要性的重要因素，更是规定思想政治教育目的的首要条件。"培养阶级或阶级社会需要的人才"作为思想政治教育的目的是可取的，我们从几个方面对这个目的进行分析，即思想政治教育的目的性主要体现在：①思想政治教育为阶级、政党的统治服务的目的。②为社会稳定和发展服务的目的。③为了人的完善和发展服务的目的。从这三个层面全面认识思想政治教育的目的，有助于对思想政治教育目的形成正确的认识。

思想政治教育并不是人类社会先天就有的，而是伴随着阶级和国家的产生而产生。思想政治教育作为一种实践活动贯穿于阶级社会的全部历史，虽然在不同的历史时期、不同的地域，思想政治教育存在的样态不同，但其主要代表的是统治阶级的利益，并且由统治阶级组织实施，是统治阶级维护其统治的最得力的工具。思想政治教育不仅承载着意识形态，更重要的是把意识形态传播出去，从而对社会成员的思想观念等方面产生实质性的影响。思想政治教育在传播意识形态方面有自己独特的优势，思想政治教育具有亲民性。思想政治教育并不是以上传下达的指令形式存在的，而是渗透于各阶层民众之中，结合民众具体的生活实际进行实践活动，接近群众、服务群众，必然得到群众的广泛支持。思想政治教育具有广泛性。思想政治教育普遍存在于人们生活的各个领域，学校、社区、军队、农村、企业等，它存在的广泛性同时决定了思想政治教育影响范围的广泛，影响作用的巨大。它的方法具有多样性，思想政治教育并不是简单地宣读政治指令和相关文件，而是以多彩的形式开展的。其中，举办研讨会、组织参观纪念馆，开展文娱演出甚至播放具有教育意义的影片，都能够成为其教育的有效形式。由于思想政治教育的亲民性、广泛性以及存在形式的多样性等特点，思想政治教育无疑是传播意识形态最有效的手段。

社会的稳定关系着社会存在和发展的大局，维护社会稳定的途径有很多种，思想政治教育属于其中既主要又关键的部分。阶级社会虽然以阶级对立和斗争为最明显的标准，但除阶级斗争之外，社会各阶级之间，社会成员之间都存在着联系，在很多方面更存在着共同的利益。这些联系和共同的利益将各种不同的力量整合于社会这个大家庭中，这些不同的力量能否在社会中发挥各自的作用并且做到和谐共处，是决定社会稳定和动荡的关键。同时，社会的稳定又是统治阶级实现政治统治的前提和人们安居乐业的保证，因此只有发挥国家的社会职能，保障不同群体的利益，才能够维系社会的稳定。要充分发挥国家的社会职能，实现不同社会成员对社会的认同，首要工作就是教导社会成员掌握社会共同的价值观念，遵守社会的制度和规范，思想政治教育是完成这项任务最有效的途径，它在对人们传授知识的同时，也将社会的规则和主流价值传递到了人们心中，使人们能够做到遵守社会规范，严格要求自己，维护社会整体的稳定和发展。

社会的稳定和发展都离不开社会管理，社会的稳定和发展又能推动社会管理的实现。谈到社会管理，事实上，更多的是对社会中的人的管理。对社会中的人的管理，最重要的一个方面就是对社会中人的思想的管理。思想政治教育对人们的思想进行管理主要是通过帮助人们实现政治社会化，提升人们的精神境界，为人们提供榜样模范，激励人们不断进取和奋斗实现的。思想政治教育就是通过对人们思想的管理来帮助实现社会管理的。思想政治教育通过影响人们的思想，从而规范人们的行为，实现对人的思想和行为的管理，由于社会是由个体的人组成的，所以思想政治教育间接地实现了对社会的管理，这不仅帮助人们不断地发展和完善自身，同时也激发了他们为整个社会服务的潜能，为社会的健康发展提供了坚实的保障。总之，思想政治教育在社会发展的层面上始终发挥着重要的作用，是保证社会稳定、推动社会发展和实现社会管理的重要力量，这也是我们从社会的维度对思想政治教育目的的第二层解读。

普通民众的思想状况和政治社会化程度直接决定着整个社会的思想道德发展水平，影响着国家的稳定和发展，从而直接关系着统治阶级利益的实现。因此，思想政治教育要实现的最基础的目标就是培养合格的社会公民，即通过一定的方式将社会的主流理念传授给社会成员，以使他们认同并接受统治阶级所确认的思想、意识、价值、观念、规范、行为方式等内容，并乐意承担一定的社会责任和义务，从而接受和维护统治阶级的统治。同时，思想政治教育在为统治阶级培养合格的社会公民的过程，也是帮助人们不断地实现政治社会化的过程。在阶级社会中,人要生存和发展都必须经历政治社会化,接受社会主流的价值理念和制度规范,支持现行的法律制度和行政制度,并且参与到政治生活之中,帮助社会维护稳定的秩序。政治社会化是人们在阶级社会中生存的保证、发展的前提,也是培养合格的社会公民的重要途径。

思想政治教育对统治阶级的接班人的培育,首先是社会所需要的人才,最基本的是思想观念、政治观点、道德品质符合社会的要求。除此之外,对他们的要求绝不是"接受或不反对统治阶级的统治",而是在阶级统治的过程中发挥巨大的能动作用。他们首先不仅要接受思想政治教育,而且要在内心上对阶级的统治达到认同的程度;不仅要赞成和支持统治阶级的思想观念,更要投入到宣传和普及这些观念的行动之中;不仅要将统治阶级统治中的优点发扬光大,同时也要保持警醒,对于存在的缺点和弊端及时的发现和纠正;不仅是要不断学习已有的经验,还要在实践中不断地发展和创新。只有这样才符合统治阶级接班人的合格标准,这也是思想政治教育为统治阶级服务的另一个重要表现。

思想政治理论课教学方法的创新就是要研究如何通过对大学生进行健康向上的兴趣、情感、意志等方面的教育,引导学生去追求一种理想的精神境界和行为方式,进而形成更高层次的思想品德、价值观念和积极作为的人格特征,引导其个性充分和谐的发展。众所周知,对大学生开设思想政治理论课程的目的和任务是要紧扣大学生成长中遇到的问题,有针对性地开展马克思主义世界观、人生观、价值观和法制观的教育,引导大学生树立远大理想,陶冶高尚情操,认同并遵循体现中华民族传统和时代精神的核心价值标准与行为规范,养成良好的思想道德素质和行为规范,增强社会主义法制观念,做"有理想、有道德、有文化、有纪律"的社会主义建设者和接班人。可见,思想政治理论课的任务和内容具有政治性和导向性的特点。思想政治理论课的教学目的和教学内容内在的决定了思想政治理论课教学要将世界观、人生观、价值观、法制观问题始终潜移默化地渗透在教学的全过程,努力达到论理而不说教和润物细无声的教育效果。而思想政治理论课程教学方法的改革和创新就必须服从和服务于这一教育教学目的和内容。

(二)主体性原则

主体性原则就是要求思想政治教育立体化教学模式充分体现出学生主体性的原则。立体化教学模式的出发点和归宿就是要求从教材、教学内容的选择到教学方法、教学手段、教学评价的运用都要体现学生的自主性、参与性、选择性,体现以人为本、以学生为主体的教学观。要求教学内容在选择和使用上要符合思想政治理论课教学目的、教学大纲和素质要求,要有利于大学生主体性的发挥。教学方法和手段上,要注重发挥学生的积极性,激发学生参与教学活动。教学评价上,要采用有利于学生自主学习的评价方法。

思想政治教育工作,实质上就是以人为工作对象,做人的思想转化工作。思想政治教育是思想政治教育者帮助思想政治教育对象提高思想道德素质的过程,是将一个不适应或不完全适应社会发展需要的人,培养成为能够适应一定社会发展需要的合格社会成员的过程。以人为本就是要重视人的价值、肯定人的作用、承认人的力量和能动性，以人为根本。主体性思想政治教育模式坚持以人为本原则，就是要把以有利于学生全面发展作为最根本的标准，它是指在思想政治教育活动中，坚持一切从人出发，尊重人、理解人、关心人，充分调动和激发教育对象的积极性和创造性，以达到人的全面发展为目的的观念。以人为本要求在思想政治教育出发点上尊重教育者和教育对象的主体地位，了解学生特点和学生需要，从学生的内在需要出发，帮助学生形成正确的需要层次和需要结构；在思想政治教育目标上不仅仅考虑社会规范和要求，更要突出培养学生全面发展、培养学生主体性的要求；在思想政治教育方法上实现由外部灌输向注重学生自我实践体验的转化；在师生关系上实现主客对立向师生互动的转变等等。"为了一切学生，为了学生的一切，一切为了学生"，正是以人为本思想在高校主体性思想政治教育模式的体现。

高校思想政治教育要想真正富有成效，就必须坚持以人为本，从学生的需要出发，把学生的需要作为工作的出发点和归宿，尊重、研究、满足学生的主体需要，从而使学生的主体需要更好地发挥对行为的驱动作用，以增强高校思想政治教育的有效性。如果思想政治教育者不考虑学生的主体需要，一味地凭自己的主观意愿进行机械地灌输，那么这种在没有学生认同的情感基础上的教育，是不可能收到良好效果的。大学生的主体需要是丰富而又具体的，主要包括学习需要、生活需要、情感需要、发展需要、就业需要等。同时，不同层次的人有不同层次的需要，一个人不同时期的需要的重点不同，即主要需要不同。

在思想政治教育立体化模式构建中以充分发挥大学生的主体性为根本导向。大学生思想政治教育既是教育者施教的过程，也是大学生接受教育和进行自我教育的过程，教育者教育作用的发挥与大学生自身的主观努力是分不开的。所以，教育者选择和运用思想政治教育方法时，要把大学生的因素考虑进去，把其当作思想政治教育的主体因素对待，而不把其视为单纯的被动接受客体。其一，要认同和尊重大学生的主体地位。这要求教育者在选用思想政治教育方法时，应根据大学生的实际情况有针对性地选取合适的方法，立足大学生实际情况决定所采用的方法。此外，在方法运用过程中，还应根据大学生的情况随时进行必要的调整调节。其二，要对大学生的主体意识予以重视并善于激发。主体意识是人对自身主体的地位、能力和价值的认识，实践活动中人的主体意识越强，越容易自觉地发挥能动性，践行大学生思想政治教育以人为本的方法理念，就应该在方法的运用过程中创设良好的情境和条件，促使大学生主体意识充分发挥作用；最后，还要关注和发挥大学生的主体能力。教育者要充分关注和发挥大学生的主体能力，这也是教育方法取得有效性的重要保障。教育者在教育方法的选择和运用中，要从大学生的实际情况出发，以充分发挥他们的主体性为根本导向，尊重他们的主体地位，有针对性地立足其实际情况决定所采用的方法。此外，在方法运用过程中，还应根据大学生的情况随时进行必要的调整调节，并努力创设良好的情境和条件，促使大学生的主体意识充分发挥作用，这是当前大学生思想政治教育践行以人为本方法理念的基本要求之一。

以促进大学生的自由全面发展为归宿。人是教育的基础也是教育的根本，教育的本质就是育人，人既是教育的出发点也是教育的归宿。思想政治教育贯穿于人的自由而全面发展整个过程的始终，而人的自由全面发展是其必然的归宿和终极目的。因此，思想政治教育成为促进大学生全面发展的重要途径。促进大学生的自由全面发展是思想政治教育的最高目的，而作为有目的地培养大学生思想道德素质的社会活动，在其教育方法的制定、选择和运用的过程中，应当立足实际，以学生为本、培养全面发展的人，关注时代对人才的需要，以广大学生的成长成才作为出发点和归宿，以实现大学生的全面发展为目标。在价值取向上实现思想政治教育的社会价值和个体价值的统一，使思想政治教育方法更能贴近大学生学习和生活的实际。具体落实到大学生的自由全面发展主要表现在两个方面：

第一，大学生有实现或满足自身自由发展的需要。由于每个大学生各自的具体状况不同，就决定了各自的个体需要都会不尽相同，只有充分肯定大学生个体需要的多样性，并在教育中不断地对其加以满足，才能促进大学生的全面发展。

第二，自由全面发展体现为大学生的各方面能力都能得到自由的拓展。大学生自身的能力是需要不断教育和培养的，大学生在校期间努力实现全面发展的一项重要内容就是其能力的不断开拓和发展。因此，从教育本质和时代特征方面出发，大学生思想政治教育对其教育方法提出的根本要求，就是关注、培养和实现大学生的全面发展。

此外，大学生思想政治教育方法要遵循人性化原则，凸显人文色彩。这主要是指在思想政治教育过程中，通过将大学生的自然属性和社会属性、共性和个性、理性和非理性的因素辩证统一的理解来实现和体现人文关怀。大学生既是教育的对象，也是教育者工作应该关怀的对象，教育者既需要对大学生从思想、政治、道德等方面加以提高，也需要从现实需要、物质利益、心理需求等方面充分关怀，突出大学生自然属性和社会属性的统一，体现人文关怀。尽管大学生思想政治教育的目标和要求在教育实践中是一致的，但由于每个人的个性特征不尽相同，因此在教育方法的选择上就要充分考虑每个人丰富的个性特征，要根据不同的个性特征选择不同的教育方法，做到共性和个性的统一。思想政治教育作为有目的、有计划的教育活动，往往会注意利用大学生的理性因素达到教育目的，积极发掘并利用非理性因素，如：大学生的情绪、情感因素等，也会取得意想不到的效果，这就是理性和非理性的统一。运用思想政治教育方法突出人文色彩，本质就是要通过关注大学生的精神生活，采用贴近生活和实际的教育方式方法开展教育，赋予大学生思想政治教育以人文关怀。

（三）实践性原则

思想政治教育立体化教学模式突出的特点就是实践性。所谓实践性，它主要区别于课堂理论教学，是利用课堂以外的时空组织的教学活动，教学方式、教学手段与课堂理论教学相比，主要采取参观、实地调研、现场参与、共同研讨等形式。内容形式上更加丰富、具体、感性，不再是强硬死板的概念、判断、推理等逻辑形式，而是活生生的事实、图像、景观和强烈的现场参与感，有利于巩固知识、理论、原理，促使感性认识上升到理性认识；在实践教学过程中，教学双方地位和角色关系较课堂教学更具有平等性、民主性、互动性，学生不再是处在被动的地位和角色，而是主动积极地参与教学活动，有利于激活学生的主体性，加快学生知与行的统一。

高校思想政治理论课作为高校教学体系中的一门基础学科，是高校马克思主义理论教育的主渠道、主阵地，其教学效果的好坏直接影响着当代大学生的世界观、人生观和价值观。为更好地促进高校思想政治理论课实践教学的实施，我们把思想政治理论课实践教学的内涵定义为：思想政治理论课实践教学是依据思想政治理论课教学目标，在理论教学的基础上，在教师的指导下组织和引导大学生亲身参与各种社会活动与调查研究，以在活动中获得思想道德方面的直接体验，深化理论认识，提高自身综合素质能力为目标的各种教学方式或环节的总和。对思想政治理论课实践教学的理解需要把握以下几点：

第一，思想政治理论课实践教学的目标是让学生将所学理论知识运用于日常生活，培养和提高其认识世界、改造世界、解决实际问题的能力，它与其他教学课程一样需要系统的规划。

第二，思想政治理论课实践教学的形式应该丰富多样，既可以在课堂上进行，也可以在课堂外进行，亦可在虚拟网络上进行，但必须与课程内容有关，丰富多样的教学形式的最终目的都是为了培养和提高学生的思想道德水平和动手创新能力，否则不能称之为思想政治理论课实践教学。

第三，思想政治理论课实践教学必须体现学生的主体性，即通过学生的主动参与使其主观能动性得到充分发挥。

思想政治理论课校园实践教学就是在高校思想政治理论课教育教学目标的指导和规范下，以校园环境为载体，以课外时间为活动时间，以学生的兴趣为纽带，由学生自主设计、策划、组织和开展的，在长期互动中形成的旨在促进学生社会化和全面发展的一系列活动和过程的总和。它是思想政治理论课实践教学体系的重要组成部分，是连接课堂实践教学与社会实践教学的重要纽带，能在较为广泛的空间层面上实现思想政治理论课教育教学相关理论和观点的具体展开。这种实践活动具有校园化、生活化、趣味化的主要特征。通过这些校园实践活动，大学生们既可以弥补课程学习过程中的不足，又可以在这些活动中培养互助、合作、协调、管理等良好的思想品德和作风，还为他们迈入社会、适应社会做好了准备。让大学生将所学理论知识与社会实际相结合，深入基层，通过自己亲身体验认识社会、锻炼能力、增长才干，从而树立正确的思想观念，提高自身的思想觉悟，增强服务与责任意识，培养创新精神和实践能力。它主要通过学生实地考察、参观访问、实证调查、志愿者服务等形式来实现。

把高校思想政治理论课实践教学具体划分为校园实践教学、社会实践教学以及虚拟实践教学，是基于大学生为同一实践主体，承担着受教育、长才干、做贡献的同一教学目标，以实践活动的场所、载体和环境为区分依据而进行的分类。这种分类能够大大拓展高校思想政治理论课实践教学的时间与空间范围，有利于高校教职员工更好地履行教育职责,有利于大学生全员全时、就近就便、可持续的参与社会实践,以便捷的方式争取社会各界对高校思想政治理论课实践教学的关心和支持,也更容易为高校学生思想政治工作者和大学生所理解、把握、操作和实施。

(四)系统性原则

系统性原则就是要求思想政治教育内容与教育方法的系统化结合以及教学方法本身的系统化构建。思想政治教育学界存在的不足之一在于孤立地研究思想政治教育方法和思想政治教育内容,既没有深入具体和针对性地分析思想政治教育方法和思想政治教育内容,也没有很好地将两者结合起来加以考察和研究。要知道只有当既有思想政治教育方法又有思想政治教育内容,而且思想政治教育形式和内容相互适应时,思想政治教育才会有效果。

思想政治教育内容适当是指时代性、对象性和政治性的有机统一。思想政治教育是党的工作的重要组成部分,为党的中心工作和中心任务服务。中国共产党在不同历史时期的中心工作和中心任务是不同的,所以思想政治教育的内容就必须随着党的中心工作和中心任务的变化而变化。同时,确定思想政治教育内容也必须注意教育对象的差异性,做到有的放矢,有针对性地安排教育内容,先进性与广泛性的原则要求我们在思想政治教育过程中根据不同群体、不同层次的教育对象的不同特点和不同要求,区分教育内容的层次性。当前,思想政治教育工作中还必须强调政治性,因为总有人试图去掉思想政治教育中的"政治"二字,有意无意地轻视和忽视政治性,推崇普适性和一般性。须知,思想政治教育中的政治概念既有历史性也有不变性。目前我们所讲的市场经济、和谐社会、现代化、物质文明、政治文明、精神文明、改革开放都有一个社会主义问题,即社会主义市场经济、社会主义和谐社会、社会主义现代化、社会主义物质文明、社会主义政治文明、社会主义精神文明、社会主义改革开放。

总之,思想政治教育要以中国特色社会主义理论体系为指导。思想政治教育方法适当是指时效性、对象性和生动性的有机统一。时效性就是要注意思想政治教育工作的时代背景、物质条件和科学技术的发展状况。思想政治教育方法必须随着时代的发展变化而变化,随着为之服务的中心工作和中心任务的变更而变更。思想政治教育方法的对象性是指思想政治教育必须考虑到教育对象的差异性,教育内容的不同,有针对性地开展教育活动。不同对象、不同内容当然要有不同的形式,相同对象、相同内容有时也要采取不同方式。思想政治教育形式的生动性就是指在思想政治教育工作中要通过丰富多彩、生动活泼、寓教于乐的教育活动,采用为教育对象喜闻乐见的教育方式。

思想政治教育方法和思想政治教育内容的两者协调是指教育内容和教育形式的同一性、兼容性、互补性。思想政治教育过程中时代(效)性、对象性必须同时兼顾,即思想政治教育方法和思想政治教育内容必须同时兼顾时代(效)性、对象性。不能为生动而生动,更不能为形式生动而丢失政治内容。思想政治教育的政治性并不表示僵化、古板、缺乏生气、活力,相反,越是深奥的道理、政治性越强的内容更需要有为广大人民群众所容易接受的形式，这样才能达到灌输的目的。

思想政治教育要取得预期效果，不是一件容易的事情。思想政治教育方法、内容与效果之间存在着诸多情况，会出现多种不同的结果，思想政治教育只有采取合适的形式，安排恰当的内容，并处理好形式、内容的辩证关系，才能取得实效。这一理论得到了历史和现实的印证。因此，广大思想政治教育理论研究者和实际工作者在思想政治教育理论研究和实际工作中，必须关注思想政治教育形式、内容与效果之间的内在联系，需要处理好思想政治教育方法与内容的辩证关系，认真研究"四种情况"和"六种表现"，找到思想政治教育的最佳内容与形式以及最优组合，从根本上解决现实中出现的思想政治教育低效甚至无效问题，从而使思想政治教育获得最大效能，达到最佳效果。

所以，思想政治理论课的课程性质和教学内容内在地决定了思想政治理论课的教学方法具有不同于一般自然科学专业知识教育的功能和特点，后者所研究的是自然现象，本质上是实证科学，即它要回答的是自然界中的客观事物"是怎样的"。其教学方法注重的是对知识的认知和接受，它更多具有启迪智力的功能，而思想政治理论课教学着眼于启迪人的心灵世界，建构人的生活方式，从而实现人的人生价值。因此，思想政治理论课教学方法更多的是一种启迪心智和精神引领的功能。它不仅要求接受和理解，更注重力行、实践和内化。要使学生掌握的理论知识具有向实践迁移的价值。即其教学目标不仅要解决学生对社会道德基本要求和法律规范的知不知、懂不懂的问题，还要解决信不信、行不行的问题。

广义的立体化教学情境和交互式的教学活动，是指学校教学中一切相关事物的相互作用与影响，包括课内互动和课外互动，如：备课活动互动；讲、评课互动、学生作业互动、测验互动、信息反馈互动等。狭义的立体化教学情境和交互式的教学活动，是指课内师生之间发生的各种形式、各种性质、各种程度的相互作用与影响，也即教师和学生这两类角色相互作用和影响的过程。立体化教学情境和交互式的教学活动是指在教学活动中，师生之间、学生之间借助沟通、交流、合作的方式，充分发挥双方的积极性、主动性，为课堂教学营造一个愉悦、真诚、和谐的多元互动环境，促使学生主动参与和全身心投入课堂学习，激发学生的学习热情，拓展学生学习思维方式，从而达到相互促进、有效完成教学任务的教学方法，立体化教学情境和交互式的教学活动既不同于传统的以教师为中心的"灌输"式教学法，也有别于放任学生自发学习的"放羊"式教学方法。它既要求教师关注学生的学习兴趣，进行有针对性的教学，也要求学生在教师的精心指导下按教学计划的要求系统地学习立体化教学情境和交互式教学活动的基本特征有以下几个方面：

1. 教学形式的多样性

立体化教学情境和交互式的教学活动克服了以前课堂上只是教师一人在讲台上唱独角戏，所针对的是多媒体而非台下的学生群体，偶尔提几个问题，学生无应答，教师只好自问自答。在互动式教学中，教师除了对所授内容精讲外，应留出相当一部分时间组织学生进行案例分析、自主学习、抢答比赛、小组讨论、个人演讲、课堂辩论等活动，让课堂教学形式呈现多样化。

2. 教学内容的广泛性

立体化教学情境和交互式的教学活动不局限于课本内容的教学，教师可紧扣教学目标，依据教材内容的重点、难点，针对学生关注的社会热点、焦点问题进行教学。同时，教师还可让学生课前充分预习准备，通过收看电视、收听广播，借助电脑、手机参与网络互动，全方位、多途径地搜索查询与教学内容相关的知识，然后在课堂上充分表达自己的观点、想法，积极主动地与老师和同学交流、互动，从而弥补和充实书本上的知识，丰富和拓展教学内容。

3. 教学交流的多向性

立体化教学情境和交互式的教学活动通常采取专题讲授、案例分析、课堂讨论、社会实践等教学形式，促使以往的单向互动交流模式向师与生结合、生与生结合、生与媒体结合的多向交流模式转变，充分体现学生学习的自主性和灵活性。其中，师与生的互动交流，既可以减少学生学习理论知识的时间，又有利于促进师生教学相长。生与生的互动交流，既有助于取长补短，又能创设合作机会，增进学生之间的相互了解和团结互助。生与媒体的互动，既增加了学习的直观性，便于理解和记忆，又让学生从电脑、智能手机等高科技媒体上学到书本上没有的知识，有利于完善知识结构和扩大学习视野。

4. 教学情理的交融性

在互动式教学中，情感因素发挥积极的作用，课堂不仅是知识的传递过程，也是情感交融的过程。环境对情绪和情感有很直接的制约作用。思想政治课教学中，学生的情感活动是与环境条件密切相关的，思想政治课教学的内容，已经相当概念化和理论化，具有间接性、抽象性、辩证性和全面性的特点。学生由于年龄和阅历的不同，缺乏实际的社会生活经验，因此在理解和掌握思想政治课的内容原则上会有很多的困难，如果教师再不注意适当的创设情境，情感教育就很难达到应有的效果，知识、理论的教学也容易流于形式和教条化。只有创设情境条件，让学生在实际或模拟的环境中去感受、体会所学的知识和内容，学生才可以真正理解理论所揭示的社会关系，并建立起相应的真实情感。教师要注重以情动人、情境交融，通过设置一定的教学情境，把学生带入到特定的情境中，在引导学生学习知识的过程中，不断深化对理论知识的理解，增强综合素质，提高学生的自主学习能力、探索创新能力、社会实践能力、交流应变能力和明辨是非能力，让学生在积极的情感体验中不断面临新问题、新材料和新观点的刺激，从而使每一节课都有新收获、新感觉、新体验。

第三节 高校思想政治的立体化教育路径

思想政治教育理论教学和研究的实践导向和价值追求蕴含着对社会现实问题的不断追求,而真正的问题意识是前瞻性的,是在对现实实践的考察中获得的。因此,思想政治教育理论的发展,正是在对现实问题的不断超越中开辟境界的。前瞻地解决问题,要求在解决问题的同时,使受教育者的思想认识超越现有水平。这自然要求具有前瞻性的理论来指导,从而洞见和昭示更为久远的未来,使思想政治教育实践更具预见性、科学性,思想政治教育理论研究应当通过螺旋式的发问和应答去反复追问带有普遍性、根本性的问题,在对现实问题的深刻思考中昭示未来。在高校思想政治教育中树立问题意识,建构基于问题意识的思想政治教育的学习模式,保障学习的实效。

一、社会服务学习模式

"服务学习"作为一种新型的学习模式近年来发展迅速,引起世界上一些国家和地区的广泛参与。志愿服务作为服务学习的主要形式之一,以在校大学生为参与主体,经过近几年的快速发展,已成为高校社会实践的一种重要形式,在高校思想政治教育开展中不可或缺。将服务学习模式引入高校思想政治教育,一方面有利于我国高校志愿服务实践的研究;另一方面也为高校开展思想政治教育提供了一种新途径。

(一)社会服务学习的内涵

服务学习是将服务与学习相融合的教学方式,从广义上讲,学生所参与的一切对其知识、能力、品德产生影响的活动都可视为服务学习。但从严格意义上来说,服务学习更注重服务与系统化的学习紧密联系,即过服务实践与知识理论学习的相互融合来丰富学生的知识、完善学生的品格、提高学生的技能和公民能力。这一过程中,服务与学习密不可分,学习与服务并重是服务学习的主要特征。

社区服务重在公益性,这种活动与教学、课程没有任何直接的联系,也不需要学生事后进行自我反思、讨论等,而服务性学习既是一种公益活动,更是一种实践教学方法,它的核心是课程、服务与反思的结合,它的服务活动是精心组织的,有明确的学习目标,重在使学生在服务过程中把在学校学的知识运用到实践中去,并对所做所见进行反思,以巩固加强所学知识。

(二)社会服务学习的教育功能

当前高校思想政治教育取得的成果有目共睹,然而伴随社会多元化发展和高等教育普及化趋势,高校思想政治教育在实施过程中暴露出许多问题。为实现高校思想政治教育的有效性,高校思想政治教育必须开辟新的途径。随着我国社会的发展,志愿服务成为大学生参与和实践公民责任的新方式,成为思想政治教育有效的途径。因此,高校思想政治教育提倡社会服务学习模式。

(三)社会服务学习模式构建

高校思想政治教育活动的开展主要有两种方法,分别是在第一课堂进行授课和在第二课堂的日常思想政治教育工作中开展课外活动,在高校思想政治教育中引入服务学习的模式是将服务学习分别与两种通道形式相融合。

高校思想政治教育主要采取授课方式,融服务学习于第一课堂的思想政治教育中,要求学生根据课程学习内容参与一定社会实践服务,实现理论的内化与外化,通过课程学习与社会服务的整合实现思想政治教育的有效性。值得注意的是,思想政治教育服务学习应着重与高校思想政治教育理论课相结合,改变以往高校思想政治教育理论课单纯说教的形式,使学生学会将理论应用于实践中,学会思考与反思,达到教书育人的目的。

高校思想政治教育也广泛开展于第二课堂的日常思想政治教育工作中,高校有计划、有组织地将志愿服务活动与思想政治学习相结合,即在学校有关政策和规范的指导下,由相关部门或学生自己对服务活动进行设计、策划与组织实施。区别于一般的实践活动,服务学习活动必须有学校配备或学生邀请的指导教师对学生进行培训与监督,并引导学生反思,给予学生评价。

为了高校思想政治教育服务学习模式的顺利发展,我们必须克服现实中存在的诸多困难,创造优良的外部环境。优化高校思想政治教育的外部环境需要多方资源的注入和支持,离不开政府的重视和社会的支持,离不开学校教育观念的更新,更离不开三方共同协调和努力。指导服务学习模式的开展是一个长期艰巨的过程,所以我们应对高校思想政治教育服务学习活动进行科学的规划。高校思想政治教育在加强服务学习理论研究奠定发展基础后,要整合各方力量,努力创造具有自己特色的高校思想政治教育服务课程。逐步实现高校思想政治教育的目标。

伴随着高校思想政治教育服务学习环境的改善和规范的合理化,高校的思想政治教育服务学习模式应该努力适应各方面的需求,向组织合理化、制度规范化、活动广泛化的总趋势发展。当前,高校思想政治教育服务学习模式才刚刚起步,缺少合理的规章制度,许多问题都需要规范化的制度来解决。在合理的规范指导下,高校应进行科学化的组织,实现高校思想政治教育服务学习活动的社会化。

二、网络教育模式

高等院校是我国社会"网络化"的发展前沿,随着网络在我国的日益普及和发展,上网的大学生将不断增加，网络对当代大学生的行为模式、价值取向、政治态度、心理发展、道德观念等将产生越来越大的影响。网络已成为中国共产党和西方敌对势力争夺青年的重要阵地，主动占领网络思想政治教育新阵地，要运用技术、法律、行政手段，加强校园网的管理，严防各种有害信息在网上传播，牢牢把握网络思想政治教育主动权。这给我们指出了网络思想政治教育的工作方向，即要占领网络阵地的制高点，必须一方面抓网络建设，一方面抓网络管理。

（一）高校思想政治教育网络体系建设

校园网是为学校师生提供教学、科研和综合信息服务的宽带多媒体网络。网络时代，大学思想政治教育的先导性、实效性、主导性正面临严峻挑战，只有努力在信息高速公路上"跑"好思想政治教育的"车"，才能变被动为主动，开创学生德育工作的新局面。学校首先实施铺"路"工程，大力加强校园网络基础设施建设。加强校园网络建设是建设主题教育网站或网页，积极开展网络思想政治教育活动的基础和前提。从总体规划的角度来看，校园网建设应包括基础设施建设、网上教学软件建设和有关人员培训三项内容。"因此，加强校园网络建设，也主要从这三个方面入手。

1. 加强基础设施建设

基础设施建设是校园网的物质基础，包括硬件和软件两大部分。其中，硬件部分由主干网和子网中有关设备及连线组成，而软件部分则由操作系统及大量校园网应用软件组成。当今世界计算机技术、通信技术、网络技术发展迅速，机器设备日新月异要保持网络的优势，必须重点放在网络的基础设施建设上。校园网络硬件建设包括布线、服务器、工作站、交换机、路由器等设施和系统软件平台。其中，最重要的是布线工程。未来的网络是一个光传输网络，速度和质量在现在和不久的未来网络中都将是一个重要的决定因素。因此，布线工程必须作长远考虑。网络硬件建设固然重要，但网络应用软件的建设也不可忽视。要正确处理好硬件和软件的关系。单纯追求硬件设备上的档次和规模，而忽视软件建设，盲目认为学校设备高档就是教育的现代化，这是校园网建设的大忌。从某种意义上讲，硬件水平只是一个投入的问题，而软件水平的提高远比硬件水平的提高要复杂得多。要采取"点上深入，面上拓展"的策略，就要在"用"字上下功夫，重视校园网络关键性的应用软件配置的建设，避免低水平重复开发教学软件所造成的人才和网络资源的浪费。因此，一方面要充分利用高校自身的技术人员和网络资源优势，以及硬件同步建设，自主地逐步设计出有自己特色的应用系统；另一方面，可引进现成的系统平台。

加强网络安全建设也应该是校园网络建设的基本要求。随着网络迅速普及，安全性越来越引起人们的重视。如果硬件不安全，会造成网络瘫痪；软件、数据不安全，会造成重大的经济损失和不良的影响。网络的安全性对学校更是具有特殊的重要意义。因为学校是培养高素质人才的阵地，反动的、不健康的信息的流入，将严重危害当代大学生的身心健康。因此在建设校园网的过程中一定要加强网络的安全建设。

2. 加强网络教学软件建设

网上教学软件建设是校园网的核心内容。其任务十分复杂和繁重，需要长期、艰苦的努力才能使校园网名副其实地融入日常教学活动之中。配置、开发教学软件的设备至少应包括以下几个部分：非线性编辑系统、多媒体教学软件制作系统、光盘刻录系统。

3. 加强相关人员培训

人员培训是校园网能否正常运行的关键。校园网的出现是一件新鲜事物，学校各级领导和广大师生从观念与技术上都需要有一个适应过程，为此在安排培训对象和培训内容上应有针对性。具体设想如下：

第一，对主管校园网工作的各级领导，重点放在观念转变和对本校校园网的总体规划以及总体框架的培训上。

第二，对校园网的管理和维护人员，应使他们参加建设的全过程，由网管人员自己完成校园网络的系统集成，这样既锻炼了网管队伍又可以节省不少的经费，培训网管人员对校园网各硬件设备的连接及各种网管软件的使用与维护。

第三，对教学人员和学校其他职员根据上报需求的不同进行分层次培训。

第四，现代教育技术培训班，目的是使广大高校教师人人都能熟悉并使用现代教育技术手段；正确使用多媒体教室的各种教学设备；能利用计算机信息网络获取信息、收发电子邮件，具有运用多媒体教学软件和管理软件进行辅助教学和管理的能力，了解计算机及信息网络的安全保护知识和法律法规，培训对象为全体教职员。

第五，老教师计算机普及班，目的是使老教师能了解计算机的基础知识，掌握一般字表处理软件的使用。

第六，计算机基础知识培训班，目的是使教师掌握基本软件操作技术；能熟练运用多媒体教学软件进行辅助教学，能运用计算机多媒体技术开发、制作简单的教学辅助软件；能运用计算机及信息网络进行教育科研；能顺利通过教师计算机考核，培训对象为全体中青年教师。

第七，教学课件制作培训，目的是培养一批能开发、制作本专业教学课件的骨干教师，为高校开发学科课件系列打好基础，培训对象为部分中青年教师。对学生，可由高校有关组织出面举办网络信息技术的相关讲座，采取多种方式组织学生学习网络知识。通过学生利用计算机完成课题的过程，培养学生的创新精神和动手能力。

（三）加强思想政治教育主题网站和网页建设

我国目前高等学校思想政治教育网络工作已经取得了很大的成效。但总的来说，学生在网上制作思想政治教育专题主页和建立思想政治教育专题网站比较多，而校园的思想政治教育专题主页和网站、思想政治教育工作者自己本身的专题主页和网站比较少。因此，网上的思想政治教育专题或非专题主页和网站的水平，就整体而言不仅参差不齐而且缺乏鲜活的个性化、生动活泼的育人界面，需要不断提升理论深度。因而，大力加强思想政治教育专题网站或网页建设，成为高等学校思想政治教育工作者的紧迫任务。

1. 加强网站和网站建设

加强网络阵地建设，建设有特色、有吸引力、有影响力的思想政治教育网站是一项基础工程。大力拓展网上思想政治教育阵地。用马列主义、毛泽东思想和中国特色社会主义理论体系去占领网络阵地。当前，尤其要注重学习中国特色社会主义理论体系重要精神以及科学发展观的深刻内涵，确保思想政治教育进网络有一个正确的舆论导向；要引导学生树立正确的世界观、人生观、价值观；要围绕一些重大的政治问题，旗帜鲜明地发表评论，进行积极引导，对错误言论要敢于批评、及时纠正错误信息。坚持网上有党、团组织的声音。

2. 贴近校园建设

在网上建立思想政治工作的平台，充分发挥"渗透式"隐形教育的功能。例如，各个高校网站上的BBS、聊天室及其他相关栏目或版块，也是加强高等学校思想政治教育进网络工作的有益尝试。

3. 搭建校园立体平台建设

利用校园新闻资源，整合校报、广播、电视台等媒体，搭建校园网络新闻立体平台，做好典型宣传、热点透视和舆论引导工作，从而形成网上网下思想政治教育的能力。

三、校园文化教育模式

校园文化是校园环境的核心内容，校园文化迅速发展为自觉、稳定而有组织的文化阵地，是一种特殊的社会文化现象，它是以中国特色社会主义文化为根基，以学校文化活动为主体，由全校师生员工共同创造的、充满时代气息和校园特点的人文氛围。

（一）文化教育的基本原则

1. 主导原则

校园文化建设必须始终坚持社会主义意识形态的主导地位，坚持党的基本路线和基本方针，坚持先进文化的前进方向，坚持社会主义价值取向，坚持用科学理论武装师生头脑，坚决抵制腐朽文化侵蚀大学校园，为大学生思想政治教育营造良好的校园文化氛围。

2. 系统原则

校园文化是一个复杂的、开放的、多元并存的系统，具有整体性、结构性、层次性和开放性的系统特征。使校园文化建设有目的、有计划、有组织。具体来讲应该从学生文化到教职工文化、从物质文化到精神文化，从课内文化到课余文化，从通俗文化到高雅文化，从学习区文化到生活区文化统筹考虑、整体设计，以达到整体优化的功能。

3. 自主原则

校园活动特别是学生科研及课外活动应尽量由大学生自己独立组织、安排，充分尊重他们的创造精神，培养他们自我教育、自我管理、自我服务的能力。

4. 教育原则

开展校园文化活动是一种潜移默化的思想政治教育,应真正寓教育于各类活动之中,全员参与、全方位构建。校园文化是对青年学生进行素质教育的有效途径,在组织学生开展校园文化活动中必须注意其知识性、趣味性、科学性。

5. 创新原则

文化的核心和生命在于创新,校园文化也不例外。校园文化建设必须不断更新思想政治教育和管理的理念,着力于培养学生的综合素质,特别是培养学生的创新精神和创新能力,激发学生的创新潜力,着力于创新校园硬件和软件环境,只有这样才能使校园文化永葆生机和活力。

(二)校园文化建设的实践路径

大学生思想政治教育既面临良好的机遇又面临严峻的挑战,重视校园文化建设势在必行。校园文化重在建设,贵在坚持、与时俱进,难在开拓创新。创新是加强和推进校园文化建设的关键出路。在新世纪新阶段,我们要弘扬求真务实的科学精神。积极探索校园文化建设工作的新思路、新观念、新形式和新方法,努力开创大学生思想政治工作的新局面。

1. 校园文化建设的核心

校园文化建设必须为社会主义现代化建设服务,为高校的育人目标服务,着眼于大学生思想政治教育的现状,展现新时期高校的人文精神和大学生积极向上的良好风貌。校风建设是校园文化建设的核心,校风建设实际上就是学校精神的塑造。好的校风具有历史的传承性,大学在其沿革中积累下来的宝贵财富和精神食粮是激励师生孜孜以求的内在动力。校风最集中的体现是学风和教风。教风是主导、学风是主体,要抓好校风建设首先必须抓好教风建设,而抓好领导作风建设是抓好教风建设的重中之重。我们要开展师德教育活动,并结合形势和文化建设的侧重点充实学习内容,要把学习与学校的实际工作结合起来。要充分利用专题讲座、学习交流会、图片展、知识竞赛等各种载体开展形式多样、符合学生特点的学习宣传活动,在学生中形成爱党爱国、遵纪守法、尊敬师长、团结互助、勤奋好学、积极向上的良好风气。

2. 开展丰富多彩的文化活动

高校校园文化建设要重视品牌文化建设,精心策划与部署,同时投入相应的物力、财力和人力,组织适合本校办学特征的全校性的大型活动,如:德育节、科技节、体育节、合唱节等,让其成为学校校园文化的标志,成为实施大学生素质教育的一道亮丽风景线。激活校园大众文化。校园文化存在于学校全部教育与管理行为之中。除了组织大型活动之外,还要综合协调教师的业余生活和学生的课外活动,激活大众性生活文化。要针对当前学生活动的实际,探索通过社团文化、班级文化、寝室文化、食堂文化建设,促进学生在较长时期的潜移默化的过程中既增长才干又接受主旋律文化。擅于结合传统节庆日、重大事件和开学典礼、毕业典礼等,开展特色鲜明、吸引力强的主题教育活动。

3. 完善校园文化活动设施

第一，开展丰富多彩的校园文化活动，体现群众性，为加强学生人文素质教育，各高校特别是一些以理工科见长的高校应该对各专业有针对性地开设人文选修课，开设强化班。举办各种形式的人文素质讲座，组织人文精神大讨论。以网络为载体，积极主动、全方位地将学校丰富的思想政治教育内容搬上校园网，积极营造高品位的校园人文环境。

第二，在校园文化物质建设方面，高校要精心设计、科学布局，处理好建筑风格上的传统与现代的关系，实现山水园林、人文景观和自然景观的完美结合，使其既有传统的韵味，又体现时代的气息，根据自身特色，突出深邃的文化底蕴。

第三，在校园文化制度建设方面，高校应强化制度建设，保持依法治校，在管理原则上坚持兼容并蓄、有容乃大，在管理方法上坚持收放有度、粗细相宜，在管理制度上不断建立、完善检查防范督促机制。

4. 加强校园文化管理

高校校园文化建设要注重校园文化的教育性，多引导、少随意，多严谨、少盲目，多积极、少消极。也要注重校园文化的学术性、突出学术氛围，举办各种学术讲座，聘请专家学者介绍学术动态、进行学术咨询、指导学术研究，体现出高校校园文化与其他社会文化的明显不同之处。

四、心理疏导模式

加强大学生心理健康教育，帮助大学生树立心理健康意识，优化心理品质，增强心理调适能力和社会生活的适应能力，预防和缓解心理问题，实现思想政治教育与心理健康教育的有机结合，是实施素质教育的重要举措，是促进大学生全面发展的重要途径和手段，是高校思想政治教育的重要组成部分。

（一）大学生的心理健康分析

1. 难以适应新环境

中学生从激烈的高考竞争中解放出来进入大学，由于环境的改变，他们中的绝大多数人离开长期依赖的父母和老师，不得不面对新的集体、新的生活方式和学习氛围。面对理想与现实的反差，容易产生失意、压抑、焦虑，甚至会出现神经衰弱症。

2. 无法正确地处理人际关系

人际关系是大学生心理健康的一个敏感问题，不少大学生常常处于矛盾之中。有些大学生在老师和同学面前不愿意敞开心扉，自我封闭。另一方面，又迫切希望社会交往，渴望得到理解和支持，表现为频繁地与个别要好的同学和老乡接触。长期人际关系的紧张会使大学生不能全身心地投入到学习当中，引发焦虑和不安，甚至会出现对周围同学的敌视和报复心理，酿成不必要的悲剧。

3. 认知失调

到了大学，这里人才济济，高手如云，再加上大学对学生评价标准的变化，使得一些学生感到不适应，失去了原来的受人关注和追捧的地位，自尊心受到严重挫伤。少数大学生由自傲走向自卑，自信心下降，意志消沉，缺乏进取心，甚至对老师的教育和同学的帮助产生抵触情绪和逆反心理，严重影响正常的学习和生活。

4. 缺乏心理承受能力

某些大学生往往因为一些偶然因素造成他们的生活和学习遇到挫折，而影响了他们的心理、情绪的稳定。由于绝大多数大学生都是在家长和老师的呵护下一帆风顺地跨入大学校门的，很少遇到严重的挫折，更缺乏独立承受压力和挫折的心理能力，因而遇到困难和挫折时往往束手无策，从而造成他们焦虑、烦躁、自卑、痛苦、嫉妒、失落和逆反等不良心理。

5. 大学生的择业心理危机

在就业面前，许多大学生不能正确摆放自己的位置，调整好自己的心态，往往造成"高不成低不就"的现象。面对激烈的就业竞争往往无所适从，而对于那些性格内向、心理承受能力较差、心理适应能力弱的大学生来讲，则更容易造成恐惧、焦虑、烦躁、抑郁等不良心理，甚至有人对生活缺乏信心，对前途失去希望，觉得生活没有意义，造成人生观和价值观的扭曲。

（二）心理健康教育的意义

在全面推进素质教育中，必须更加重视德育工作，加强学生的心理健康教育。要把心理健康教育作为高等学校德育的重要组成部分，大学生应具备良好的个性心理品质和自尊、自爱、自律、自强的优良品格，具有较强的心理调适能力是促进大学生全面发展的重要途径和手段。

（三）心理健康教育的原则

1. 主体原则

大学生心理健康教育也必须倡导主体自我教育。在思想政治教育中教师应注意引导学生主动参加多种实践活动，使学生自我生存、自我认识、自我调控、自我激励、自我发展的能力不断得到提高，使学生学会自我心理调适的方法，消除负面情绪的影响和心理困惑，促进心理健康的自觉意识不断得到增强。

2. 教育原则

这一原则要求心理健康教育必须遵循大学生思想政治教育的规律，符合素质教育的目标，纳入思想政治教育轨道，进一步拓宽渠道，探索切实可行、行之有效的多种途径，落实教育内容，围绕促进学生身心健康、全面发展、提高素质这个中心开展工作。

3. 预防原则

这一原则要求高校心理健康教育必须树立预防重于治疗的思想，以防为主，把预防放在首位，以培养发展良好健康心理素质为目标，将心理健康教育工作的重点放在心理问题的早发现、早预防上，从被动走向主动，这样既可以使大学生心理和行为问题防患于未然或化解于萌芽状态，又可以使每个学生得到关怀，普遍提高大学生的心理健康水平。

4. 协同原则

心理健康教育是一项复杂的系统工程，要想达到维护学生心理健康、优化心理素质的目的，实现其利教、促学、有益社会的功能，仅仅依靠少数教师是远远不够的，必须加强教师、学生、家长及社会各方面的协作、配合，并将心理健康教育渗透到高等学校教育、教学的全过程中去，这样才能产生实效。

（四）心理健康教育的途径及方法

1. 加强心理常识教育

开设大学生心理健康教育课程应作为大学生心理健康教育的主阵地、主渠道来抓。高等学校必须及时开设大学生心理健康课程，进行心理常识知识的宣传，定期举办心理知识讲座，传授必要的心理调适技巧，提高大学生的自我心理调适能力，进行挫折心理教育与挫折心理训练，提高学生抵抗挫折的能力。挫折心理训练是为了使学生积累受挫的经验与心理体验，使其逐步认识到人在一生中的努力与奋斗，有成功也会有失败，要经受住失败的考验，保持自信与乐观的人生态度，从而增强他们适应环境的能力与抗挫折能力。

2. 推进心理咨询工作

心理咨询工作对促进大学生的心理健康具有十分重要的作用，而且有利于充分发掘人的潜力，帮助大学生形成健全的人格，提高人的素质。目前，高校心理咨询工作的开展还远远不能满足广大同学的要求，与大学生存在的心理问题的实际状况也不相适应。

3. 加强教师队伍

第一，高校心理健康教育工作应当尽量选用具有一定心理学和教育学知识的专业化教师，并且鼓励其他学科教师掌握心理学的基础知识和心理咨询（辅导）的技能。

第二，定期对在职教师进行心理测量和评估，及时掌握和解决在教师队伍中出现的心理问题和心理障碍，引导教师深刻认识心理健康对自己、对教育事业的重要作用，有意识地去维护自己的心理健康，培养积极开朗的情绪、乐观向上的性格、坚忍不拔的意志，对自己要有客观的认识。

第三，还要积极引导教师注重自身素质的提高，努力掌握广博的知识，提高自身的文化修养，培养广泛的兴趣，保持积极乐观的心态，建立和谐的人际关系。

第七章 高校思想政治教育的新媒体应用实践

第一节 手机媒体在高校思想政治教育中的应用

随着现代通信技术的发展和社会的进步,手机媒体以其快捷、互动等传播特性日益改变着人们的学习、生活和思维方式,成为人们获取信息、学习实践、开展工作、传递情感的重要工具,也为思想政治教育工作搭建了崭新的平台。

一、手机媒体的特征

手机媒体是以手机为视听终端、手机上网为平台的个性化信息传播媒介,被称为继报刊、广播、电视、互联网之后的"第五媒体"。特别是进入5G时代后,随着手机报纸、手机电视、手机电影和手机广播等传播形式的出现,手机媒体逐渐演进成重要的文化、娱乐和传媒平台,成为传播能力最强、影响范围最广、使用最为便捷的大众媒体之一。这样一个集多种媒体于一身,具有方便性、开放性、移动性等特点的新式媒介,较之传统媒体还拥有其特殊的优势,即传播速度更为快捷、传播范围更为广泛、传播信息更为丰富。

(一)传播速度更为快捷

和传统媒体相比,手机媒体实现了传统纸质媒介束缚的突破,通过将文字、声音、图片、视频融为一体,给信号接收范围内的用户送去各种即时信息。过去人们在使用互联网时常常会出现页面打开困难、网页清晰度差等问题,随着技术的进步和手机媒体的更新换代,如今信息的传播速度大大提高,人们只需要花费极少的时间便能查询到自己想要的信息,音频、视频的加载速度和清晰度也有所提高。此外,手机媒体具有传统媒体和网络媒体无可比拟的便携性,其信号覆盖率也远远高于其他传播媒体。在新的时代背景下,人们切实实现了足不出户而知晓天下事,只要轻轻动下手指,无论是国内外大事,还是科学文化知识,都能够随时随地获取。

通过手机媒体，人们能够更为快捷高效地获取信息。

（二）传播范围更为广泛

随着科技的进步，手机产品功能越来越多样，能够满足人们的各种需求；外观更时尚，能够为人们提供多种选择。在日常生活中，手机成为人们必不可少的一部分，其用户群体正逐步扩大。由于近年来手机上网资费逐步减少、网络服务质量稳步提升，再加上手机便携的特点，越来越多的人选择用手机获取各项信息和处理各项事务。下载资料、交友聊天、休闲娱乐……以手机为载体的交流活动使得信息传播更加灵活、传播范围也更加广泛。

（三）传播信息更为丰富

当前，手机和网络已经实现了无线互联，人们已经进入了5G时代。新时期，手机不再仅仅用于通话，而是集电视、广播、报纸等于一体，成为人们生活、学习和工作中不可缺少的一部分。

手机媒体集众多传统媒体优势于一身的特点使其信息传播种类更加丰富和全面。一方面，手机媒体信息传播的内容各种各样，经济、政治、文化等信息应有尽有，国内、国外最新咨询随时获取；另一方面，手机媒体信息传播的方式多种多样，人们可以通过各种软件主动提问、查询资料、互动交流、获得解答，也可以留言、为他人答疑解惑，集众人智慧探讨解决之道，从而碰撞出更多的思维火花，获取有益的信息。

二、手机媒体对高校思想政治教育的有利影响

（一）拓宽了高校思想政治教育信息的获取渠道

手机媒体终结了有线宽带联网的传统媒体时代，以一种全新的无线互联形式使手机用户足不出户就可闻天下事，大大提高了人们获取信息资源的效率。高校应充分利用好手机媒体这一教育载体，努力拓宽思想政治教育信息的获取渠道。

第一，高校可以建立起包括教师、学生、政工领导、思想政治工作者在内的庞大的信息网和联络网。思想政治教育者通过手机信息、手机QQ群、手机微博等与大学生保持畅通的联系，对大学生传递思想政治教育信息，同时也密切关注学生的思想动态，及时获得学生的思想信息并进行跟踪指导。也可以利用手机媒体丰富的信息量和强大的传播能力推行多变互动式的学习小组，定期开展思想政治教育活动，促进大学生进行思想和文化的交流，并引领甚至影响更多的学生加入思想政治教育活动中来。

第二，高校应该借助手机媒体，挖掘出丰富、多样的思想政治教育资源，打破以往传统的课堂教育模式，鼓励学生与教师进行一对一的互动，构建双向虚拟交流平台，使大学生在轻松的氛围中自主地选择学习内容，在主动探索和积极参与的过程中潜移默化地接受思想政治教育。手机媒体的开放性和互动性使受教育者获得了最大限度的平等、自由，充分调动了他们学习的积极性和主观能动性，使受教育者从被动参与转变为主动学

习,加深了大学生对世界、自然、社会的感知能力和思考能力,有助于提高高校思想政治教育的实效性,拓展了高校思想政治教育的理论和实践平台。

(二)提高了高校思想政治教育的效率

思想政治教育成效如何在很大程度上取决于受教育者的信任程度和参与程度。如何降低思想政治教育信息的传播时间、传播成本,提高受教育者的参与度,一直是高校思想政治教育面临的困境。手机媒体由于操作简单、功能齐全,因此受到广大青少年喜欢和青睐。思想政治教育工作者应用手机媒体,减少了网络思想政治教育的繁琐操作,突破了电脑设备和技术要求的束缚,以前所未有的可移动性和易操作性,缩减了思想政治教育信息的传播成本,减轻了思想政治教育在时间、空间、费用上的巨大负担,有效提升了高校思想政治教育的自主性,真正提高了思想政治教育的效率和效果。

另外,受教育者是否信任思想政治教育工作者,是否认同思想政治教育活动,是影响和制约高校思想政治教育质量和成效的关键。手机媒体为受教育者建立起双向互动的虚拟交流平台,通过"人——机——人"的方式拓展了跨越时空的人际交往环境,有效缓解了受教育者在单独面对教师时产生的压力,使他们放下心防、直抒胸臆,与教育者之间架起一座沟通心灵的桥梁。

(三)增强了思想政治教育的生动性

1. 手机媒体增强了思想政治教育的趣味性

手机媒体的实质就是一个包括文档、图像、视频、声音等多媒体技术在内的新式媒体。大学生经常利用手机接收和发送短信、彩信、微信,拍照或者制作视频,也可以欣赏或录下各种声音、歌曲。高校同样可以利用这些形式向大学生传递思想政治教育信息,增强思想整治教育的生动性和趣味性,寓教于乐,调动学生的参与热情,提升思想政治教育的魅力和时代特性。

2. 手机媒体提高了思想政治教育的感染力

手机媒体是一种能够调动人们多种感官同时感知的传播媒介,通过视觉、听觉等多重感官的相互作用,受教育者可以获得精神上的享受,加深他们对学习内容的吸收和理解,使思想政治教育的感染力进一步增强。

(四)丰富了思想政治教育的手段

第一,手机媒体以其传播速度快、传播范围广、信息量大、携带方便等优势丰富和更新了高校思想政治教育的方法和手段。通过信息平台,教育者和受教育者可以实现即时通信、瞬间互联,教育者既能够及时地将思想政治教育信息传递给受教育者,还能够了解他们的思想状况,掌握他们的基本动态,适时调整思想政治教育的内容及方法。受教育者也可以根据自身的特殊情况与思想政治教育者保持联系、沟通情感,表达自己的真实想法,抒发内心的情感。

第二,手机媒体融合多媒体技术,既可以满足人们对电视广播、报纸等传统媒体的需求，又能利用手机报、手机电视、手机网络、手机微博等新媒体形态实现思想政治教育的传播意图。它能够借助图片、声音、视频来开展思想政治教育宣传、普及活动，使传统的教育方法从说教式、灌输式逐渐转变为交流式、互动式，进而提高思想政治教育的效果。

三、手机媒体在思想政治教育上的应用

（一）手机媒体思想政治教育的思路

1. 将手机媒体与传统教育模式相结合

当代大学生是使用手机媒体的主要群体，高校应该将手机媒体作为进行思想政治教育的重要渠道。手机便捷性、及时性和互动性等特点可以大大改进传统教育方式的弊端，将传统教条式、填鸭式的教育方式转变为渗透式教育，使学生可以在生活中随时随地的接受教育、进行学习，相较传统的教育方式更有效。使用手机进行教育可以调动学生的主体性，让学生主动参与到教育中来。教育者还可以通过手机及时地与学生进行沟通，减少一些不善言辞的学生的紧张感，更好地达到沟通交流的效果。同时，可以通过手机媒体进行主题教育，有针对性地进行专题宣传，从而达到更好的教育效果。

2. 搭建信息服务平台，满足社会发展多样化需求

学校可以通过手机平台向学生发送信息，推送学校内部活动信息、实时资讯、手机报等，方便大学生快捷地获取校内信息。同时，可以向学生发送道德教育相关内容，使学生能够通过手机快速进行阅读和学习。通过手机进行信息传播可以拉近学校和学生的距离，打破现实世界和虚拟世界的界限，使学生更愿意进行交流。手机媒体为人们倾诉提供了平台，可以更好地满足人们的内心需求。同时，手机媒体让人们更自在地进行深入的交流，有利于思想工作的开展，在这种轻松的交流环境中人们更愿意倾诉和倾听，为开展思想政治教育提供了良好的环境。

3. 引导大学生文明使用手机媒体，强化自律意识

科技不断进步，社会环境也在不断变化，应该建立健康积极的手机媒体环境，在这个环境中利用手机媒体进行道德教育等活动。首先，应该对手机使用的知识进行普及，帮助大学生正确地对待手机文化，建立正确的消费观，增强大学生对手机传播信息的辨别能力和判断能力。其次，要加强对大学生正确意识的培养，坚决抵制不健康的信息，引导大学生建立科学健康的手机使用观念。最后，应该利用手机媒体多种多样的形式进行文化传播，通过各式手机活动吸引人们主动地参与到社会建设中，建立和谐健康的文化氛围，可以帮助人们完善道德价值观，主动地抵制不良信息，营造良好的社会风气。

（二）手机媒体思想政治教育的实现路径和启示

手机媒体的建设经验展现了一种有效改变校园思想政治教育现状的实现路径。第一，手机媒体可以将学生进行群体细分，按照不同受众进行不同的教育，开展有针对性的德育。第二，手机媒体具有及时性的特点，可以第一时间向学生传递信息，如：通过手机

媒体将新闻、事件、活动信息等及时地传递给学生。第三，手机媒体可以利用超链接等方式帮助学生扩展阅读，因为使用手机可能会使文字篇幅受限，通过信息后台对信息内容加以补充，充实文章的内容。第四，手机媒体可以更好地建立与学生的关系，通过与学生沟通进行媒介内容的补充和调整，增强教育效果。下面以手机报为例进行说明。

1. 手机报在校园宣传中的作用

学校通过校园手机报的形式进行校园文化宣传以及思想政治教育。校园手机报可以通过文字、图片、视频等多种表现方式进行信息传播，帮助学生及时地了解校内动态，随时随地的获取校内信息。校园手机报是一个很好的校园资讯平台，通过移动网络，学生可以使用手机终端浏览手机报的内容，这是高校进行文化宣传以及思想教育的重要方式之一。

（1）创造全新的手机宣传模式

大学生是年轻群体，而这个群体的主要特征之一就是具有强烈的好奇心，追求新鲜感，所以随着移动网络的普及，使用手机上网已经成为大学生生活与学习的一部分。在这样的背景下，学校通过校园手机报进行思想政治教育就成为一个很好的选择，手机为高校进行教育提供了全新的平台。针对大学生喜好使用手机上网的现状，高校开展通过手机报进行信息传递和信息交流是一种高效的教育方式，同时还可以推动校园文化的宣传。学生可以随时随地的阅读校园手机报，这种便捷性与实时性提高了学生的阅读主动性。

（2）充分利用"蝴蝶效应"扩大受众面

传统的宣传方式很难做到信息覆盖所有目标群体，然而利用手机媒体宣传的"蝴蝶效应"可以有效地将信息传送给目标人群。高校通过手机报发布最新校内信息，通过学生的转发、共享等方式扩大宣传，可以将信息迅速地传遍整个校园。因为手机报的这种效用，其在学校进行文化宣传以及思想政治教育中起到了重要的作用。

（3）校园手机报拉近了学校与学生的距离

校园手机报开创了学校与学生之间信息传递的新媒介。手机报的方式一般分为两种：一种是通过彩信进行推送，还有一种是通过网站开放浏览。手机彩信的方式是通过向师生推送图文并茂的信息进行消息发布以及宣传，相比传统的纯文字宣传增加了学生的阅读乐趣；网站浏览的方式是学生通过移动网络浏览学校发布的相关内容，还可以通过添加链接的方式帮助学生扩展知识、丰富信息内容。手机报操作简单、信息及时，师生都接受并喜欢这种宣传模式。

2. 校园手机报与大学生思想教育

校园手机报为大学生了解校园信息提供了更加便捷的方式，他们可以随时随地通过手机获取相关信息，及时了解校园讯息。现在开放式的信息环境除为大学生获取咨讯提供了便利的条件外，也存在一些隐患，部分负面的、不健康的信息夹杂在信息流中，这就可能会对大学生造成一些负面影响，不利于他们的身心健康发展。为了引导学生建立正确的思想价值观，高校往往会通过建立论坛相关板块或开通辅导员博客等方式进行思想政治教育。但随着互联网的飞速发展，大量的信息涌入大学生的学习生活中，加大了高校开展思想政治教育的难度。尤其是随着移动互联网的普及，不良信息防不胜防，高校很难从源头上制止不良信息的传播，只能通过加大教育力度和增加教育形式来帮助学生主观地抵制不良信息带来的负面影响。

第二节 微媒体在高校思想政治教育中的应用

微媒体作为思想政治教育的新平台，与思想政治教育主客体的贴合度高、普及性高、使用率也高，必将推动全新的思想政治教育范式的形成和推广，带我们进入新的时代。

一、微媒体的代表——微博、微信

微博是分享信息、传播信息和获取信息的一个平台，在这个平台中，每个普通人都是信息的传播者，都是新闻的源头。人们既是观众，也是接受者。微信是一款通过网络快速发送语音短信、视频、图片和文字的聊天软件。与传统的短信沟通方式相比，微信具有零资费、跨平台沟通、显示实时输入状态等功能，也更灵活、智能且节省资费。

（一）微博微信的模式

在使用微博时，用户可以通过 Web、WAP 等各种客户端组建个人社区，以 140 字以内的文字更新信息，并实现即时分享。通过微博发布、微博浏览、微博评论、微博转发、微博点赞、微博 @ 等功能，表达和传输个人意见；还可以通过微博广场、微博墙、微盘、微博相册等扩展应用实现微博使用的多样化，满足使用需求。微博的草根性很强，广泛分布在桌面、浏览器、移动终端等多个平台上，有多种商业模式并存或形成多个垂直细分领域的可能。

微信通过发送语音短信、视频、图片（包括表情）和文字等媒体形式传播信息，能够进行即时高效的多人群聊操作，还可以查看所在位置附近使用微信的人，并且与腾讯微博、QQ 邮箱、语音记事本、QQ 同步助手等插件实现了功能融合。

总得来说，微信和微博最大的共同点就是具有一定的社交功能。但是社交有强弱和亲疏之分，社会学者研究发现，在新浪微博上，一些人因为志同道合或者具有相同的爱好而"互粉"，这样的社会关系属于一种"弱关联"。在虚拟的网络世界中，很多人都有着相同的爱好，具有一定的可替代性，但是认识的人、熟悉的人之间存在较强的社会联系，很难被替代。为了区分两种社会关系，微信将账号细分为企业、明星公众账号和个人账号两大类别，前者可以让普通用户随意添加，比较开放，而个人账号的添加则需要征得对方同意。

对比微博和微信模式，不难发现，微博、微信定位差异日益明显，微博公共传播优势明显，公民社会的体验感强于微信，微信私密通信及群交流功能较强。对于大多数对社交需求比较纯粹的用户来说，微信更便于使用，微信是升级版QQ，借助QQ的基础做大做强的后劲充足。但是，微博也已扛过微信挑战危险期，微博的落地化和草根化是其力量持续上升的关键。首先，微信是私密空间内的闭环交流，而微博是开放的扩散传播，一个向内、一个向外，一个私密、一个公开，一个注重交流、一个注重传播。其次，微信是对等的双向关系，微博是非对等的多向度错落关系。微信上，用户之间是对话关系；微博上，用户之间是关注关系。微信普通用户之间需要互加好友，这构成了对等关系，微信群是多对多，仍然是对等的；而微博普通用户之间则不需要互加好友，双方的关系并非对等，而是多向度错落、一对多。再次，微信是社会化关系网络，用户关系是构建网络的纽带；微博是社会化信息网络，信息是构建网络的纽带。最后，微信用户主要是双方同时在线聊天，某种程度而言，我们可以把它理解为移动QQ的增强变异版；而微博则是差时浏览信息，用户各自发布自己的微博，粉丝查看信息并非同步，而是刷新查看所关注对象此前发布的信息。这种同时与差时也决定了微信与微博的功能与内容之差。

微博是关系型内容，微信是关系型IM（实时通信），但是二者由于基因的不同造就的外形差异，却不能掩盖背后的关系型模式。微博和微信都是应用关系进行的媒体活动，人与人之间的关系、人与组织之间的关系、人与社会之间的关系，都成为微媒体前进的动力。当前社会，在页面网、移动网、物联网和企联网"四网融合"的全息网时代，内容应用与IM应用的发展前景、路径各有利弊。内容的全息化与IM的全息化，两者之间作为人类对其存在核心需求的两大不同应用的重要变革，其重要性是完全等同的。

将微博、微信在高校思想政治教育方面的特性进行对比。从总体上来说，微博与微信，犹如客厅与起居室。客厅主要用来接待外客，起居室主要用与家人一起私享视听之娱；微博主要向外界尤其是陌生人用作精神交往，而微信则只与熟人沟通分享。在某种意义上，微博是面向广域，而微信面向局域。

(二)微博与思想新生态

人们常常用"微言大义，博采众长"作为"微博"的标签。微中取博的哲学思维和辩证认识指导微博从不一样的角度做出了不同凡响的事业。微媒体时代高校思想政治教育的最主要发力点就是借助微中取博来了解、熟悉大学生的思想新生态。

微博的天然禀性就是"微言大义"。"微言"表现在：使用极短的文字来发表自己的看法。首先要明确三点内容：①篇幅短小，避免啰唆；②字字珍贵，不多废话；③快速刷屏，避免沉帖，要做到有足够的吸引力，吸引人们前来阅读。"大义"表现在：有很大的价值和思想内涵，避免造成空洞。只有坚持微言大义，才能够在微中取博，进而广泛传播。微博汇聚的是一条条细微的信息、一个个短小的思想，将二者结合起来便形成了一股强大的舆论力量；不断累积的微博互粉、互顶形成了强大的媒介群，不断地持续升温，不断地提高关注率，加快了事件的发酵与推广。这一切都使得微博圈子类似生物界的生态圈一般,生产者、消费者、分解者各司其道,食物链各个环节交互作用,形成系统。

在微媒体中,微博和微信各自拥有思想生态系统,其传播方式与特征都略有不同。微博对于有价值的信息传播可以进行再加工,即在转发时附上自己的语言,信息通过微博可以被主动传播,不会由于受众关系的强弱而受影响,传播者都会积极主动进行消息的传播,并且有可能在传播当中形成新的关系;但微信对有价值的信息传播则会因受众的关系强弱而影响,消息会首先传播到强关系人群,再由强关系人群通过与可能对信息感兴趣的人群交流进行下一步传播。

微媒体的出现造福了许多人,它的生活性、即时性、迅捷性、便利性大大降低了发布信息的门槛,几乎人人可以随时随地随心地发声——每个人都可以是媒体。政府部门、企事业单位、学校等众多机构通过微媒体发布资讯,给予民众一个全方位、立体化的社会形象,在这种"微"监督机制下完善自我。

由此可以得出,微博的传播图像是放射树枝状的,而微信的传播图像则是圆圈加点线状的。因此,基于关系联结的思想交互结构变得有机、连续、充满生命力,思想与思想之间的感染、带动效应明显,思想碰撞带来的价值选择更加审慎和严谨,一定程度上的意见同化与意见领袖的带领同时发挥作用,适者生存,"思"竞天择,使得思想生态呈现出一种自然的状态。

对组织而言,加 V 的微博或是官方微博代表着微媒体生态圈中的高级动物,是权威的发布者,也是大量普通粉丝关注的焦点。组织微博把握了微博管理的主动权,拥有为数众多的粉丝,他们主要负责发布工作信息,就本组织、本单位的职责发布与社会有关的工作资讯。组织还通过微博倾听各方意见,针对粉丝的评论和提问进行答复,真正实现零距离的互动沟通。如此,组织微博可以通过微博平台进行民生服务,解决公众遇到的问题;组织微博还是一个组织的公共关系窗口,可以分享成绩和经验。

对于个人而言,思想新生态意味着每一条微博、每一次微信是对于真情、真思、真意的流露,可以记录成长点滴,追溯思想动态及其思维特征。个人通过微媒体快速获取信息,通过信息表达情绪看法,对种种微博内容反映的价值给予表情、符号、文字的评论,生动地对真善美、假恶丑做出自我价值的评判。同时,个人与个人之间的微博互动可以看作一种学习沟通交流,社交信任与社交喜好决定了沟通模式,跨越以往现实条件中有限的沟通,使得思想新生态的形成成为可能。

(三)微信与认知新培养

微信是一种更快速的即时通信工具,具有零资费、跨平台沟通、显示实时输入状态等功能,与传统的短信沟通方式相比,更灵活、更智能并且节省资费。微信完全免费,任何用户都可以免费下载应用软件,在使用过程中只需要支付给运营商少量的流量费,所有的功能不需要额外付费。

它支持二维码扫描、邮箱绑定、朋友圈功能、推送功能等,任何用户都可以通过微信公共平台创建自己的公众账号,而且名字可以重复。通过公众账号,可以方便地实现信息发布、共享、推送等功能。微信不仅拥有传统双向确认关系，还可以进行单向信息传递，这种联系打通了人脉，将人与人的关系稳定化、延展化，使网络社交关系与现实世界关系——对应起来。

认知新的培养就是移动学习，可以简单理解为利用移动设备进行学习或者学习者在移动时进行学习。传统观念认为，移动学习具有不受时间、地点限制，以及个性化服务等优势，但同时也存在由于手持移动设备的硬件条件有限（无键盘、屏幕小等）、图片等多媒体信息无法在这上面显示的缺陷，而这些信息对于学习理解知识往往是必不可少的。

只要在手机上安装了微信应用，就可以免费使用微信提供的功能。当前，一旦有用户将相应的教育资源上传或共享至微信平台，所有用户都可以使用教育资源进行移动学习。这样的资源库无疑推动了大学生进入到全新的"易得、易达"的学习状态。因此，微信特别适用于互动式的学习。考虑到现在的生活节奏较快，不论是教师还是学习者，都无法抽出连续的时间进行一对一的沟通和学习。微信所提供的免费聊天环境和实时留言、消息推送等功能，适合学习者随时随地的向教师提问，以及教师对学生反馈的快速响应。教学双方在留言交流中可以实时地建立一对一的沟通环境，而无须专门预约和安排。

高校的思想政治教育工作者也可以使用这种方式，号召高校团委、学生会、社团联合会等学生组织，建立公共账号，给学生传递就业信息、爱心贴士或利用自动回复功能完成场地申请。思想政治教育工作者应尽己所能帮助学生贴近学校、社会，在最大程度上方便学生。通过在微信平台上的互动交流建立相互的信任关系，从而培养学生对思想政治教育工作的新认知。

二、微博微信在思想政治教育上的应用

（一）微博在思想政治教育上的应用

1. 大学生对微博的应用

大学生使用微博主要是进行社交以及娱乐，他们是微博最早的用户群体，也是较为庞大和主流的群体，这可以从大学生使用微博进行的网络活动看出。首先，大学生在注册微博时会关注感兴趣的博主，每天浏览自己有兴趣的微博，并进行评论转发。这就看出大学生使用微博的娱乐动机，通过使用微博在日常生活中放松自我。其次，大学生通过微博获取最新咨询。微博是一个及时性的大型信息平台，学生可以通过微博获得世界范围内的最新咨询，可以了解到社会事件的发生和发展，充分满足了他们的好奇心和求知欲。再次，大学生喜欢通过微博表达自身情感，通过这个平台进行情感分享。大学生群体对于社交和情感的需要比较明显，微博可以满足他们这方面的需要。通过微博可以结识到兴趣相同的朋友，这为他们进行情感交流提供了基础。同时，大学生通过微博进行情感分享，可以与很多人进行交流互动，这些人不一定要相互熟识，甚至不需要认识，通过微博上的交流大学生可以扩展自己的交友圈，扩大社交范围，满足他们情感交流和社交的要求。

2. 学校对微博的应用

各个高校为了跟上时代潮流也相继开通了官方微博，进行校园文化宣传和发布校内咨询，将校园文化与微博技术有机结合，利用微博推动校园文化建设。高校官方微博是与外界沟通的平台，它的主要功能就是向外界展示学校的形象和文化，很适合作为高校形象的窗口进行宣传。同时，高校官方微博可以成为与学生沟通交流的平台，学校通过微博可以更好地了解学生的动态，及时纠正学生的错误行为和思想，促进学生健康成长与发展。微博是一个开放、平等的平台，学生、教师、校方可以平等地进行沟通交流，这种有效交流可以促进学校开展学生教育，提高教育效果。此外，高校开通官方微博的主要目的是为学生提供更好、更全面的服务。学校可以通过微博了解学生生活、学习以及就业中遇到的问题，并以此提供帮助。学校还可通过微博建立校友微博圈，通过校友间的资源分享和利用帮助学生解决实际问题。从微博传播信息的模式来看，高校可以通过传递信息的方式将思想政治教育融入其中，渗透式地对学生进行思想教育。

可以看出，高校官方微博同时具有组织线上活动和展示线下活动的功能。同时，微博还可以进行危机公关处理，维护学校形象。高校应该好好利用官方微博这一新型传播载体，利用它便捷性、公开性、即时性等特征，开展思想教育，促进校园文化的发展。

据相关统计资料显示，高校中使用微博人群占比例最高的是社团、学生会，这些人群拥有开拓精神和创新精神，他们通过微博进行思想引领可以调动大家的积极性。其次是高校共青团系统，他们一直以来致力于帮助青年树立先进性思维。再者是校内表现突出的学生以及高校教师。在校内有一定知名度的学生可以成为学生领袖，通过微博能在一定程度上对学生起到引领作用；高校教师有丰厚的文化底蕴和吸引人的人格魅力，他们可以通过微博在学习以及生活方面对学生进行指导和帮助。虽然通过学校一些部门和个人的微博行为可以起到引领学生思想的作用，但还是要借助学校各部门机关的协同合作才能达到良好的效果。高校官方微博以及各部门、院系微博相继开通后，就可以建立起系统的高校微博网络，全面开展以微博为平台的思想政治教育工作。

（二）微信在思想政治教育上的应用

1. 微信成为信息发布、交流的重要渠道

微信凭借其通信成本低、沟通便捷鲜活、时效性强和功能拓展等特点，已经成为大众进行信息交流的重要平台。微信不仅可以帮助人们及时沟通，同时还有支付、社交、"朋友圈"等功能。高校可以利用微信编辑丰富多彩的信息内容传递给学生，通过这个信息发布和传递的高速通道使学生可以便捷地获取所需信息，同时还可以进行互动。随着微信功能的愈加完善，微信已经成为高校与学生间的重要信息纽带，高校通过微信向学生传递具有明确指向性和内涵的思想政治教育内容。

2. 微信成为满足高校学生情感、个性发展和社交的工具

大学生在这个年龄阶段情感满足和个性发展是他们的内在要求，是不可以忽略的。微信作为现在大学生进行社交的重要应用工具，应该引起高校的注意，将思想政治教育

与微信平台有机结合是高校的一项教育任务。高校可以通过开通官方公众号的方式向学生进行内容推送，用图文并茂的信息内容吸引学生阅读，渗透式地将思想政治教育融入学生的生活中。微信在内容上没有固定模式，这可以满足学生的好奇心、调动学生的积极性，从内部对学生产生影响。

3. 微信对社会信息的抓取传播，极大程度地充实了思想政治教育的内容

微信平台的出现，一方面，使大学生能够"足不出户而知天下"，迅速掌握国内外政治、经济、文化动态等。另一方面，教师同样能通过微信平台来丰富思想政治教育的素材。简而言之，微信平台的出现使以前枯燥乏味的内容转变成趣味盎然的教学素材，大幅扩宽了思想政治教育的内涵，同时也丰富了思想政治教育的途径。

4. 微信多样的传播途径优化了思想政治教育模式和手段

微信的迅速普及，实现了高效的教学互动，既优化了过去思想政治教育传统的说教模式，也结合了现代化的教育方法，将思想政治教育内容渗透到生活的方方面面中，大幅激发了学生自身的自主能动性，实现了高效的教学互动性，极大程度上优化了教育模式和手段，更在不断的发展升级中起到举一反三的教育效果。

5. 微信便捷的联系方式增加了教师与学生之间的沟通渠道

教师可以利用微信掌握大学生的思想动向情况，大幅缩短师生间的距离感。微信平台的出现，为师生间的沟通提供了更多的互动教学渠道。思想政治教育是一个双向性强的学科，它不仅仅局限于传统的教学模式，传统的教学模式所产生的教学效果是微乎其微的，而结合了微信平台之后，既能消除师生之间的隔阂感，也能大幅提高思想政治教育的实效性。

参考文献

[1] 陈建成，朱晓艳．高校思想政治教育理论与实践研究 [M]．北京：光明日报出版社，2020.05.

[2] 张翼．高校思想政治教育话语传播研究 [M]．长春：吉林大学出版社，2020.08.

[3] 田颂文．传统文化与高校思想政治教育融合发展的价值审视 [M]．北京：北京工业大学出版社，2020.10.

[4] 沈光．新时代高校思想政治教育亲和力研究 [M]．徐州：中国矿业大学出版社，2020.05.

[5] 刘新跃．新时代高校思想政治教育理念与实践 [M]．安徽师范大学出版社，2020.04.

[6] 王利平．网络环境下高校思想政治教育方法研究 [M]．武汉：武汉大学出版社，2020.06.

[7] 陈莉．新时代高校思想政治教育教学改革与实践研究 [M]．西安：西北大学出版社，2020.09.

[8] 严莹．新媒体时代高校思想政治教育研究 [M]．上海：上海交通大学出版社，2020.

[9] 姚彩云．新时代高校思想政治教育工作研究 [M]．中国财富出版社，2020.07.

[10] 李明珠，陈红．新时代高校思想政治教育的守正与创新 [M]．北京：知识产权出版社，2020.

[11] 闻竹，李康．新时代背景下高校思想政治教育创新发展研究 [M]．北京：九州出版社，2020.09.

[12] 郭强．新时代背景下高校思想政治教育的优化与创新路径探究 [M]．北京：九州出版社，2020.06.

[13] 刘小春．高校网络思想政治教育引论 [M]．重庆：重庆大学出版社，2020.05.

[14] 陈艳芳，宁岩鹏．高校思想政治教育生态论研究 [M]．燕山大学出版社有限公司，2019.06.

[15] 王耀峰，黄骊，刘召用．新媒体环境下高校思想政治教育研究 [M]．延吉：延边大学出版社，2019.05.

[16] 吕开东．新时代高校思想政治教育工作探索 [M]．北京：光明日报出版社，2019.11.

[17] 肖国香．新媒体时代高校思想政治教育十论 [M]．长春：吉林文史出版社，2019.05.

[18] 曾毅红，吴迪．高校思想政治教育理论与实践研究2018[M]．北京：光明日报出版社，2019.01.

[19] 王东，陈先．新时期高校思想政治教育理论与实践 [M]．北京：九州出版社，2019.05.

[20] 孙琪．媒体融合背景下高校思想政治教育的解构与重塑 [M]．长春：吉林文史出版社，2019.02.

[21] 理阳阳．基于网络时代视角的高校思想政治教育研究 [M]．北京：研究出版社，2019.03.

[22] 徐原，陆颖，韩晓欧．"互联网＋"时代高校思想政治教育创新研究 [M]．燕山大学出版社，2019.07.

[23] 陈胜国．新时代高校思想政治教育创新发展研究［M］．北京：印刷工业出版社，2019.01.

[24] 邢国忠．高校思想政治教育创新发展基本问题研究［M］．北京：知识产权出版社，2019.02.

[25] 尹婷婷，张静，杨素祯．新媒体时代高校思想政治教育创新探究［M］．北京：研究出版社，2019.08.

[26] 魏晓笛．高校思想政治教育与教学工作创新研究［M］．北京：中央编译出版社，2019.12.

[27] 朱佳．新时代背景下高校思想政治教育与大学生社会主义核心价值观培育［M］．北京：研究出版社，2019.08.

[28] 周利生，汤舒俊．红色资源与高校思想政治教育［M］．北京：九州出版社，2018.01.

[29] 徐茂华．高校思想政治教育的时代主题［M］．长春：东北师范大学出版社，2018.02.

[30] 高姗姗．高校思想政治教育与文化融合研究［M］．石家庄：河北人民出版社，2018.01.

[31] 岳云强．高校思想政治教育理论专题研究［M］．北京：九州出版社，2018.10.

[32] 代黎明．高校思想政治教育实效性研究［M］．北京：北京理工大学出版社，2018.07.

[33] 范春婷．高校思想政治教育专业政策研究［M］．北京：新华出版社，2018.07.

[34] 奚冬梅，胡飒．高校思想政治教育教学与实践研究［M］．北京：光明日报出版社，2018.01.

[35] 行连平．新媒体时代高校思想政治教育模式探究［M］．北京：九州出版社，2018.08.

[36] 斯琴高娃．新媒体视角下的高校思想政治教育研究［M］．延吉：延边大学出版社，2018.07.

[37] 谢丹．传统文化视域下的高校思想政治教育［M］．北京：九州出版社，2018.08.